A Sketch of What Is Between "The Emergence" and "The Emergency"

Fieldworks of New Wisdoms and Experiences

創発と危機のデッサン

新たな知と経験のフィールドワーク

河本英夫 編著
Kawamoto Hideo

学芸みらい社
GAKUGEI MIRAISHA

EMERGENCE

創発と危機のデッサン

EMERGENCY

新たな知と経験のフィールドワーク

目次

CONTENTS

第Ⅱ部 ノイズ、カオス、リスク、乱れ——危機（Emergency）からの横溢的回路

CONTENTS

特別対談

経験の「弾力」と「モード」を変える
——禅とオートポイエーシス

藤田一照＋河本英夫　250

序章 知の創発へ向けて

河本英夫
Kawamoto Hideo

「知の創発」は、響きの美しすぎる言葉である。そこには多くの人に向けた無形の挑発と、挑戦を続けるものへの限りない憧憬が含まれている。創発の原語は、エマージェンス(出現)である。この語には、何かが新たに出現してくるというわくわくするような予期と、少なくともこの現状はいささかなりとも変わってほしいという願望が含まれている。

だが実際のところ、知の創発は、それがどうすることなのかが不明であり、またどうしたらよいのかをあらかじめ決めることができない。それほどの未決定性や偶然にまとわれている。いわばそれ自体が「謎の言葉」なのである。こういう場面で、たとえ「知の創発」を言葉で標榜しても、ただの一時的な思いつきや、気の迷い、あるいは短期的な着想に留まってしまうこともしばしば起きる。創発は、何らかの偶然によって一瞬だけ出現する「渦巻」や「竜巻」のようなものだと考えるわけにはいかない。実際、一瞬だけ出現して消滅する「台風」があるとしても、それを台風と呼び、また台風の発生と呼ぶのかどうかも怪しい。

逆にひとたび新たに出現した場合でも、出現した途端にそれでずっと安定するというわけにもいかない。ビーカ内の溶液の中にいくつかの偶然が重なって結晶が析出したとする。析出した結晶は、それで安定する。

これは一般には、「平衡構造」と呼ばれるものである。出現し安定して終わりであれば、物事の局面は変化しているが、それは実質的には「停滞」の別名でもある。そしてここに必要とされるのは、たとえ創発が起きたとしても、そこから先の持続的な展開可能性が含まれていなければならないということである。

創発が起きるためには、物事やプロセスの中に「偶然」が含まれていなければならない。これは論理的な創発の「最低条件」でもある。

だが偶然はどこに含まれているのか。水滴を真下にある半円球のボールの頂点に落としてみる。落下した後、左右に分かれる確率が半々になるように精密に設計しておく。水滴は、理論上50対50で落下していくと予想される。そして一滴、一滴と水を流してみる。最初の一滴が左側に落ちたとする。その場合、90対10ぐらいの割合で、最初に落ちた側に偏ることが多い。ここで起きる事象に内在的に含まれているのが「揺らぎ」（確率的偶然）であり、「揺らぎ」を通じて特定の事象が出現する場面が、「自己組織化」である。水滴の落下のようなごくありふれた現象にも、運動の中に揺らぎが含まれており、そこから分かれてくる運動には、運動そのものの履歴が関与してくる。

1 新実在論

もう少し立ち入ってみる。58＋67＝125という演算がある。1＋1＝2だと決めておけば、この演算には正解があり、誰しも正解を出すことはできる。このとき、あえて正解を出さないこともできる。必然的正解には、そこから逸脱する可能性は含まれている。必然には、内在的に偶然が含まれる。つまり「必然とは一つの偶然」なのである。「新実在論」を標榜するメイヤスーの言い分も、こうした面を突いている。

だがここにはもっと本質的な問題が含まれているように思える。それは現代的な問題でもある。58＋67という演算は、初等の訓練を積めば、誰であれ正解を出すことができる。もちろん初歩的な計算機やＡＩでも、同じように正解を出すことはできる。ところで同じ正解を出す場合に、人間の正解の出し方とＡＩの正解の出し方は、当然異なっている。同じ正解を出す場合にも、まったく異なる仕方で正解を出している。初級の卓上計算機とＡＩを比較してみたとき、同じ正解を出す場合でも、異なる回路で同じ正解を出していると考えられる。そこから無理なく、以下の推測が出てくる。

人間の間で考えてみると、かりに同じ正解を出している場合でも、異なる仕方で出していることもありうることになる。隣の席にいるものは、自分とは異なる仕方で、正解という結論に到達しているのかもしれない。その場合、こうした単純な演算を超えて、少し複雑な課題に対応する場合には、まったく異なる回路を進んでいく人たちが出現してもおかしくない。この事例は、メイヤスーにとってはとても有利な事例である。

演算する行為とは、それ自体、一つの活動態となったプロセスのことであり、その活動態の末端で「正解」がいわば副産物のように出されている。副産物として同じ正解に辿り着いたからといって、活動態そのものが同じであることにはならない。

メイヤスーやガブリエルの標榜する「新実在論」とは、可能性の範囲をそのまま「現実性」の範囲と重ねる議論のことである。哲学史上の伝統で言えば、ギリシャの「メガラ派」に近い。可能なものは、まさに可能であることによって「現実的」なのである。

ところが同じ立場を標榜するガブリエルは、また別の偶然をもち出している。数学の演算系のような必然的なものでも、その必然性を証明することは系内では完結せず、演算系はそれ自体の必然性を証明できないことになる。この事態をガブリエルは、「偶然は必然的である」と言う。そしてガブリエルは、自分の提示する「偶然は必然的である」は、メイヤスーの言う「必然は偶然である」よりも、より強力な立論であると述べている。

だが本当は、こんなところに大きな問題があるとは思えない。ガブリエルは、必然的であることの基礎づけ構想の限界を示すことに力点を置き、メイヤスーはどのように可能性を広く取ってもなお別様な可能性の広がりがあることに力点を置いている。いずれも論理的可能性の幅を拡張しようとしており、拡張された可能性をそのまま現実性に重ねようとしている。二人とも、方向性は同じである。

だがたとえ偶然性を強調しても、論理的可能性を拡げるだけでは、現実の新たな試みや踏み出しは、残念ながら出てこないのである。論理的には現実は別様でもありうるが、何が実行可能な別様さであるかは、いまだ何も決まっていない。しかも論理的に現実は別様でもありうると言っただけでは、同じ論理的理由で、現実は別段、別様である必要もないということが成立してしまう。可能性の範囲をあらかじめ定めることも、またそれを正当化することもできない。可能性の拡張の指摘については、それを現実化する実質的な踏み出しが必要となる。

新実在論は、可能性の幅を広く取ることで、試行錯誤的な試みや踏み出しの条件を緩和してくれた。だがそこから先は、なお個々人の抱えている現場から、どのように前に進むことができるのかを構想していかなければならない。そこに身体とともにある人間の行為が関与してくる。また個々人がそのつど背負っていく歴史的な負荷も関与してくる。こうしてみると新実在論の標榜したことは、可能性の範囲を拡げた一種の「パラダイム転換」を主張していることに留まるのだ。

2 パノラマ的経験

見方を変えて物事を見ることは、それ自体は大切なことである。しかし物の見方を変えれば、新たな現実が見えてくるのか。視点や観点を切り換え、新たな見え姿を描いてみせれば、それで新たな現実を手にしたことになるのだろうか。

実際、見方によって物の見え姿はたしかに変わる。それは反転図形の事例でも、ただちにわかる。たとえば老婆の姿が、半ば後ろ向きの若い女性の顔に変わる。ただし、元の老婆の姿に戻すこともできる。視点の切り替えは、必要に応じて視点を元に戻すこともできる。この場合には、物の見方や見え姿が、一つ増えただけに留まる。そのとき現実は、新たな見え姿をもつことを示してはいるが、そこで起きていることは、いわば「想定内」の変化でもある。

この変化の特質は、わずかに拡張された現実に対して、ただちに慣れてしまうことである。それは視覚の特性でもある。たとえば天井に張られた360度回転の大きなパノラマがあり、さまざまな絵模様がある場面を想定する。身体の背後にも絵模様はあり、よく見ると別の見え姿もある。しかもパノラマの図柄は、5分に1回の頻度で全面的に切り替わるように設定されてもいる。そうした場面を想定することもできる。だがそれでもパノラマは、すでに作り付けであり、その中でわずかずつ見え姿も変わり、そのつど見方も変えて、異なる見え姿を見ていることになる。

しばし動きゆくパノラマの眺望に感動することはできる。だが視野の中に配置される眺望は、かりに圧倒的に多様であっても、驚くほどの終結感を備えている。見終われば配置され完結してしまっているのである。パノラマがたとえ宇宙大に拡張されたものであっても、すでに想定内なのである。見え姿が変わり、場面が映りゆくとしても、なお経験はほとんど何も変化していない。そして経験の変化のきっかけにならないような見え姿の変化は、実は情報量が増えたに留まっている。こうしたタイプの事象を、「パノラマ的経験」と呼んでおく。

立場や観点の変更は、たとえそこに幾多の驚きをともない、一時の歓喜をもたらす場合でも、見え姿を変えるだけであり、経験の質はあまり変化しているようには見えない。見方を変え、視点や観点を変えるだけでは、実は大きな欠落がある。変換した視点や観点は、残念ながら、いつでも元に戻せるのである。

染織家の志村ふくみさんが、桜色の染料を取り出そうと試行錯誤したことがある。桜色の染料は、桜の花びらそのものに染み出すように広がっている。そこで桜の花びらを大量に寄せ集めて煮だしてみると、きれいな桜色の染料が煮だされてきた。ところがそれを掬い出して空気に触れさせると、染料はたちまち壊れて灰色の色素に変わってしまったようである。そこからが試行錯誤である。桜色の色素はいったいどこにあるのか。

多くの試行錯誤の結果、いまだ雪の中にあり、花びらも葉もない幹と枝だけの桜の樹の皮をはぎ、煮だしてみることにしたようである。雪に埋もれた桜の樹の雪をかき分け、足場を作って樹の皮を剝ぐ。それを煮だして染料を取り出すのである。満開の桜が全身に花を咲かせて、桜色に染まっているのだから、その手前で花びらも葉もない桜の樹も、全身で桜色に染まっているはずである。ここには見えないものを見ていく職人的な芸術家の直観が働いている。そして桜色の染料の取り出しに見事に成功している。

ここでは踏み出していくプロセスが、次のプロセスの開始条件になるように継続していくような、「行為の連鎖の回路」が形成されている。その中には多くの分岐が含まれているが、それでも各プロセスを接続していくことはできる。あらかじめ見えるように設定された見え姿を見るのではない。身体をともなう行為を通じて、見るということの内実も変えている。五感の形成が人類史の最大の成果だとすれば、まさに五感の形成をわずかなりとも進めていることになる。ここでは物事を別様に見るだけではなく、経験を拡張し、経験の可能性を拡げるような行為が行われていることになる。

知の創発というとき、情報が増えるだけではなく、経験そのもの、あるいは経験の可能性の拡張がともなうと思われる。一般的に言えば、行為の実行を通じた能力そのものの形成が起きていることになる。こうしたささやかな踏み出しでも、世界の現実は、非可逆に変化している。

3 AIの進化

人間の生存の近くには、人間とは異質な能力が出現してきている。AIの出現と高度化によって、実際に何か別様の現実が出現しているように見える。AIは無類の記憶力と疲れを知らない際限のないオペレーション能力を備えている。AIは学習能力を備えたマシーンであり、現時点でもさまざまな能力の吟味を受けている。AIは短期的には、現在の人間の能力を軽々と超えていく。AIは、最近の試験を受験した場合、中国の医師国家試験には合格し、日本の東大の二次試験では不合格のようである。膨大な知識を修得し、単純な対応を求める課題にはなんなく答えることができる。それが医師国家試験の合格判定につながっている。この記憶力には、どのようにしても人間では太刀打ちできそうにない。

もう一つの画期的能力に、感覚知覚の解像度が、人間の感覚知覚よりもはるかに細かいことがある。画像の解像度のドット数が異なる。医療現場ではこのことが活用されて、スキャンの画像は人間の眼で見るよりもはるかに細かく分析されている。

私はかつて「結腸膀胱瘻」というやっかいな病気になり、大きな手術をした。大腸に穴が開いたのである。医師はガンを疑っていた。だが検査では、一切ガンが出てこない。何が起きているのか容易にはわからず、とうとう手術当日には6名の医師が立ち会った。病院の教授、准教授だけではなく、大学側の医学部の教授まで来た。その後、担当の主治医が、何日もかけてドイツの小さな文献から類似した症例を見つけ出して、前例があると教えてくれた。現在の医療ネットワークであれば、検索をかければ、数分で取り出せるはずである。

その他に、人間の現実の姿とは別に、仮構した自己を拡張空間内に配置するさまざまな企てがなされている。個々人の分身となった自己が、サイバー空間内で、自己表現を行うのである。場所は月の裏側でも、火星でも木星でもよい。架空の場所を設定して、仮想の自己が自由に表現行為を行うことができる。人間がそもそも演技するという本性をもち、歴代名俳優の輝かしい履歴が記録として残っている以上、誰であれこっそりと俳優の真似事をやってみたくなる誘惑は、根強いものがある。3日やったら辞められない仕事の一つが、伝統的用語での「河原乞食」(俳優)であり、現実の河原が、サイバー空間に次々と置き代えられていく。

人間の能力を軽々と超えるものが人間の傍らにいることが、いったいどのような変化をもたらすのだろう。イノベーションと呼ばれるものは二種類に区別されるのが一般的である。量的拡大や細分化のようなかたちで起きるイノベーションは「プロセス・イノベーション」と呼ばれ、基本的には量の変化である。5G通信は、片道100車線の高速道路のようなものだ。もちろん当初は驚きである。だがすべての高速道路がそうなれば、瞬く間にそれに慣れてしまう。

もう一つのイノベーションのタイプが「産出的イノベーション」と呼ばれるもので、新たな素材や新たな構想(コンセプション)が開発され、別の動きの回路が開始されてしまうような革新である。このとき経験も世界も後もどりできないように局面を変えている。

ＡＩの場合、その最も強力な場所が、代償の利かない弱点ともなる。忘れることのできない記憶力とは、本当に記憶なのか。人間の場合、情報の大半を捨てており、有効だと感じられる情報をもとに、そのつど経験を組み替えている。記憶は、捨て去られることによって、そのつど再組織化され、リセットされる。このリセットの進行が、「経験」と呼ばれているものである。

類比的に言えば、知識は、捨てるさいに最も多くのことを学ぶことができる。捨てることを通じて、それが再度想起されるさいに、知識は内面化され経験に組み込まれる。これは一般的な学習では、「復習」と呼ばれるものだ。復習は知識の再確認ではなく、知識の再編である。このとき同時に、膨大な知識が捨てられている。それはまさに「選択的忘却」であり、とても積極的な能力である。かりにこの選択的忘却を欠けば、経験の形成はなく、オペレーションが続いても、時間の経過を有効に活用できていないことになる。このときＡＩは、紛れもなく「時間的ゾンビ」である。オペレーションの進行はあるが、「時間」という経験がないのである。

この時間的ゾンビ・プログラムは、個々の情報を指定するさいに、断片的な情報しか提供できないために、一面的な情報を過度に精密に提供することになる。コロナウイルス新規感染者情報を、その感染者のいた位置の指定で行ってみる。衛星による位置情報をマップ情報に重ねるのである。ある日の夕方、ある新規感染者が街のある場所に立ち寄ったことが判明したとする。これは精密な情報である。しかし同じ時間帯にその位置を通過しても感染しなかった多くの人がいたはずである。またその時刻に風速2メートル程度の風が吹いていれば、コロナウイルスがその場所に留まっていたとは考えにくい。精密な指定が、精確な情報であるとは限らない。

ＡＩは、機械的オペレーションの本性にしたがい、「プログラムの順番の設定」「個々のオペレーション場面での分岐」「際限のない反復的起動」の三つを組み合わせて、終わることのない作動を、倦むことなく続けることができる。だが「倦むことがない」とは異様な特質でもある。倦むことがなければ、次元を更新して進むようなソフトの向上は起きることはないとも予想される。

生命体の進化でも見ても、両生類（たとえばカエル）あたりまでは、遺伝子を増加させて進化してきている。カエルは、人間の約4倍ほどの遺伝子を細胞内に抱え込んでいる。だがそれ以降の進化は、むしろ遺伝子を減らす方向で進んでいる。となるとプログラムの中に、「自分自身を切断し、プログラムそのものを再編するプログラム」が存在したとも考えられる。

現在のプログラムは、いまだ際限のない反復的な作動が大半である。そしてそれはＡＩの得意技でもある。おそらくＡＩの進化は、いまだ始まったばかりなのである。

4 ▶ プログラムのイメージ

プログラムというとき、多くの場合、人間の認識が満たされる範囲でのプログラムが作られている可能性が高い。人間の認識にとって、わかる範囲でプログラムが設計され、わかる範囲内のプログラムが作られていることが多いと思われる。ゲームのプログラムの大半は、そうしたプログラムだと思われる。だがそれだとまたもやプログラムが一式揃ったパノラマ的経験が繰り返されてしまう。あらかじめ想定できることが起き、あらかじめ想定できることしか起きないのである。飽きがこないように数々の工夫がされているのだろうが、それにも限界はある。アプリとして提供されるプログラムのうち、9割近くはもはや誰も使う人のいない廃棄物、すなわちゴミだと言われている。

プログラムを想定するとき、モデルケースとなりうるイメージ設定を行うことは、たぶん有効な手法である。どのような範囲のプログラムが可能なのかをイメージとして設定してみるのである。たとえば以下のように考えてみる。

〈家を建てる場合を想定する。13人ずつの職人からなる二組の集団を作る。一方の集団には、見取り図、設計図、レイアウトその他の必要なものはすべて揃え、棟梁を指定して、棟梁の指示通りに作業を進める。……もう一方の13人の集団には見取り図も設計図もレイアウトもなく、ただ職人相互が相互の配置だけでどう行動するかが決まっている。職人たちは当初、偶然特定の配置につく。配置についた途端、動きが開始される。こうしたやり方でも家はできる〉

これは「オートポイエーシス」を当初設定したマトゥラーナが、自分自身の思考のプロセスに具体的な輪郭をあたえるために作り上げたイメージ像である。マトゥラーナは、構想そのもののイメージ化に優れた能力を発揮した。まさにイメージ的思考を行っていたのである。マトゥラーナが自分で作り上げた「オートポイエーシス」という未完の構想は、自分自身の身の丈を超えていた。そのためか、40代半ば以降、自分の構想を超えることができなくなり、それ以降ほとんど寡作に留まった。そして２０２１年5月に亡くなった。

ここでモデル的に設定されている二つのプログラムの仕方のうち、第一のタイプは人間が常に活用し、最も多く活用されている組み立て方である。認識によって制御できる範囲にプログラムを設定し、そこに配置をあたえて順次進めていくのである。そして想定した通りの現物ができあがる。行為は基本的に認識によって割り当てられた範囲で作動するために、最終的には行為の産物は、認識の中で想定された範囲で完結する。細部の小さな変更は無数に可能であり、それにより個々の現場での出来、不出来は分かれ、時として名人芸のような細工も生まれてくる。これが産物の装飾としてセールス・ポイントとなることが多い。

第二のタイプは、行為の連鎖から組み立てられたプログラムである。職人たちは、行為の連鎖の中で、そのつど選択しながら行為を継続する。実際にハチやアリが巣を作るさいに、あらかじめ設計図や見取り図を見て、それに合わせて作っているということは考えにくい。しかも家ができたとき、それが自分たちの作ろうとしたものであることを知ることなく家はできている。ここでは認識と行為の間に埋めることのできない隔たりがあることを意味する。

また多くの場合、家ができたとき、職人にとっての作業の区切りにはなっているが、家の完成という完結感は成立しようがない。いわば家は常に途上にあり、どこかで完成になるという最終地点はない。このプログラムは常に展開可能性に開かれてはいるが、多くの場合、人間は住まうという目的に適えば、それを「完成」だと誤解してしまう。そして完成とは、老朽化や崩壊の始まりであることをしばし忘れることができる。

このプログラムは、行為の継続の側から組み立てられており、家という名詞に対応する物の組み立てにかかわるというより、「制作する」という動詞によって指示される行為の側から作られている。動詞を一つの事象として、それらの系列化や分岐や多重化のようなさまざまな回路を組み立てることができる。ほとんどの芸術家は、作品ができたとき、なぜそうした作品になったのか、自分にもわからない場面を通過しているのが普通である。

夏の午後、近所の家の軒先にぶら下がっているハチの巣を、時々観察することがある。働き蜂が巣の入り口あたりに出てきて、六角形の巣のセルに足をかけ、羽を羽ばたかせている。順次数匹ずつ出てきては、同じように巣穴の入り口に足をかけて羽ばたいている。巣は熱くなってきているので、巣穴の入り口で羽を動かし、自分の体温調整を行っているのだろう。しかし同時にその行為は、外気を巣の中へと送り込み、女王バチ周辺の空気を入れ替えることにもつながっている。このときにも、一つの行為が複数の効果をもち、さまざまな系列を形成することができる。

第一のタイプと第二のタイプのプログラムは、ある意味で両極として設定されている。第一のタイプが認識によって行為を制御し、認識の範囲に行為を包摂するという仕組みである。これを「人間的プログラム」と呼んでおく。第二のタイプは行為の継続から組み立てられており、行為に対して認識は常に遅れてしまい、認識は終わった後の結果の一部を捉えることに留まることになる。これを「生命的プログラム」と呼んでおく。

人間的な認識から見れば、この二つのプログラムの間に、さまざまなタイプのプログラムの組み立てが存在するはずである。たとえば数名で行うプログラムは、別段棟梁も必要ではなく、またプログラムに参加する人たちの増減もあり、参入自由、退出自由という集合形態で作動を継続することができる。その中に飛び切りのアイディアをもつ人が出れば、配置をあたえて抑え込んだりせず、自由にやらせ、パートナーを一人設定し、情報共有できる状態で作動させてみる。その人物の動きが止まれば、それは当面行き止まりの回路であり、集合的な作動に戻せばよい。ところがこの人の動きにさらに連動するように別のメンバーも動き出し、その動きがメンバーの半数以上を連動させるようになれば、すでに集合体そのものが別の作動を開始しており、集合体の意味内容も変わってしまう。ここでは集合体そのものが自己組織化を遂げ続けているのである。参加者が当初の3〜4倍になり、さらには10倍にでもなれば、スケール効果が出現して、システムの作動はまったく別様なものになってしまう。

他方、「生命的プログラム」でも家ができるという仕組みは、成立している。だがおそらくこのプログラムで家を建てれば、何度やっても「同じ家」はできない。そのつど異なる家ができることになる。そしてその中には、人間の認識から見て、とても「家」とは呼べないようなものまで含まれてしまうことも起きると予想される。芸術家であれば、「自分のやってきたことはこんなことだったのか」としばし感慨にふけるような場面に直面するのかもしれない。その中には、家というもののイメージや発想さえ組み替えてしまうような事態も生じるかもしれない。逆に住むにはかなり困難がともなう「家」もできるかもしれない。それでも人間の認識からすれば、多くの選択肢と学習の機会を手にしていることになる。

プログラムの設定については、この程度の振れ幅の中で、そのつどの試行錯誤を続けることになるのかもしれない。それは自分のプロセスの進行が、次のプロセスの開始条件となるように試行錯誤することである。そのとき、いまだ試行されていない多くのプログラムの可能性に開かれていることがわかる。おそらくプログラム開発も、ようやく始まったばかりなのである。

創発（Emergence）への上昇的回路

第 I 部

ヒトの「未踏の地／知」へ

第1章 情報科学のゆくえ

信原幸弘
Nobuhara Yukihiro

情報には三つの主要な側面がある。形式と内容と量である。情報の形式は情報の担体ないし媒体のあり方（形や構造など）であり、内容は情報が表す事柄（情報の意味）であり、量は情報が伝える知識の量である。たとえば、誰かが「雨が止んだ」と言ったとき、この情報の担体は「雨が止んだ」という発話であるから、その形式はこの発話のもつ音声列のあり方や主述構造のような構造的あり方である。また、この情報の内容はその発話が表す意味内容、すなわち雨が止んだという内容である。さらに、この情報の量は、雨が止んだことを伝えられたときに得られる知識の量であり、雨が止む確率が高ければ（つまり雨がもう止みそうであれば）、この情報はほぼ予想通りであまり知識を増やさないから、その情報量は小さいし、逆に雨が止む確率が低ければ（つまり雨が止みそうになければ）、その情報は驚きであり、知識を大きく増やすから、情報量は大きい。

情報科学はコンピュータやインターネット、人工知能（AI）などを急速に発展させて情報革命を引き起こし、情報化社会という画期的に新しい社会を出現させた。しかし、これまでの情報科学が扱ってきたのは主として情報の形式と量であり、内容はほとんど扱われてこなかった。どんな形式の情報がどれくらい速く大量に処理でき、またどれくらい効率的に伝達できるかが研究され、高速・大量の処理および高効率の伝達が可能な情報形式が日進月歩、いや秒進分歩で開発されてきた。情報科学によるここ数十年の社会変化は凄まじいし、今後もその変化はさらに加速していきそうであるが、この驚嘆すべき進展は主に情報の形式と量にかかわるものであり、情報の内容にかかわるものではない。

情報科学は今後、情報の内容も取り扱い、それによって情報化社会をさらに劇的に発展させていくだろうか。それとも、情報の内容は取扱いが難しく、それゆえ今後も情報の形式と量の発展にとどまるのだろうか。以下では、この問題に取り組むために、そもそも情報の内容とはいったい何なのか、また、それを取り扱うには何が必要かを考察していく。

1 情報の内容

■意味と使用

情報の内容とは何であろうか。「雨が止んだ」という発話は雨が止んだという内容をもつ。この内容は「雨が止んだ」という文の意味に基づく。すなわち、「雨が止んだ」という文は雨が止んだことを意味し、それに基づいて「雨が止んだ」という発話は雨が止んだという内容をもつのである。では、文の意味とは何か。あるいは、より一般的に言えば、言葉の意味とは何か。「雨」という言葉が雨を意味するというのはどのようなことなのか。

言葉の意味とは何かという問題にかんして、意味とは使用であるというウィトゲンシュタインの洞察がまさに核心をついていると思われる。われわれは、「雨」が雨を意味するというのは「雨」が雨を表す（表象する）ことだと言いたくなる。「雨」という言葉と雨という事象の間に表象するという独特な関係（非物理的で非因果的な関係）が成立しており、「雨」が雨を意味するのはそのような関係が成立していることにほかならないというわけである。しかし、このように言ってみても、間違いではないにせよ、ほとんど進展がない。今度は、表象するということがどのような関係なのかが問題となる。単に独特な関係だとか、非物理的で非因果的な関係だというだけでは、この関係は謎に包まれたままである。

ウィトゲンシュタインは言葉の意味を言葉が何を表象するかという観点からではなく、言葉がどのように使用されるかという観点から明らかにしようとする。そのために、われわれが言葉を用いて行う営みを「言語ゲーム」と呼んで、その言語ゲームにおける言葉の使用を問題にする。「雨」という言葉は、たとえば、ある人が雨を見て「雨だ！」と叫び、それを聞いた人が急いで洗濯物を取り込みに行くといった仕方で使用される。あるいは、降水確率30パーセントという天気予報を聞いて「もし雨が降ったらどうしよう」と夫が言い、妻が「迎えに行ってあげるよ」と答えるという仕方で使用される。「雨」という言葉はさまざまな状況で発され、さまざまな事柄を引き起こしていく。どんな状況で発され、どんな事柄を引き起こすかが、「雨」という言葉の使用にほかならない。そしてこの使用が「雨」の意味だというわけである。

言語ゲームにおける言葉の使用は、言語ゲームにおける言葉の働き（機能）と言ってもよいであろう。雨を見て「雨だ」という発話がなされ、その発話が洗濯物を取り込むという行為を引き起こしたというのは、「雨」という言葉がそのような場面でこのような働きをしたということである。意味は使用だということは、意味は機能だということである。言葉の意味をその機能として捉える見方は機能主義的意味論と呼ぶことができよう。心の哲学における機能主義という立場では、信念や欲求などの心的状態の表象内容はその機能に基づいて説明されるが、意味の使用説とは要するに言葉の意味内容にかんする機能主義なのである。

言葉の意味をその使用として捉えるならば、その使用は当然、言葉の意味にかかわるあらゆる使用を含むことになる。雨を見て「雨だ」と発話し、傘をさしていく場合のように、言語外の事柄が発話の前後を占めるような使用もあれば、「天気は大丈夫か」と聞かれて「雨だ」と答え、それに応じて「洗濯物を取り込まなくては」という発話が続く場合のように、言語内の事柄が発話の前後を占める使用もある。さらにこの両方が入り混じる場合もある。言葉の意味にかかわる使用はこのようなさまざまな前後の脈絡における使用をすべて含むことになる。

これは、言い換えれば、言語ゲームにもさまざまなものがあるから、言葉の意味はその言葉が現れるすべての言語ゲームにおける使用だということである。したがって、正確に言えば、言葉の意味は言語ゲームにおける使用というより、言語ゲーム群（その言葉が現れるすべての言語ゲームの集まり）における使用だということになる。

また、ある脈絡において言葉を発することはその脈絡における言葉の「生産」と呼ぶことができるだろう。そして生産された言葉に応じて行為や発話がなされるが、それはそのような仕方で言葉が利用されるということであり、言葉の「生産」に対応させて言葉の「消費」と呼ぶことができよう。そして言葉をある仕方で消費（利用）することが言葉をそのように理解するということである。「生産」と「消費」という表現を使えば、言葉の使用の脈絡は言葉の生産と消費から成ると言うことができよう（ミリカン、２００７）。

ただし、言葉の使用には正しい使用と誤った使用という規範的な区別がある。雨が降っているときに「雨が降っている」と言えば、それは正しい使用になるが、もし「雨が止んだ」と言えば、誤った使用となる。言葉の意味にかかわるのはもちろん正しい使用である。誤った使用まで言葉の意味に関係させてしまうと、意味が混乱してしまう。もちろん実際には誤った使用が時になされるが、そうした使用は正しい使用から区別され、意味に関係しないものとして排除される。意味とは使用だと言うとき、その使用は正しい使用に限られる。

■情報の代理性

言葉はさまざまな脈絡においてそれに固有の多様な仕方で生産され、多様な仕方で消費される。つまり、膨大な数の言葉と非言語的な事柄から形成される言葉の生産と消費の壮大なネットワークの中で、それぞれの言葉はそれ固有の位置を占める。これが各々の言葉の意味であり、使用ないし機能にほかならない。しかし、考えてみれば、言葉だけではなく、どんなものも何らかのネットワークの中でそれ固有の位置を占めており、それによってそのものの何たるか(アイデンティティ)が決まると言えるだろう。そうだとすれば、言葉とそうでないものの違いは何であろうか。その違いはもちろん、ネットワークのあり方とそこでの位置のあり方の違いに求められなければならないが、いったいどんな違いがあるのだろうか。

ここで注目すべきなのは、言葉が何かを表す働きをするということである。そして何かを表す働きをするということは、その何かの代理をするということである。「ヘビ」という言葉はヘビを表すが、それはその言葉がヘビの代理として機能するということである。ヘビを見れば、逃げるが、同様に「ヘビだ」という言葉を聞けば、逃げる。このとき、「ヘビ」という言葉はヘビの代理として働いている。

言葉の使用は言葉が何かを表す働きをすると言えるような使用でなければならないし、それゆえその何かの代理として機能すると言えるような使用でなければならない。したがって、ネットワークとそこでの言葉の位置のあり方は、言葉が何かを表しており、その何かの代理だと言えるようなあり方でなければならない。たとえば、雨を見て「雨だ」と発話し、それに応じて洗濯物が取り込まれるとき、「雨だ」という発話は雨の代理になっている。雨を見て洗濯物を取り込むように、雨の代わりに「雨だ」という発話を聞いて洗濯物を取り込むのである。

言葉は代理として機能する。このことは、言葉がその形式に従った反応を引き起こすのではなく、その内容（言葉が代理している物事）に従った反応を引き起こすことを意味する。「雨だ」という発話はその形式としては一定の物理的特性を備えた音系列であるが、それが引き起こすのはそのような音系列から物理法則に従って生じる物理的反応（音の空気振動によって生じる窓ガラスの振動など）ではなく、発話の内容に従って生じる心理的ないし行動的反応である。言葉を理解するということは、言葉に対してその形式ではなく、その内容に従った反応をするということである。もちろん、このような内容に従った反応を行うためには、それを可能にする何らかのメカニズムが必要であり、このメカニズムにおいては、言葉がその形式に従って引き起こす反応がちょうどその内容に従った反応になるように一定の仕掛けが施されているのである。言葉を理解する能力を獲得するということは、そのようなメカニズムを獲得するということにほかならない。

■演繹のスキャンダル

情報の内容にかんして、「演繹のスキャンダル」と呼ばれる興味深い問題がある（フロリディ、２０２１）。演繹的推論は前提から結論を導き出す推論だが、前提が真であれば、必ず結論も真だという定義的特徴をもつ。この特徴は、言い換えれば、前提の中に結論がすでに含まれているということである。もし前提の中に結論が含まれていなければ、結論は前提で述べられていないことを述べていることになり、それゆえ前提が真であっても、結論は必ずしも真だということにはならない。結論のうち前提で述べられていない部分が偽になるかもしれないからである。演繹的推論は前提のうちに結論を含んでおり、それゆえ前提が真であれば、必ず結論も真となる。しかし、そうであれば、なぜわざわざ推論を行って結論を導き出す必要があるのだろうか。結論の情報内容は前提に含まれているから、前提によってすでに得られているのではないだろうか。

この演繹のスキャンダルの問題は、情報の消費(利用)という観点から解決できるように思われる。結論の情報内容が前提に含まれているとしても、前提に含まれている形式ではその情報をうまく利用できないが、結論として取り出された形式ではうまく利用できるということがありうる。たとえば、前提が $2x+5=9$ で、結論が $x=2$ であるような演繹的推論では、$x=2$ という情報内容はたしかに $2x+5=9$ の中に含まれている。しかし、$x=2$ という形式の情報はたとえば二個追加するというような仕方でただちに利用できるが、$2x+5=9$ という形式の情報はそのような直接的な利用が困難である。そこから $x=2$ という形式の情報を演繹的に導出してはじめて利用可能になる。演繹的推論は直接的には利用しがたい形式の情報を直接的に利用できる形式に変形しているのである。

情報の内容が同じでも、情報の形式が異なれば、われわれにとって情報の利用可能性が異なってくる。演繹の意義はここにある。演繹的推論は直接的には利用できない形式の情報を直接利用できる形式の情報にその内容を保持したまま変形するという重要な役割を果たすのである。演繹のスキャンダルは、このようにわれわれにおける情報の利用可能性のあり方を考慮すれば、容易に解消すると考えられる。

2 自然言語処理

■文章群での統計的処理

情報の内容について、言葉の使用、情報の代理性、情報の利用可能性という三つの点から見てきたが、そのような情報の内容を情報科学が適切に扱っていくには、どのようなことが必要であろうか。現在の情報科学における情報内容の取扱いについては、その一つの重要な試みとして自然言語処理の研究がある。情報の内容がそこでどう取り扱われているのかを見ながら、その取扱いがはたして適切だと言えるかどうかを検討したい。

自然言語処理の研究では、自然言語の文章（書かれたものや発話されたもの）の理解が目指される。人間のように、ある文章に対して適切に応答したり、ある文章を提示して適切な応答を引き出したり、あるいは文章の要約や他の言語への翻訳を行ったりすることが目標とされる。このような目標はたしかに文章の内容を理解していれば、達成可能だし、逆にそのような目標を達成できれば、文章の内容を理解していると言ってよいだろう。

これらの目標を達成するために、かつての自然言語処理の研究では、文の主述構造のような統語論的構造や句構造を明らかにすることとか、単語の品詞を特定することなどが行われたが、現在では、そのような手法は下火となり、１９９０年代から統計的な手法、すなわち膨大な文章群において言葉が他のどんな言葉とどのような確率で一緒に出現するかを統計的に解析する手法が主流になってきている。そこでは、言葉どうしの確率的なつながりが問題にされるだけで、文の統語論的構造や単語の品詞などは明示的に問題にされることがない。

このような統計的手法は最近ではＡＩの深層学習という強力な武器を得て、かなり大きな成果を生み出してきている。機械翻訳は従来に比して格段の進歩を示し、実用に耐えられるレベルに近づきつつあるし、文章の要約や議事録の作成なども可能になりつつある。しかし、統計的手法による自然言語処理では、膨大な量の文章とはいえ、もっぱら文章の中での言葉の位置が問題にされているにすぎない。言葉が言語外のどんな事柄とどのようにつながるかは棚上げにされている。たとえば、単語はもっぱら他のどんな単語とどのような確率でつながるかが解析され、それに基づいて一つのベクトルで表示される。ベクトルは他のベクトルと近いとか、遠いとかいう距離の関係をもつが、その距離関係が単語の意味の類似関係だと見なされる。距離の近い二つのベクトルで表示される二つの単語は意味が似ており、そうでない二つの単語は意味が大きく異なるというわけである（ミッチェル、２０２１）。

句や文は複数の単語を連ねた単語列であるが、単語列は単語ベクトルと単語のつながりに基づいてコード化され、このコード化された単語列が膨大な文章群において占める位置がその単語列の意味とされる。こうして、単語にせよ、句や文にせよ、それらの意味は膨大な文章群においてそれらが占める固有の位置にほかならないと見なされるのである。

■言語ゲーム群での統計的処理

しかし、言葉の意味がその使用であり、しかも言語ゲーム群における使用だとすれば、言葉の意味は他の言葉とのつながりだけではなく、言語外の事柄とのつながりによっても規定されるだろう。たとえば、「イヌ」という言葉は普通ネコではなく、イヌがいるときに発されるということも、「イヌ」の意味の重要な部分である。したがって、文章群での言葉の位置しか考慮しなければ、言葉の意味を十全に捉えることはできないであろう。

言葉と言語外の事柄から織りなされる諸々の言語ゲームにおける言葉の位置を考慮しなければ、言葉の意味を十全に捉えることはできない。このことはまったく明白であるように思われる。しかし、そうだとすると、現在の自然言語処理の統計的手法が大きな成功を収めていることが不思議に思えてこよう。言語内の言葉の位置だけを問題にして、言語外の事柄とのつながりを考慮しない現在の統計的手法が、なぜ機械翻訳や文章の要約などで画期的な進展を示しているのだろうか。機械翻訳でも時々、意味不明の訳が出てくることがあり、その場合はやはりわかっていないという思いがするが、それでもまずまずの翻訳をおおむね提供し、そこそこ実用的な役に立つ。文章群での言葉のつながりしか問題にしていないのに、なぜこのような成果をあげることができるのだろうか。

この問題に対して一つ考えられるのは、文章群での言葉の位置が決まれば、言語ゲーム群での言葉の位置も決まるのではないかということであろう。言葉が他の言葉とどうつながるかが決まれば、その言葉が言葉以外の事柄とどうつながるかも決まる。「イヌ」という言葉が「走る」「吠える」「四つ足」「哺乳類」などと高い確率でつながり、「登る」「話す」「二本足」「魚類」などと低い確率でつながるのであれば、それは実物のイヌと高い確率でつながるだろうし、ネコや人間などとは低い確率でしかつながらないだろう。このように文章群における言葉の位置が決まれば、言語ゲーム群におけるその言葉の位置も決まるとすれば、言葉の意味を捉えるうえで文章群における言葉の位置を捉えれば十分だということになろう。

たしかに文章群における言葉の位置を捉えただけでは、言葉が言葉以外の事柄とどうつながるかを捉えたことにはならない。そのつながりが文章群における言葉の位置によって決定されているとしても、そのつながりを実際に捉えなければ、言葉と言語外の事柄をつなげることはできない。たとえば、言葉が表す事物を見て、その言葉を発するというようなことはできない。イヌを見て「イヌだ」と言ったり、雨音を聞いて「雨だ！」と叫んだりすることができない。また、「イヌだ」という発話を耳にしてあわてて逃げたり、「雨だ！」という叫びを聞いて急いで洗濯物を取り込んだりすることができない。そのようなことができるためには、文章群における言葉の位置だけではなく、言語ゲーム群における言葉の位置を捉えていなければならない。

しかし、文章群における言葉の位置を捉えるだけでも、翻訳や要約のような言語内で完結する操作を行うことは十分可能であろう。現在の統計的手法による機械翻訳や要約の成功はそのことを示しているように思われる。しかし、ここで一つ注意すべきことは、その成功がそこそこであり、完全ではないということである。なぜ完全ではないのだろうか。文章群での言葉の位置が決まれば、言語ゲーム群での位置も決まるなら、文章群での位置を捉えれば、それで翻訳や要約のような言語内で完結する作業は完全にできるはずである。それが完全でないということは、やはり文章群での言葉の位置が決まっても、言語ゲーム群での位置が完全に決まるわけではないことを示しているように思われる。

実際、文章群での言葉の位置が決まっても、言語ゲーム群での言葉の位置は完全には決まらないように思われる。言葉の意味はどのような言語外の状況のもとで言葉が使用されるかによって微妙に変わってくると考えられる。「雨だ」という言葉は、今から出かけようとするときに用いられると、傘をさす行為を促すだろうし、洗濯物を干した後で用いられるときは、洗濯物の取り込みを促すだろう。同じ言葉でも、使用される状況に応じて、誘発される事柄が異なってくる。つまり、働きが異なるのであり、したがって意味が異なるのである。

もちろん、言語外の状況を言語内の文脈に取り込むことは可能である。ただ「雨だ」と言うのではなく、「夫が出かけようとするときに、妻が雨だと告げ、夫が傘をさして行く」と言えば、「雨だ」という言葉は「夫が出かけようとする」と「夫が傘をさしていく」という言語内の文脈があたえられ、その文脈での位置をもつ。このような文脈での「雨だ」の位置は、夫が出かけようとすることと夫が傘をさしていくことが言語外の脈絡としてあたえられているときの「雨だ」の位置を反映していると言えよう。そうだとすれば、結局、文章群での言葉の位置が決まれば、言語ゲーム群でのその言葉の位置も決まると言ってよいのではないだろうか。

しかし、問題は、どの程度完全に言語外の状況が言語内の文脈に取り込めるかである。それが本当に完全に取り込めるなら、文章群での言葉の位置は言語ゲーム群での言葉の位置を完全に反映しており、前者が決まれば、後者も決まると言ってよいであろう。しかし、われわれが知覚的・情動的・身体的にかかわる言語外の状況が完全に言語内の文脈に取り込まれることはありえないように思われる。百聞は一見に如かずと言われるように、感性的にかかわる状況を完全に正確に言葉で表すことはできない。そうだとすれば、文章群での言葉の位置が決まっても、言語ゲーム群での位置は決まらないことになる。言葉は言語ゲーム群で固有の位置をもち、その言語ゲーム群から文章群だけ切り出してその中で言葉の位置を定めても、それは言語ゲーム群での位置を完全に正確には反映していないのである。

言葉の意味は言語ゲーム群での言葉の位置であり、それは文章群での言葉の位置には完全には反映されない。そうだとすれば、言葉の意味を捉えるには、文章群での言葉の位置を捉えるだけでは不十分であり、言語ゲーム群における言葉の位置を捉えなければならない。文章群での位置と言語ゲーム群での位置の間に高い相関関係があるとしても、完全に一対一に対応するわけではない。機械翻訳や要約がそこそこの成功を収めても、十分な成功を収めえないのは、そのような文章群での言葉の位置しか考慮していないからである。十分な成功を収めるためには、言語ゲーム群での言葉の位置を考慮しなければならない。情報の内容を十全に扱うためには、情報と他の情報との関係だけではなく、情報と情報でない事柄との関係も捉えなければならないのである。

3 物語理解

■物語の一回性

情報と情報でない事柄が織りなす言語ゲーム群の中で情報がどんな位置を占めるかを問題にしてはじめて、情報の内容を適切に取り扱うことが可能となる。そうだとすれば、文章群ではなく、言語ゲーム群における情報の位置を統計的手法によって捉えることが可能であれば、情報の内容を適切に取り扱うことが可能だということになる。しかし、はたして言語ゲーム群における情報の位置を統計的手法によって十全に捉えることは可能であろうか。少なくとも、言語ゲームの中には、そこでの情報の位置を統計的手法によって捉えることが原理的に困難であるように思われるものがある。それは物語的な言語ゲームである。われわれは日々の暮らしを営むとき、それを一つの物語として理解しつつ営む。妻が「雨よ」と言い、夫があわてて洗濯物を取り込み、妻が「間に合った」と胸を撫でおろす。それはささやかながら、一つの物語であり、妻と夫が協働でその物語を紡ぎ出している。われわれの暮らしはこのような物語に満ち溢れている。

もちろん、われわれの活動の中には、決まりきった言動を決まりきった順序で行う定型的なものもある。工場での生産労働や退屈な儀式はおおむねそのような活動であろう。このような定型的な活動は物語を紡ぎ出すものとは言えないだろう。物語であるためには、何らかの独自性や固有性が必要である。たとえ毎日の繰り返しにすぎないように見える物語でも、物語である以上、その都度何らかの独自な新しさがなければならない。日々の暮らしは、どれほど退屈なものであっても、一回限りの独自な物語なのである。

このような物語の一回性は、唯一性とか、かけがえのなさとかと言い換えてもよいであろう。一人ひとりが唯一的であるように、個々の物語も唯一的なのである。もちろん、物語どうしの間には、よく似ているとか、まったく違っているといった類似性の関係があり、そのような類似関係に基づいて物語を分類することが可能である。しかし、ある物語がどんなタイプに属するかを知るだけでは、その物語を十全に理解したことにはならない。その物語の固有なあり方を理解すること、つまり一回限りの独自性を把握することが何にもまして重要なのである。

物語的な言語ゲームは定型的な言語ゲームと違って、そこでの営みが一回性の物語と見なせるような言語ゲームである。したがって、そこで使用される言葉の意味はその一回性の物語の中での位置、つまり物語と見なせる一回限りの言語ゲームの中での位置だということになる。もちろん、その言葉は他のさまざまな物語的および定型的な言語ゲームでも使用されるし、それらにおける使用と多少なりとも類似性があるだろう。しかし、そのような類似性を捉えるだけでは、一回限りの物語的言語ゲームにおける独自な使用を捉えることはできない。したがって、物語的な言語ゲームでの言葉の位置は、その言語ゲームが一回的であるがゆえに、統計的な手法では捉えられないだろう。

言語ゲーム群における言葉の位置はそれぞれの言語ゲームにおける言葉の使用を統合したものであるが、この言語ゲーム群には一回限りの物語的な言語ゲームも含まれる。物語的な言語ゲームでの言葉の位置が統計的手法で捉えられないとすれば、当然、そのような言語ゲームを含む言語ゲーム群での言葉の位置も統計的手法では捉えられないだろう。たしかに定型的な言語ゲームに限れば、言語ゲーム群における言葉の位置は統計的手法で捉えられるかもしれない。しかし、物語的な言語ゲームも含むとすると、言語ゲーム群での言葉の位置は統計的手法では捉えられないのである。

言語ゲーム群での言葉の位置を捉えるには、物語的な言語ゲームを別にして、定型的な言語ゲーム群での言葉の位置を統計的手法で捉え、物語的な言語ゲームでの位置はそれぞれの言語ゲームごとに個別に捉えるほかないであろう。つまり、統計的手法による把握と個別の物語的把握の両方が必要なのである。

■実践的理解と情動

情報の内容を適切に取り扱うためには、言語ゲームにおける言葉の位置を把握しなければならないが、その把握は言語ゲームの実践を可能にするようなものでなければならない。実際に言語ゲームに参加し、その言語ゲームを営むことができるような把握、たとえば、対話、共同作業、翻訳などを実際に行えるような把握でなければならない。情報の内容を取り扱うということは、情報の内容を実践的に理解することなのである。

物語的な言語ゲームの実践には、情動の関与という重要な特徴がある。妻が「雨だ」と叫び、夫が急いで洗濯物を取り込んで「間にあった」と言うほんのささやかな言語ゲームにおいても、雨を見た妻の驚き、叫びを聞いた夫の切迫感、洗濯物を取り込んだ直後の妻と夫の安堵など、いろいろな情動が関与する。これらの情動がしかるべく生起しなければ、この言語ゲームは成り立たないだろう。妻の叫びを聞いた夫が切迫感も覚えず、相変わらずボーっとしていれば、それに怒った妻が洗濯物を取り込むことになろう。しかし、そうなれば、それはまた別の物語的言語ゲームであり、元の物語的言語ゲームは成立しなくなる。

物語的な言語ゲームの実践には、みずからしかるべき情動を抱く必要があるように思われる。たしかに原理的には、みずから情動を抱かなくても、自分が抱くべき情動を理解することさえできれば、それに基づいてあたかも情動を抱いているかのように振る舞うことによって、物語的な言語ゲームを遂行することが可能であろう。しかし、みずから情動を抱かずに、自分の抱くべき情動を理解することはきわめて困難である。われわれはヘビに遭遇すれば恐怖を抱き、絶景に出会えば喜ぶが、そのようにおのずと情動を抱くことで自分の抱くべき情動を理解する。つまり、抱くべき情動を実際に抱くという仕方でその情動を理解するのである。しかし、ヘビに遭遇しても恐怖の情動を抱かないとすれば、そのときに自分がどんな情動を抱くべきかを理解することは困難であろう。たしかに定型的な状況に対する定型的な情動であれば、それまでの知識に基づいて抱くべき情動を理解することが可能かもしれないが、物語のような一回性の状況においては、そのような定型的な理解は的外れかもしれない。

また、物語的な言語ゲームの実践には、相手が抱く情動を理解することも重要である。相手の情動は普通、それと同じ情動をみずから共感的に抱くことによって容易に理解される。相手が悲しんでいるのを見ると、自分にも悲しみの情動が共感的に起こり、それによって相手の悲しみがただちに理解できる。自分のうちに共感的な情動が生起しなければ、相手の情動を理解することは困難であろう。実際、サイコパスは共感的な情動が生起しないために、他者の情動を理解することが非常に難しいようである。たしかにサイコパスも相手の表情を手掛かりにして、表情と情動の関係についての知識を駆使することによって相手の情動をある程度推察することができる。しかし、それは共感的に情動を抱くのと比べてはるかに困難であり、正確さや迅速性に欠ける（信原、２０１４）。

物語的な言語ゲームの実践には、みずから情動を抱くことが重要である。したがって、物語的な言語ゲームにおける情報の内容を適切に取り扱うためには、みずから情動を抱くことが必要となろう。ＡＩがわれわれと物語的な対話や活動を行おうとすれば、ＡＩもみずから情動を抱く必要がある。もちろん、ＡＩはサイコパスのように、みずから情動を抱かなくても、どんな状況でどのような情動が起こるかにかんする知識を用いて、物語的な対話や活動を行うことが原理的には可能であろう。しかし、一回性の物語的言語ゲームにおける情動の働きを知るには、物語のタイプ的な理解ではなく、一つの物語の一回限りの独自な具体的な理解が必要であり、そのためには個別の具体的な知識が必要となる。そのような知識は現在のＡＩの計算力ではとうてい獲得できないだろうし、今後ＡＩが飛躍的に発展するとしても、その獲得はおそらく非常に困難であろう。

情動は生命と深く結びついている。情動を抱くことは、われわれ人間が生きるということの不可欠な部分である。したがって、物語的な言語ゲームにおいて情報の内容を適切に取り扱うためにみずから情動を抱く必要があるということは、情報の内容が生命と深い関係にあることを示唆していよう。実際、情報の内容を取り扱うということは本来、生命体が自身の生に寄与するような仕方で情報を利用することだと言えよう（西垣、２００４）。情報科学が情報の内容をコンピュータによって取り扱おうとすることが非常に困難であるのは、コンピュータが生命的な存在ではないからである。生命をもたないコンピュータが情報の内容を適切に取り扱おうとすれば、生命活動全体をデジタル的にシミュレートしなければならないであろう。簡単な生命体でもそのシミュレーションには途方もない計算量が必要であるが、ましてや人間のような複雑な生命体については、その計算量は途方もないであろう。それゆえ、コンピュータが情報の内容を適切に取り扱うことは、原理的には可能かもしれないが、実際上は不可能であり、せいぜい近似的ないし擬似的な取扱いにとどまらざるをえないと思われるのである。

参考文献

ウィトゲンシュタイン、ルートヴィッヒ（１９７６）『哲学探究』藤本隆志訳、大修館書店（原著、１９５３年）
西垣通（２００４）『基礎情報学――生命から社会へ』ＮＴＴ出版
信原幸弘（２０１４）「他者理解――共感とミラーニューロン」、『シリーズ　新・心の哲学Ⅰ　認知篇』信原幸弘・太田紘史編、

勁草書房、所収
フロリディ、ルチアーノ（２０２１）『情報の哲学のために――データから情報倫理まで』塩崎亮訳、勁草書房（原著、２０１０年）
ミッチェル、メラニー（２０２１）『教養としてのＡＩ講義――ビジネスパーソンも知っておくべき「人工知能」の基礎知識』尼丁千津子訳、日経ＢＰ（原著、２０１９年）
ミリカン、ルース・Ｇ（２００７）『意味と目的の世界――生物学の哲学から』信原幸弘訳、勁草書房（原著、２００４年）

第2章 二重性の働きと現実性の創発

システムの未来

河本英夫
Kawamoto Hideo

眼前に生け花用の花瓶がある。この花瓶は、重量感があり、わずかの床の振動にも地震の揺れにも影響を受けることなく、形が維持されている。ガラスという素材と花瓶の形が、この花瓶の要素的内実である。形が維持されているところをみると、素材に対して、形の優先度は高い。素材と形の組み合わせが、人間の認識の最も単純かつ明白なもので、それ自体で自然性をもつ。このタイプは、事例の頻度では最も多い。

人間の場面で置き換えてみると、人間の活動を支えるタンパク質は、１８０日程度で置き換わる。だが１８０日経ってそれに合わせて顔かたちが変わることはなく、ましてや人格的な自我が１８０日ごとに置き換わったりはしない。こうして素材と形の対比で考えると、素材は入れ替わっても形が維持されていることになる。アリストテレスの『自然学』で定式化されるこの仕組みは、適応の範囲がとても広い。だがこのことは人間の認識が、安定したもの、変化の結果として出現してきたものを認知することに甚だしいほどの適合性があることを意味する。この適合性こそ、気づかないまま経験に大きな制約をもたらしている。

たとえば安定した個物を見る場合、形そのものはどのようにして出現してきたのか（形相の出現）、形が決まっている場合でも、置き代えることのできる素材の種類の範囲は決まっているのか（生命体にとっての食材の範囲)、素材の範囲が種類として決まる場合でも、そこから生じる形は一つに決まるのか(泥状体の形)、等々の多くの疑問が生じる。実際、花瓶がガラスでできていれば、ガラスの素材である珪素化合物は、600年に一度という程度の周期でゆっくりと動いている。この周期をまっとうするずっと以前に、たぶん花瓶は別の理由で壊れてしまう。

おそらくアリストテレスの「質料－形相」は、とても身近でわかりやすい事態を、「認識の基本モデル」として設定している。その意味でアリストテレスは、中心線を外さないバランス型の哲学者である。そしてこの傾向は、カントにもフッサールにも継承されている。だがそれを標準形にすることは、多くの可能性を手放すことでもある。質料－形相さらには部分－全体のカテゴリーを組み替えてしまうことこそ、システムの最初の出発点である。

「システム」は、ドイツ観念論で頻繁に活用されたキータームの一つであり、日本ではもっぱら「体系」と訳されてきた。ところがシステムという語の内実が変化してきたために、英語では体系的(systematic)とシステム的(systemic)を区別して使うようになっている。この「システム的」の内実をさらに可能性を拡張する方向で、考察したいと思う。基本的な方向性としては、一つには、異質なものが連動するシステムであり、もう一つが動きのさなかで形成され続けるシステムである。これによってさまざまなモードの持続可能性を示すことができる。いずれの場合にも、部分－全体関係、あるいは要素－複合体関係とは別の形でシステムを定式化することになる。

一般に自己組織化を組み込んだシステムの持続可能性を構想する場合には、最も基礎的な要素単位は、ひとまとまりとなった「プロセス」である。自己組織化とは、「あるプロセスが次のプロセスの開始条件となるように接続したプロセスの連鎖」である。溶液内で結晶の析出が続いている場面や、空気の巻き込み運動が、場所を移動しながら持続的に継続して、いわゆる「竜巻」が出現する場面である。こうした出現し、持続し、やがて停止する事象をモデルケースとして考察を進めていくのが、「プロセス」から進む哲学である。

ところがプロセスを内在的な潜在性として含み、要素単位から進む構想もおそらく可能である。それが「異質なものが連動するシステム」である。このシステムは、内部に常に「別様でもありうる可能性」を含み、別様に展開することもできる潜在性として成立している。いわばプロセスが、可能性として内在化しながら、なお別様に偶然性として存在し続けている。こうしたシステムの仕組みを構想しておきたい。

たとえば眼前の花瓶が、いつ変化し崩壊してもおかしくないが、かろうじて同型を維持している場面を想定する。かろうじて形が維持されている姿が、現在の花瓶である。このとき変化を開始しようとしている不均衡な危うい状態が成立しており、しかもその不均衡が同型に維持されていることになる。ここには不均衡状態とそれの同型の維持という異質な働きが関与していることになる。異質な働きが二つ一組となって、現在の現実を作っている。こうした構想を初期のシェリングが作り出していた。

こうした構想はたとえ個物が静止している場合でも、いわば激しく静止しているのであり、そこには潜在的なプロセスが含まれている。しかも一方で、不均衡状態には、ギリギリの限界となった崩落寸前の不均衡状態から、不均衡状態がむしろ自然性となったなだらかな不均衡状態まで、内部には多くの不均衡の度合いが含まれている。また他方で、同型の維持にも、定型となった同型維持から縮小したり増大したりするような同型維持、あるいは消滅しかかってはまた出現するような同型維持まで、多くの持続可能性のモードが含まれている。そうなると異質な原理の連動には、さらに展開可能なさまざまな可能性が含まれていることになる。

シェリングの自然哲学は、現実性の出現の解明とともに、持続可能なものの圧倒的な多様化の可能性を導き出す構想になっていた。この多様化の可能性を経験科学的な定式化に接続していったのが、自己組織化の構想である。ところが異質な原理の連動という仕組みは、シェリングから約100年後に、「構造主義」というかたちで展開されることになった。見かけ上、まったく別様な構想に見えるシェリングの自然哲学と構造主義は、変化の可能性という点で、実は同じ成り立ちをしていたのである。このことは構造主義の新たな面を拓くことにつながるはずである。

1 「異質なもの」の複合――システムの異形

言語システムの基本単位を、語（単語）だとしてみる。文がうまく作れない場合でも、語を発することができれば、かなりの部分の伝達はできる。複雑な事態を表現しようとすれば、主語－述語形式（判断という）を組み立てなければならない。その手前に、表現と伝達の機能性を満たすものとして、語がある。20世紀初頭の言語学者ソシュールの言語システムも、語の分析を優先している。この言語学によって、システムの組み立てはまったく別様なところまで進んでしまった。それが20世紀の最大の人文学である「構造主義」に多大な影響をあたえてきた。システムとは、伝統的には類似した要素の集合であった。たとえば統計力学のシステム処理は、同質のランダムな動きをする粒子の集合で行われる。こうしたやり方とはまったく異なるシステムの組み立てが出現してきたのである。

語には、音のまとまりと、それと対応する視聴覚イメージがある。たとえば「海」という語には、umi という音のまとまりと、青々とどこまでも広がったものという視覚イメージが含まれる。音のまとまりと視覚イメージは、質が異なるので必然的つながりはない。青々と広がったもののイメージを、多くの言語では、別の音で対応づけている。音のまとまりを、ソシュールはシニフィアンと呼び、視聴覚イメージをシニフィエと呼んだ。語とはシニフィアン－シニフィエの複合体である。後に同じ語が、認識する言語記号（シニフィアン）と認識されるもの（シニフィエ）との間の関係として、ラカンや記号学者により活用されることになった。

語のシニフィアンとシニフィエが必然的につながる理由はどこにもないので、両者の間には「対応恣意性」が指定される。実際に各国言語で、異なる結びつきがある。また umi という音のまとまりは、このまとまりでなければならない理由もない。umie, umime, umite のような似通った音のまとまりはダメで、umi だけが正当な音のまとまりだとする理由はない。音のまとまりが特定のまとまりをもつことには偶然性が含まれており、これが「分節恣意性」と呼ばれる。音のまとまりは、他の音のまとまり（他の語の音韻）との対比的な関係で、おのずと決まっていくと考えるよりない。そのことが言語は「示差の体系」だという認識につながる。

その場合、個々の音のまとまりの出現を、すでに出現した他の音のまとまりとの対比関係（示差関係）で説明するのだから、この説明には半ば循環が含まれてしまっている。出現するものの説明は、出現した結果を手掛かりにするよりない。だがこれは出現という事態の認識の限界を示唆してもいる。その説明の場合でも、音のまとまりの区切りは、他との対比的な関係で必然的に決まるわけではなく、そこには必然的に不透明な偶然が含まれる。多くの語の間での示差関係が成立しても、特定の語がなぜそれなのかについては、なお複数の可能性が内在する。こうして二重の偶然（対応恣意性、分節恣意性）が含まれたかたちで「語」が成立している。

語に含まれるこの二つの偶然性は、まったく異質なものである。音韻のまとまりがどこかの位置で切れて、それとして分節することにかかわる偶然性（分節恣意性）は、音韻内のつながりの内部の問題である。それに対して、音韻のまとまりと視聴覚イメージとの対応は、質の異なるものがつながる偶然性である。異なる質は、共通の座標軸の上に配置することはできない。あるいは異なる質は共通の全体の中の部分になることはできない。そのため質は何らかの共通の基盤からも、由来の点からも、解明することは難しい。umi という音のまとまりは、朧、倦み、産み、熟み……のような別の視聴覚イメージと抑揚を代えながら接続することがある。そのため音のまとまりと視聴覚イメージの間には、基本的には一対一対応はなく、さまざまな接続の仕方が可能である。この場合、部分－全体関係とは別の仕組みが入っていることになる。異質なものの複合体は、別様の複合化の可能性を含む二重性としてしか成立しない。この二重性がさまざまに交差しながらマトリックスを形成しているのが、言語システムである。

この事態は、化学反応たとえば $2H_2$ と O_2 が反応して $2H_2O$ になる場合とは、まったく異なったものである。化学反応の場合、たとえ異種の物質が化合した場合でも、反応産物はきわめて安定しており、内部に不確実な偶然性は残されていない。またこの反応では反応産物は、ほとんどの確率で必然的に形成される。つまりエネルギー的な安定性に向かってプロセスは進行している。こうした場合には、内部に有効に偶然性が含まれる形にはならない。

また引力－斥力のような「相反対」は、一般には動力学（ダイナミクス）と呼ばれるもので、相反する二つのものが最初から二つ一組となっている以上、内部の選択肢はほとんどない。相反するものが均衡状態にあるか不均衡かの二つの選択肢しかない。どちらかと言えばこれはアナログ系である。

遺伝子複製系（ＤＮＡ）と生命活動実効系（タンパク質）のつながりは、タンパク質の再生産に２～３割の失敗が出現する危うい接続であり、失敗したタンパク質を再利用する仕組みも備わっている。つまりこれは、本来内部の選択肢を減らし、失敗を少なくしようとする系である。ただし遺伝子系－タンパク系の連動には、この連動を支える媒体がある。それがＲＮＡである。ＲＮＡはそれ自体では領域化しない媒体としての活動態である。

質の異なるものが結びついて、語のような一つの要素的な事象を形成する場面では、どのように追跡しても意識の働きの痕跡を導き出すことは難しい。かつて吉本隆明が『言語にとって美とはなにか』で、「自己表出」という点から「海」という語の出現を描こうとしていた。はじめてあの青々とした広大な広がりに直面したときの驚嘆にも感動にも似た思いの中に含まれる内面の蠢きが、「う」という音の痕跡になったという場面の記述は、出現の一コマをかすめているだろうと思われる。だが語がそれとして成立してしまうと、一切のプロセスから不連続に切断されて、どのようにしても由来を辿ることができなくなる。このことは逆に、語がひとたび形成されてしまうと、もはや語の成立する以前には戻ることができないことを意味する。語の出現には、無名の人たちの無数の反復的な使用が含まれているはずだが、それらの使用の蓄積は、成立した語の手前に不透明な分厚さを感じさせるだけで、語そのものは、いわば透明な産物となる。

こうした「異質なもの」の複合をそれとして取り出してみたとき、由来から考察することも、化学反応のように要素の複合化から説明することも、無理である。エネルギー安定性のような自然法則には落ちず、志向的な意識の関与からも導くことはできない。こうした複合体を特徴づけるためには、何か新たな言葉が必要となった。それが「構造」である。20世紀を代表する構造主義の要となったのは、こうした「異質なものの複合体」に焦点を当てたことだった。そのため新たな人文科学として、自然科学の成果を存分に活用し、科学そのものを緩やかに拡張することになった。

構造は、人間や人間の意識を制約する基礎的な基盤のように考えることはできない。また何か事象の根拠の位置に配置されるようなものでもない。むしろ膨大な人間の営みの中で出現してきた「不連続な生成体」

であり、どの生成プロセスにも回収できないという意味で、偶然性を含む「宙吊り体」なのである。しかもこの宙吊り体は、ひとたび形成されれば、物事の基礎として根底に存在するようなものではない。言語にも見られるように、断続的に作動を継続することでそのつど維持されているだけである。まったく使われなくなった語の構造が何を意味するのか、誰にもわからないだけではなく、その場合には構造とは別の事柄を問うことになる。

構造は、作動する行為の選択性の幅を決めているが、あらかじめ言語／非言語の境界を設定するようなものではない。こうした境界は、作動する行為のさなかでそのつど判別され、行為の成果として後に判別されるだけである。

このとき生成した構造は、持続性という点で個々の意識的な使用の基礎に置かれる規則であったり、あらかじめ意識の働きを制約する外的な規則の集合と見なされることもある。それは生成の結果である構造を、あらかじめ作り付けの前提だとする誤解から生じている。むしろ焦点になるのは、構造そのものの出現であり、出現した構造の個々の作動のモードなのである。

音韻のまとまりと視聴覚イメージの新たな連接という「現実性」が出現する場面に、自分の行為を介して立ち会うものは、基本的には「詩人」である。多くの語が出現してくる言語システムの形成場面には、無名のままに留まる多くの詩人がいたはずである。万葉集のような歌の出現のプロセスのさなかにある場面では、新たな語の活用が見いだされてくるのだから、そのつど詩作が行われていた。詩人とは言葉のうまさではなく、いまだ現実化していない世界を、言葉を通じて現実化させる行為者である。語の出現は、経験の中に潜在的な選択肢を増大させる。熱力学的な比喩で言えば、エントロピーを局所的に減少させる。

視聴覚イメージは、何とつながらなければいけないという制約は、あらかじめ決まっているわけではない。

ここにはやっかいな問いが含まれている。現在のような音声言語が、唯一の言語ではないことははっきりしている。

では他の感覚質の連動する言語は存在するのか。視聴覚イメージと臭いがつながってもよく、幾何学図形が味とつながってもよい。異なる感覚質の結びつきが、言語のエッセンスだとすれば、別の感覚質のつながりでもよかった。ただしひとたびホモ＝サピエンスの場合のように音声言語が形成されてしまうと、味や臭いは言語的な音声表記を経て、二次的に視聴覚イメージとつながるだけになる。

言語の可能性はかなり多く存在し、各種動物がどのような言語を使用しているのかはよくわからない。だが音声言語は他の感覚質に対して多くの翻訳可能性を含んでいた点で、「言語一般の輪郭線」を定めてきたと想定される。言語は、その内部に多層で多様な分岐線を含む多重システムだった。たとえば視聴覚イメージをさらに運動感を込めてイメージの断片のようにデッサンで描くこともできる。これはダ・ヴィンチの素描に繰り返し出てくる。

ダ・ヴィンチは「デッサンの詩人」だった。誰にも見えないものをデッサンで可視化したのである。たとえば植物の中に蠢いている「動き」を運動性のイメージとしてデッサンしている。鳥が空中で止まっているとき、静止の中に含まれた運動をデッサンしている。視聴覚イメージを音韻ではなく、そのイメージに含まれる運動感をデッサンで描いたのである。渦巻のように断続的に出現する形も描いている。このときには水という質料と運動の持続との連動が捉えられている。質料と運動の連動から全体としてのかたちが出現してくるので、仕組みとしては「自己組織化」の潜在体となる。

この場合、アリストテレス・タイプの質料－形相に代えて、質料－運動を設定していることになる。そしてそれと同時に、部分－全体関係を別様に組み替えたのである。またおそらく音韻の連なりに代えて、メロディーを連接させることもできる。これは音楽の楽曲のかたちを取る。

知覚で捉えられた視聴覚像は、知覚の本性上きわめて安定しており、人間の種としての信用度を背負っている。だが対応恣意性を含んだ複合体そのものの対応可能性の範囲はあらかじめ制限があるわけではない。つまり視聴覚イメージを運動性の動態デッサンに接続させることもできれば、メロディーに接続させることもできる。複合体がまとまりとなり現実性をもつ場合の最も自明な形が、言語に見られる視聴覚イメージと音韻との二重性を含む複合体の形成であった。この二重性は、特定の要素単位が別の要素単位でも可能だという選択性を含み、常に新たな接続の可能性に開かれていることを意味する。

実際に対話的活動では、身振り、手振り、気配、雰囲気をともなって対話が行われる。音声言語は、そうした表現マトリックスのごく一部の断片である。だが持続的に継承される対話的活動の要素体を取り出せば、そこに「音声言語」が設定されていた。これはある意味で歴史の偶然でもあり、十分に理由のある偶然だったのである。

こうした言語に典型的に見られる異なる感覚質の二重性は、実はさまざまなモードで表現の可能性を下支えしていたのである。異質なものの二重性を帯びた連結態が成立すると、他の異質なものとの二重性も可能になり、時として多重性が成立してくる。

自然性や自明性とともに結果として広く共有されるものが自然言語である。だが離散的に継承され、継承の行為に痕跡が残り続けるものは、一般に自然性から遠ざかろうとする。そのとき感覚質の間の対応恣意性の限界の方向へ進んでいき、一方では対応可能性の範囲を可能な限り拡張する方向へと進むことがある。これが芸術である。

他方ではより一般的に共有され繰り返し共有の領野を拡張する方向に進む。これが自然言語である。異なる質の間の連動態を要素とするシステムは、それとして自己充足することはできず、他方で恣意的にもたらされた変化に対しては、いずれそれらを別様に翻訳して解消していく。その翻訳のプロセスに表現の分岐線が出現していく。

「構造」の設定段階で、出発点のところに異質なものが連動する二重性が設定されていることがわかる。こうした事態を少し敷衍して、世界の初発の基本的な存在は、二重性であると定式化しておく。こうした二重性は、展開可能性や変異可能性に富み、一つの事態がまったく別様にもなりうる現実的な要素単位である。このとき放棄されるのは、究極のものは単独の要素であるという神学的な思い込みだけである。

構造主義は、認識論的なバイアスによって、現象の基礎にある規則を明示するものだと配置されてきた。これは構造を科学的な定式化になぞらえた、ただの誤解である。構造そのものの意義は、繰り返しそれとともに行為が反復されることであり、当初より、内部に多くの隙間と選択肢が含まれていた。多種多様な「ポスト構造主義」の構想を準備してきたものこそ、まさに構造主義そのものだったのである。

こう考えると、構造主義と自己組織化の構想は、強調点の違いこそあれ、実は同じ方向を向いていることがわかる。構造に内在化された可能性と自己組織システムで現実化する可能性は、同じものを指している。それこそ「新たな現実性」の出現である。

2 システム的機能変容

こうした異質なものから成る複合体を前面に出した典型的構想は、ラカンの精神分析に見られる。ラカンは、フロイトの精神分析を限りなくヴァージョンアップさせた。ラカンでは、主としてヒステリーや神経症に対応するための「心的構造」を設定する中で、不可欠の要素を配置した「構造的な図式」が出てくる。精神分析であるから、言語・記号のネットワークは、最優先要素である。精神分析の治療の仕組みから見て、身体の動きや運動は使わず、言語的な語りを主とするのだから、それに対応する言語・記号システムは優先度が高い。

それに対応する人間的な主要素は、「欲望」という活動態になる。欲望は、伝統的には「意志」の領域に対応し、「生きようとする意志」のような本能的な働きである。ショーペンハウアーやニーチェが活用する「欲望」や「本能的欲求」等の生きようとする本性であり、飲みたい、食べたい、排出したい、眠りたい等々に付帯する「〜したい」という活動態である。こうした19世紀の初頭から始まる「意志論」の最後のページを精神分析が書いた。一般に「意志」という語は、時として「自由意志」のように選択的行為の場面での「行為的な決断」の意味で使われることもある。カントがこの意味でこの概念を活用している。だがその場合でも、実は選択性の好悪を支える場面に欲望や欲求が働いていて、自由意志を動機づける「本能的意志」が存在したのである。

このとき欲望という活動態と言語・記号との関係はどうなるのだろう。個体発生的な生育過程で、欲望そのものも言語・記号が行き交う中で形成される。不透明な連動関係はあるが、双方からの決定関係はない。これは身体と言語との関係にも似た事態である。身体は言語が語られる環境内で形成される。だからといって、身体が言語から規定されるということはあり得ない。また身体が言語を制御するということもあり得ない。だが何らかの影響関係はある。

欲望という活動態と言語・記号の関係でも、言語・記号のネットワークは欲望を回収することができず、他方、欲望はみずから言語・記号を制御することはできない。相互に一方から他方への制御関係はなく、他を自分の中に包摂することもできず、それぞれが固有の動きをしながら、なお接点を維持している。こういう事態をうまく表現する言葉は、圧倒的に欠落している。無理に言葉を捏ねれば、「非対称的シンクロニシティ」「離散的相互内属」「非位相的交叉」等々をひねり出すことはできるが、どうしても言葉に無理をかけている印象が残る。メルロ＝ポンティであれば「相互内属」と言うであろうし、ラカンの編み出した用語では、「外密」がそれに近いのだろう。あるいはシステム用語では、「カップリング」（相互に非決定性の媒介変数を共有している状態）となる。用語の確定さえ難しい事態でもある。

たとえばカップリングと言った場合でも、カップリングの緊密さの度合いには、かなり大きな変動がある。欲望と言語・記号が密接に連動する「叫び」や「呻き」のような感情価の大きな局面から、論理的規則のように不可解な不快感（自同律の不快）をともなう局面まで、緊密さの度合いの広がりは大きい。非対称的シンクロニシティという語でみれば、言語は誰にとっても否応なしに降りかかってきて、多くの場合、受容に選択の余地はない。言語はただひたすら降りかかるのである。だが降りかかる度合いには、欲望の種類によってモードの違いが出る。

言語・記号は、シニフィアンと呼ばれるが、この場合のシニフィアンは、現実的な事物をシニフィエとする言語・記号認識の場面でのシニフィアンであり、認識する言語・記号と認識される事物との関係が、シニフィアン－シニフィエとなる。言語学者ソシュールで設定された関係とは、まったく別の場面に進んでいる。

ラカンの最初に出された図式を簡略化すると下図のようなものとなる。図式だから基本線

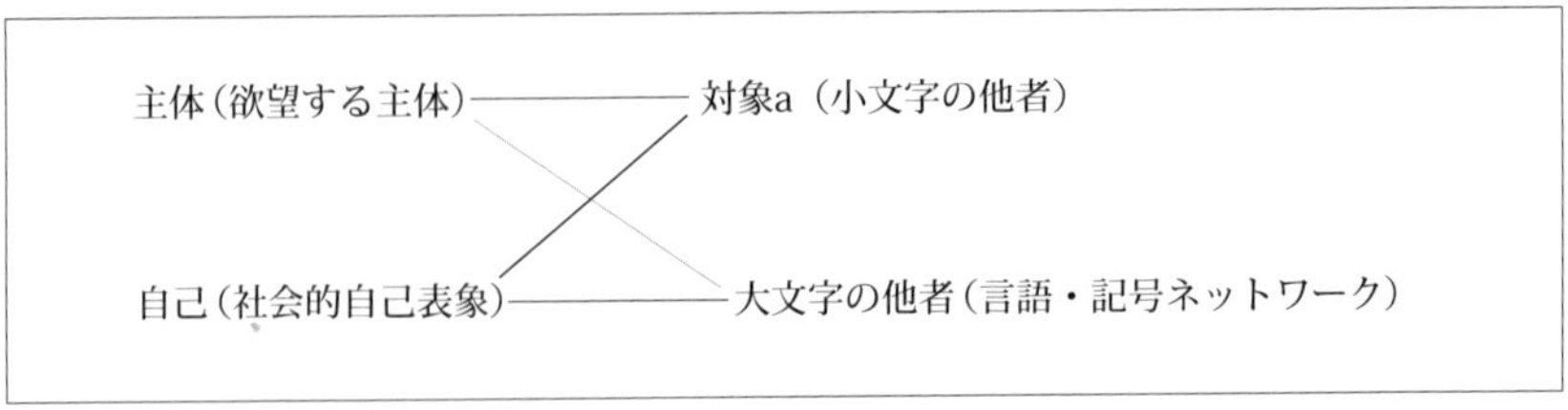

さえ押さえてあればよく、細部の詳細を競うことはまた別の専門的課題となる。

左上の主体は、欲望の活動態であり、欲望は向かうところもなく、終わりもない。たとえ食欲が満たされても、次の日にはまた空腹がやってくるのだから、際限のない反復的な活動態であり、それは生きていることの別名でもある。

右下の大文字の他者は、言語・記号のネットワークで言語・記号が比較的まとまりをもつシステムとして想定されている。

左下の自己は、社会内で作られている「自己像」とでも呼ぶべきもので、社会内でどのように受け取られるかを自分で像として作っておかなければ、やっていくことができない。だが本人自身が自分をイメージしている自己像と社会から見られている自己像は、しばしば隔たりが起き、自己像の内部に乖離が含まれる。

対象ａは、潜在的な自分の分身のようなもので、心に不安定化が起きると、そのときに出現してくる。ラカン自身は、糞、乳房、声、まなざしを挙げているが、心にまとまりをあたえるイメージ像である。この図式は、心の揺らぎに対処して弾力をもたせるための仕組みとして組み立てられている。

この中には意識は書き込まれてはいない。意識は、微調整要因として心の働きのさまざまな場面に関与しているはずだが、意識が主導してこうした心の仕組みが作られることはなく、制御要因にもなっていない。ある意味で、意識で引き起こされた問題は、意識で解決できる。たとえば主観、客観の分断は意識が引き起こしていることであり、その後の意識の努力でこれを克服しようとする哲学的試みは断続的に行われた。多くの場合、意識は、無くても済む問題を自分で引き起こし、後に自分で解決する。

こうした議論の設定を重視していた哲学者もいる。それが初期のシェリングである。これによって意識の手前で働いている主観性の働きを前面に出すことで、意識による哲学とは別のところに進んだ。意識以前の働きが、「精神」であり、「みずから自身を直観するためにみずから客体になる」というような直観的産出の働きが強調されることになった。こうした意識以前の活動態は、数学的規則の直観的創出や芸術的イメージの産出には、不可分に関与している。

こうしたことからシェリングは、独特の「無意識」の概念を作り出し、「同一哲学」を展開した。だが無意識のレベルを、意識の働きに対応させて意識を捕捉するように設定する以上、当初から限界があった。意識による難題の出現を、無意識を継ぎ足すようにして解決するという手法は、あらかじめ難題が解決されるように作り付けになって設定されている。こうした設定の仕方を「論点先取」という。そのため、このタイプの構想は出発点からすでに展開可能性がなかったのである。

ラカンの図式でも、意識の出現以前の仕組みが問題になっているのだから、その場面で設定されるものは、紛れもなく「構造」である。無意識は、配置とすれば、大文字の他者と欲望の間の落差あたりに出現しているはずである。欲望という活動態と言語・記号のネットワークの質的に異なるものの間には、構造的な落差がある。そのため言語・記号側から見たとき、無意識は「言語のように構造化されている」ことになる。

この構造は、完備し、自己完結しているのだろうか。経験の意識による吟味からすると、意識以前の仕組みが取り出されている以上、この問いには回答しようがない。だがこれだけ構造の内部に隙間がある仕組みが取り出されている以上、この構造からのさまざまな変異は、膨大な数、想定されるはずである。構造が完備しているかどうかよりも、むしろそれの展開可能性、変容可能性の方が重要な局面となる。

実際の社会事象としては、病理的な事象の解明や治療設定よりも、むしろ心そのものの変異の向かう動向を示し、同じ構造的な図式が、機能変容を経て別の意味をもってしまうことの優れた事例を提供するようにも思える。

異質なものの複合体は、隙間にさまざまな変異を含み、時として総体を組み替える変化の中にあると考えてもよい。そこには精神病理的な変異に多大なバイアスをあたえるような変異もあれば、精神そのものの活動のモードを別様にしてしまうほどの変異がある場合もある。それが「異質なものの複合という構造」の作りなのである。

ただし社会現象としての小さな変異で言えば、次のようなことがあげられる。

（1）SNSの急速な拡張によって、ひとまとまりの大文字の他者はもはや成立しにくいのが実情である。ネットワークが分岐して細分化し、分散した小さなネットワークが重なり合い、参入自由、退出自由の状態を作り上げている。そこにはネットワーク総体をまとめ上げる「父の名の隠喩」と呼ばれる構造的空白となった「拠点」は想定しようがない。その場合でも、すべてのローカルネットワークを超えた構造的拠点をイメージすることはでき、それが「絶対超越」の仮構を生じさせる。システム内に過度に選択肢が増大すると、過度な対応が生まれやすい。個々の選択肢を活用してプロセスを進むのではなく、一切の選択を測定誤差に置き代えていくような仮象が生み出されていく。

（2）個々のネットワークには、まとまりの支えのような雰囲気である「情緒」が出現することが多い。自作自演保守派のネットワーク、自作自演左派のネットワークのような見えやすいものから、宗教性を帯びたネットワーク、地域ネットワークのようなローカルネットワークが存在し、特定の情緒を帯びている。こうしてネットワークが分散すると、得体のしれない不透明なネットワークが背後で同時に働いているという予感はしばしば出現し、各種「陰謀論」が生まれることになる。これらは歴史上の「バラ十字団」や、正体不明な結社と容易に結び付く。また情緒が前景化すれば、同じ情緒が連想ゲームのように反復されることは比較的容易に起きる。そのときの応答は、多くの場合、good か bad であり、単純な二分法（排中律）が広範に行き渡ることになる。いずれも選択肢を一挙に減少させるやり方であり、熱力学的な比喩で言えば、ローカルにエントロピーを極大にしてしまうのである。

（3）社会的自己の設定も、現実の社会内でおのずと形成されるもの以外に、ネット上で仮構された「キャラクター」や架空の「パーソナリティ」を設定できる。いわば「発信ペンネーム」を誰でももてるのであり、その延長上で「自己像」を使い分けながら複数個維持することもできる。この発信ペンネームの一つを、自分の分身である対象ａに張り付けてしまうことも比較的容易にできる。このとき対象ａは、当人にとっての恒常的な心の支えであり、安定化を確保すると同時に経験の振れ幅を大幅に制約することになる。どこかにいつもつきまとう緊張感を漂わせるパーソナリティとして、社会内で自分を自作自演するが、無理に作り上げたキャラであることには変わりがない。

（4）言語的ネットワークを駆使して、自己を何重にもパーソナリティ化し、対象ａを恒常化しても、それらは言語・記号ネットワークの中の話である。他方、現実の社会内では総体として、情報ネットワークと身体をともなった生身の社会内個人との間に構造的な乖離を生む。ネットワークの中では言葉での他者理解と自己主張を行うが、現実社会内では、言葉以前の感覚知覚が働かず、何もわからない広大な領域が出現する。ここにはおそらく多くのモードの適応障害が出現する。こうした機能変容の中で、心は蠢き、逡巡し、別様の苦悩を生きることになる。

3 異質な複合体の分岐生成——機能性の出現

近世の哲学者ライプニッツでは、また別のタイプの二重性が、明示的に活用されている。いま動物タイプの生き物の最小単位を考えてみる。運動性の能力と認知系の能力は、どのような場合でも必要になる。それはたとえばライプニッツの「モナド」の構想にも出てくる。ライプニッツは万能型の稀代の才人であり、実務型でしかも展開可能性の大きな哲学を作り上げた。ただし人間の経験総体を捉えるような体系的な組み立ては行っていない。同時代での論争、あるいは歴史的な論争については、周到に準備した論争の文書を残しているが、自分自身の体系構想をコツコツ積み上げていくというタイプではなかった。

論争にかかわる草稿では、資質として弁護士タイプの文章になっている。極端な言い方をすれば、ライプニッツは神ならびに世界の「弁護士」なのである。この数学と論理学に秀でた「弁護士」のかかわる事案は、次々と局面を変える。そして移り変わる局面に応じて、「弁護士」は、最善の対応をしなければならない。

ライプニッツの最晩年の構想に「モナド論」が出てくる。世界内の最終的な要素単位をどのように設定するか、またどのような設定であっても同時に解決しておかなければならない課題はどのようなものか。世界は最善である以上、調和していなければならない。だが個体は圧倒的に多様でもある。多様性と調和を織り合わせなければならない。こうした世界で想定される個体的実体は、一つのまとまりのある世界のようなものであり、神の鏡、あるいは世界の鏡のようなものである。

実体は、各自、自分の流儀にしたがって全宇宙を表現する。「モナド」（単子）はこうした実体であり、それ自体は最小の「種」でもある。そして個体的実体の数だけ、世界は多様に表現される。モナドは、部分をもたない世界の最終単位である。イメージとしては極小な微生物の極限形態を考えておいてよい。

モナドには二つの働きがあり、一つは世界を映し出す知覚・表象であり、もう一つは知覚・表象が移ろいゆくさいに働いている運動性の欲求である。ここでは運動性の欲求を、エサを求めるような欲求としてではなく、むしろ否応なく動いてしまう動機のない運動性として取り上げる。こう解釈すると力点は少しずれるが、事態はより明白になる。

モナドはそれぞれに世界を映し出すが、窓はなく外から影響を受けたりはしない。モナドが映し出す世界は、知覚表象の本性上、特定の位置からの映し出しであり、各モナドでそれぞれに特異性がある。それは各モナドが有限であるために、特定の世界しか知りようがないことによっている。そのことはモナドが世界内を移動できるという運動性の能力と密接に連動している。教会のドームをある位置から見れば特定の表象があり、別の位置から見れば別の表象がある。

こうして世界の表象という認知能力と、移動を行う運動能力は、モナドが備える二つの基本能力であることになる。移動を行う運動能力は、それぞれのモナドによって異なると考えなければならない。すべてのモナドが同じ運動能力をもつと考えることはできず、またかりに同じ運動能力があれば、モナドの多様性に最初から制限がかかってしまう。それぞれのモナドが異なる世界を表象している場合でも、「同じ世界」の異なる見え姿であるはずだが、この同じ世界は、モナドの表象からはどのようにしても出てこない。

こんなふうにたくさんの問題が含まれた構想だが、モナドの基本能力として、認知能力(表象能力)と運動能力は、一方を他方に解消することはできず、また異質な能力でもあり、容易には調和させることができない。少なくとも調和的な作動は、毎日毎日の実行訓練の成果であり、あらかじめ保証されたものではない。モナドには、整合化が困難な二つの能力が設定されていたのである。そしておそらくこれがライプニッツの構想の意図に反して、最も有効な設定だったのである。

認知能力と運動能力は、能力の形成と運動から見て、人間の場合、認知能力が格段に広範囲に、しかも精確に形成されてしまう。たとえば認知では世界の表象をもつことは比較的容易である。このとき、さらに世界の表象に一対一に対応する運動のモードはどのようなものなのだろう。それを指定することはおそらく無理である。

認知能力と運動能力のように異質な原理を設定すると、認知では対応することができても、運動では対応できない広範な領域が生まれる。中小哺乳類にとっては、空を飛ぶ鳥は、認知的に捉えることはできても、捕まえることはできないのだから、運動によって対応することはできない。

認知と運動の間には、認知能力そのものの拡張によって巨大な隙間が生まれ、ここに新たな能力が形成されたと考えられる。これがおそらく「感情」である。脳神経系の仕組みから見て、両生類あたりまでは感情の座は見あたらない。爬虫類あたりから感情の座が、大脳辺縁系にはっきりしてくる。たとえば空を飛ぶ鳥を認知できても、それを捕らえることはできない。そのため鳥を見て「ガオー」と鳴いて威嚇することになる。これは感情の発露である。異質なものの複合から、隙間に新たな能力が出現しており、これ自体は「新たなカテゴリーの出現」であり、能力の創発である。こうしてみると進化史の上では、感情は比較的新しい能力である。

ひとたびこうした能力の新たなカテゴリーが出現すると、さらにたとえば認知と感情の隙間に新たなモードが生まれてくる。それが「外に見える感情」すなわち「情態性」である。どこか不気味な風景や逆に退屈な風景のように、環境に直接感じ取られる「情感」がある。不気味さや退屈さは、環境の感覚知覚ではない。感覚知覚に情感が染みついているとも、浸透しているとも言える。だが恒常的な連動態ではなく、二度目に同じ環境に遭遇しても、不気味さや退屈さは別段感じられないことは、ごく普通に起きることである。情態性は、環境世界で見れば、そのつど環境に触れる行為に依存しており、情態性が固定化すればむしろ病的になる。たとえばいつも不気味な環境、退屈な環境、不安な環境などは、そこに居続けることも難しくなる。

情態性は、感覚知覚－感情の連動の中の新たな作動のモードの出現である。またモードそのものに強さの度合いの違いを内在させた、新たな現実の出現でもある。

このとき感覚知覚－感情の連動はきわめて緩やかなモードから、緊密に連動する場合まで、広いばらつきがある。それはたとえば底知れぬ不気味さから、どこか不気味というような強さの度合いの違いとなって体験される。この度合いの違いは、環境内の行為に決定的な影響をあたえる。複数の異なる能力の連動は、間に連動の度合いという固有の事象を出現させる。これが強度である。強度は異なる能力の間に出現する新たなモードの変容に内在する。強度は、異なる能力の間に出現する以上、量的な大小に落とすことはできないが、強さの違いとしては、間違いなく感じ分けられている。

他面、感情と運動の間にも別の作動のモードが出現してくる。背後から急速に迫ってくるトラックの音は、危機感に満ちている。この危機感には、緊急さの度合いが含まれている。ただちに道路端に身を寄せなければならないとか、少しかわしておけばよい等の度合いの違いが含まれている。そのとき集中に満ちた緊張感で移動したり、おもむろにゆっくり少し端に移動したりする運動の強さの度合いの調整がおのずと行われている。運動感に対して調整能力を細分化する働きが、「内感」の調整である。これは瞬間的に力を込めたり、ゆっくりと集中したり、あるいはむしろリラックスしたりという制御調整の違いであり、その細分化である。

さらに部材をともなった運動性の器官をもとに活動態のモードである「機能性の出現」を考察してみる。たとえば口を中心とした口腔器官がある。口は食べることに使われ、話すことにも使われ、時として攻撃や防御にも活用され、何かを咥えたまま運搬することにも使われる。それぞれで少しずつ口腔の運動にもモードの違いが出現する。これは部材（器官）と働きの二重性の下での機能分化であり、基本的には部材（器官）の機能分化である。この場合、口腔という部材の制約があり、口腔を使って空を飛んだり、地面の中を進むことは難しい。部材が機能分化するさいに何度もその部材そのものの性質に戻りながら、そこからそのつど機能分化していくよりない。部材と機能は一対一対応をしないのだから、同じ部材での機能分化がそのつど出現していく。

たとえば食事をしながら会話する。食べることと話すことは、同じ口腔器官を活用している。口腔器官の運動のモードを少し切り換えながら、食べながら話すのである。このとき「食べ物について語ることと、言葉を食べることは等しい」と言ってみる。こんなことを言い出せば、ただちに「統合失調症」系の経験だと分類されそうである。類似した表記が、ドゥルーズの『意味の論理学』からも取り出すことができ、それを参照することもできる。だが果たしてそうか。

食べながら話すさいには、食べるという行為のさなかで発話すれば、食物だけではなく、言葉も食べているはずである。ことに、このお肉は美味しいと話しながらお肉を食べれば、お肉について語りながら、語りの言葉も同時に食べている。

食べることと話すことの機能的な分化が出現するまさにその場所に立ち返りながら、その場所そのものに経験を置いてみる。そのとき奇妙なことが起きる。機能的な分化をまさに分化の場面で捉えようとすると、分化した後の結果から語るしかない。分化のプロセスそのものを分化した後の結果を使って言い表そうとすると、語りそのものには論理的な倒錯が含まれているように見え、意味不明になる。それが先の言葉である。それを回避しようとするなら、出現のプロセスそのものに、そのさなかにあって言葉を当てていくしかない。プロセスのさなかにあって事象の出現、すなわち現実性の出現そのものに表現としての形をあたえていくもの、これはまさにみずから詩人へと成りゆくものである（機能交叉モード）。

活動態の機能性の出現はそれぞれの個体にとっては、個々の新たな現実性の出現と同義でもある。そのためいくつかの事例をさらに追加しておきたい。

鳥は、幼少期、繰り返し訓練しなければ飛べるようにはならない。鶏は、たまに羽を飛ぶために使うことはあるが、ほとんどの場合、大空を飛び交ったりはしない。鶏の羽は、時として出現する高温の環境内で、体温調整のために活用されている。体温調整として機能化しているものを、あるとき強く動かすと身体が浮いてしまう。このとき体温調整の器官が、場所移動の器官を兼ねることになる。暑くて体温を下げる行為が、そのことを通じて時として別のことを実行してしまう。器官は、活用の強度の臨界で、別の器官へと成っていく。羽を動かすという反復的な行為のさなかでも、行為の強度の度合いは非周期的、非規則的に変動している。そのどこかの機会により強く作動すれば、当人にとっては飛翔という予想外の新たな現実が出現してしまう(機能分岐モード)。

おそらく意識も心的活動の速度調整として出現し、主として速度を遅くして隙間を開く活動として、原始的には出現している。意識とは作動の調整機能である。そのため登山で道に迷い山中で意識がなくなれば、一挙に調整能力が落ちてしまう。意識とは調整のための隙間を開く働きであり、言ってみれば「躊躇」の別名なのである。

ところが活動の速度を遅くし、反射反応を解除することが、同時に「注意の焦点化」をもたらしている。注意の焦点化こそ、「認識」の別名である。こうして意識は、もっぱら認識のための器官(オルガノン)として別様な働きを主要機能にするようになったというのが実情だと考えられる。意識を認識の器官としてもっぱら活用すれば、意識にともなう他の機能は、認識する意識という「前線機能」のもとで再編され、当初の由来はほとんど見えなくなってしまう(機能再編モード)。

こうした誤用を最大限に活用したのが、「哲学」の営みでもある。ここでの議論は、哲学がそれとして哲学であるために忘れてしまった思い起こせない過去を、回復していくための作業でもある。

これらの考察は、現行の機能性の中にあっても、新たな活動のモードの出現の可能性を開示し、現行の機能性の中に別様に再編されて見えなくなってしまっている活動態の再発見を導くシステム的な手法なのである。多くの可能性はいまだ潜在態に留まっている。可能性の現実化に向けて、なお踏み出していく幅に応じて、現実性の輪郭はそのつど変貌していくのである。

参考文献

クリストフ・コッホ『意識をめぐる冒険』土谷尚嗣、小畑史哉訳、岩波書店、２０１４年
フェルディナン・ド・ソシュール『ソシュール講義録注解』前田英樹訳・註、法政大学出版局、１９９１年
ジル・ドゥルーズ『意味の論理学』岡田弘、宇波彰訳、法政大学出版局、１９８７年
ジル・ドゥルーズ、フェリックス・ガタリ『千のプラトー――資本主義と分裂症』宇野邦一、豊崎光一訳、河出書房新社、１９９４年
松本卓也『人はみな妄想する――ジャック・ラカンと鑑別診断の思想』青土社、２０１５年
G・W・ライプニッツ『ライプニッツ著作集　第Ⅰ期』全10巻、下村寅太郎他監修、工作舎、２０１８〜２０１９年

第3章 現象学のプラグマティクス 内的経験の探り方

稲垣　諭
Inagaki Satoshi

1 現象学が難しいのはどうしてか？

現代哲学の一分野、現象学はとても難しいと言われる。書かれたテクストはたしかに難しく、読むためには相応の訓練と時間が必要である。大学生に現象学の指導を行うさい、たとえばフッサールやメルロ＝ポンティといった現象学者のテクストや著作を手渡すと、ほとんどの初学者は当惑し、難儀し、基本的に諦めてしまう。

ボーヴォワールが明かした、「君が現象学者であれば、このカクテルについて語れるんだ」というサルトルとアロンの逸話も、テクストという分厚い壁にぶつかる初学者の意志には、どこまでも心許ない誘惑にすぎない。

これを言うと元も子もない気もするが、現象学のテクストが読める人というのは、おそらく、それに触れる以前からすでにして現象学者であったのだと思う。そうした人が現象学者のテクストの中に見いだすことは(すべてではないにしても)、これまで自分が知らずに行ってきた「現象学的な経験」の緻密な言語化であり、自分の言葉や問いでは届かなかった限界のその一歩先を垣間見せてくれることだからである。

そのときテクストは、自分の中に沈殿し、自分を形作ってきた経験を分節し、概念化し、整理し、あまつさえ拡張してくれる「補助ツール」となる。その逆に、テクストが自分の経験の分析ツールとならずに、それ自体、探究の主題となり、目的となるとき、現象学という哲学は、難解な単語と文章の羅列からなる死せる学問となる。あるいは、テクスト内の無数のタームをパズルのように整合化する知的哲学ゲームとなる。(1)そう考えてもよいのではないかと半ば本気で思っている。

その意味では、自分を形作る経験の数々は、そうした言葉を当初から待っていたことになる。言葉をあたえられるのを待ち望んでいる経験が多いかどうか、その蓄積が現象学という哲学のテクストを読めるかどうかの試金石となる。これはとても怖いことである。というのも、テクストを読む以前から、テクストによって受け入れられるかどうかのテストが行われているようなものだからである。

リハビリテーション医療や精神医学、心理の臨床現場では、現象学という学問をまったく知らなくても、最初から現象学的な物事の見方をしているセラピストや臨床家がいて驚かされることが多々ある。たとえば、セラピーといった臨床の現場で実際に起こることを以下のように臨床家に伝えてみる。

セラピーの臨床経験とは、患者が迷い込んでしまった森に、セラピスト自身も足を踏み入れ、探し出そうとするが、患者にはついに出会えず、自分も迷ってしまい、そうこうしている間に患者はすでに森を出てしまっていたことに、その足跡から気づくことに近い。

こう述べたとき、これがストンと腑に落ちるか、落ちないかで臨床家の経験がわかったりする。あるいは、これと似た経験が自分の記憶からいくつも現れてくるような実感をもっている臨床家は、すでに現象学を理解し始めている。

とはいえ、現象学の核心部をどこに見定めるかに応じて、自分のフィールドの探究をどのように展開できるのかが異なってくるのもたしかである。現象学者の問いの立て方には固有なスタイルがあり、それと反りが合う、合わないも当然ある(ハイデガーは好きだが、フッサールはダメといったような)。ただしその場合でも、自分の中に言語化を待っている経験があれば、継続的に(場合によっては何年もかかって)反りの合わないテクストに向かい合うこともでき、そこからその現象学者の問いに身体が馴染み始めるようなことも起こる。

現象学が一つの哲学の運動として始まりながら、精神医学、心理学、社会学、リハビリテーション医療、看護ケアといった多彩な分野における発見的アプローチとして活用され、最近では「フェミニズム現象学」(2)といった、抑圧され奪われ続けてきた性的差異の経験を浮かび上がらせるアプローチとしても注目されているが、その理由もここから明らかになる(私の師である山口一郎は経営学において実践している(3))。

現象学は、それ自体が主題となる学問というより、思考と記述を展開する補助ツールとして用いられることで、より自在さを発揮するものだからである。それに対して「カント哲学と精神医学」や「看護ケアのカント哲学」「カント哲学とリハビリテーション」という組み合わせは、もし実を結ぶことがあっても数は少ないだろうと予想される。カント哲学は発見的な経験の補助ツールとは異なるからである。

また上記で述べたように、現象学研究自体が、フッサール、ハイデガー、メルロ＝ポンティ、サルトル、レヴィナス、アンリ、デリダといった、それぞれの哲学者の文章および問いのユニークさから構成される哲学スタイルの発明をともなっている。

たとえばフッサールであれば、「意識の超越論性」、ハイデガーであれば、「存在の意味の系譜学」、メルロ＝ポンティであれば、「身体存在と制度化」等々、これらスタイルの違いを取り上げるだけでも解釈論争が生じ、収拾がつくことはない。だから現在も研究者が、彼らが何を行ってきたのかのテクスト的確定に腐心している。

その意味でも現象学という営みを容易に概括するのが困難なのはたしかなのであるが、それでも現象学の創始者であるフッサールの「記述的現象学」、あるいは「意識経験にかかわる現象学」を最大限、拡張し、一般化することはできる。それは各人が意識している（と想定される）「内的経験」をその内側から炙り出すことである。この意味での現象学は、何らかの立場や主義というより、どのような学問であっても、内的経験の深みを浮き彫りにする有効なツールとして活用できる。

たとえば、生命の捉え方を刷新したシステム論である「オートポイエーシス」システムを開発したF・ヴァレラは、その晩年にJ・シェアーとともに『内側からの光景（The View from Within）』（１９９９年）という本を編纂し、「意識研究への第一人称アプローチ」という副題をつけている。このことは、彼が「現象学」を、システム内部から世界を理解するための最たるアプローチと考えていたことを示している。そのことは、ヴァレラの死後に出版された最後の共著書『気づきの出現――経験することのプラグマティクス（On Becoming Aware: A Pragmatics of Experiencing）』（２００３年）でも明らかである。この書は、現象学者のN・デプラズおよび心理学者のP・ウェルメルシュとの共同作業からなるものであるが、内的な意識経験の深化、展開、共有をどのように手続き化すればよいのかが論じられたものとなっている。

2 先に進むために――内的経験

ヴァレラと同様にというのはおこがましいが、私もこれまで、フッサールの現象学的研究を継続しながらそれがどのようにして経験の発見ツールとなるのかを何度か定義づけ、試みてきた。そのいくつかを紹介してみたい。

現象学とは「自覚的意識とは独立に、気づいたときにはすでに成立している（もしくは解体・変容している）世界とのかかわり方の解明の技法」である。(4)

現象学では、このように身体もしくは意識が変わったのか、世界が変わったのかを区別する基準がそもそも消失する場所から出発する。それが「体験世界」である。(5)

現象学という学問は、**世界の多様な現れ方を、そのなかで生きる主体との関わりを通して明らかにすることを主眼とする。**(6)

現象学的還元は、逆説的ではあるが、「一切の還元主義に陥らないこと」として理解できる。分かりやすくいえば、人間の体験を、遺伝子や神経といった物理的、生物学的な仕組みの提示（実在的理解）だけで打ち止めにしたり、性的欲望に基づくエディプス物語（物語的理解）として解釈することに終始したり、認知能力の歪み（観念的理解）や非常識な行動（行動観察的理解）を通して判定してはいけないということだ。

〔中略〕

したがって現象学的アプローチとは、患者の行動や発話、認知的理解を手がかりにしつつも、それらの価値づけを宙づりにしたまま、体験世界の深みを見出していくことに他ならない。そのことに重々留意してさえいれば、自然科学や他の諸科学の成果を積極的に現象学に取り込むことも何の問題もない。(7)

問題は、外的知識によって内的経験を展開する問いが打ち止めになってしまうことにある。経験科学的知識を手がかりに体験世界の奥行きを感じ取ることと、経験科学的知識が世界そのものであると認識する（誤認する）こととの間には、巨大な溝がある。(8)

これら定義に共通することとして、現象学とは、「主体が気づいたときにはすでに成立している世界とのかかわり」を、「一切の還元主義に陥る」ことなく「体験世界の深み」から記述していく試みであると言ってもいいだろう。ここでの「体験世界」と呼ばれているものが、これまで述べてきた「内的経験」に他ならない。

とはいえ、これら定義には「内的経験」とはどのようなもので、そこにどのように迫ればよいのかの手がかりが記されていないこともたしかである。そして実は、ここが最も困難な場所なのである。

3 内的経験の不確定性

現代では、私たち一人ひとりは、ユニークな「内的経験」、あるいは「内面性」をもち、その内面性はどのように言語で表現しようとも最後まで明らかにならない「私秘性」を備えている、と考えられている。しかも、それは他者の内面だけではなく、自分の内面であっても同様である。私自身でさえ、自分の内的経験を完全な確信をもって記述できるわけではない。だからといって、他者が何を体験し、考えているのかはわからなくても、**他者に内的経験がない**とは決して考えない（そのような病理はある）。ましてや自分自身に対してはなおさらである（私には何もない、空虚だという訴えは聞くが、私には内面性がそもそもないという訴えは聞いたことがない)。このように内面性がしっかりとインストールされている(と信じられている)のが現代の私たちのメンタリティである。(9)

たとえば、「どうも最近は苦しいな」と感じ、ひとり「はあ」とため息をつくとき、その経験は紛れもなく成立している。が、それはいったいどのような経験なのか。疲労が蓄積し、頭がうまく回らない。呼吸もいつもより浅い気がする。周囲に見える物も聞こえる音も、あまり気を引いてこない。しかもこの苦しみには、こめかみのあたりに軽い「怒り」のようなイラつきが混じっている。自分は怒っているのだろうか、悲しくはないとも思う。苦しいからイラついているのか、イラついているから苦しいのかは最終的に判定しようがない。むしろ昨日の仕事の過労がたたって、身体全体を包んでいる倦怠感となり、それが怒りと苦しみに関係しているのかもしれない。いや、仕事量は変わっていないのだから、もしかすると慢性的な抑鬱症状なのか。では、それはいつから始まっていたのだろう。同僚のある発言に、2週間ほど前に傷ついたことがふと思い出される。そのイメージとともに苦しさより怒りが際立ってくる。

内面の記述は、このように漠然としているだけではなく、内的経験を追いかけようとすればするほどズレていき、記憶も誘発される。さらにこうした「言語化」を通じて内的経験が当初のものとは別のものに変化してしまうことも多々ある(自分の怒りを追跡しようとすると怒りが治まってしまう例をフッサールも挙げている)。

それでも精神科医や臨床心理士、リハビリテーション臨床のセラピストなどは、こうした患者の内面性の記述を手がかりに、その人の病態を確定し、診断や治療に進んでいかざるをえない。そのため、とりわけ精神疾患の場合、いつでもそこに内的経験の不確定性が含まれていることになる。正常と異常の明確な基準が「事象的には」存在していないからである(それゆえ人為的に、あるいは医学的・社会的に基準を仮設しなければならない)。

したがってここから、**内的経験は決して最終確定的に明らかになることはない**という「**内的経験の不確定性原理**」を設定せざるをえなくなる。現象学者としてこれを認めるのは勇気がいることでもあるが、事象としてそうだということを認めざるをえない。もしこの原理を否定すると、現象学は一挙に神秘性に傾いてしまう（それはそれで、そうした展開もあり得なくもない）。

先にも述べたが、この原理は他者の経験だけではなく、自分の経験に対してさえも当てはまる。とりわけ男性は女性と比較して、自分の内的経験に向き合うことに困難を抱えていることも心理学的にわかっている。[10] とはいえ、そうした個々の主体や性差による認知的もしくは言語的な精度の問題とは独立に、「内的経験」というものは、そもそも確定不可能なものとしてあらかじめ設定されている。そのことで、むしろそこへと向かうさまざまな探究課題や問いの開き方を可能にするのである。どういうことか。

このことは、「本当の自分」があるはずだとあらかじめ仮構することで「本当の自分」を見失い続ける現代病のようなものとも実は同根である。しかし、本当の自分探しが徒労に終わるのとは異なり、現象学ではむしろ、あらかじめ「内的経験」の場所を設定しておくことで、**経験を多彩化し、複雑化し、新しい経験の隙間を開く**ことを可能にする。内的経験というタームは、そうした統制的な動力として働くのである（「事象そのものへ」という現象学の格言はまさにこれを行っている）。

だから内的経験が最終的に明らかにならないからといって落胆する必要はない。というのも、内的経験を浮き彫りにする試みを継続することで、以前の捉え方や記述の仕方が狭量であったか、誤っていたか、あるいは、以前よりもその経験の実感に近づけているといった「事象への接近度の変化」は確実に生じるからである。他者の完全な理解は不可能であっても、その他者の経験に近づいたり、そこから遠のいてしまうこと、これは理論的にも、実践的にも紛れもなく起こるのである。重要なのは、内的経験を探究することによって発揮される「パフォーマティブ性」への着目なのである。

ここで再度、オートポイエーシスを開発したヴァレラが、生物学者のマトゥラーナとともに執筆した『オートポイエーシス』の中から、以下の有名なアナロジーを取り上げたい。ここでの「パイロットの当惑」が、生命というオートポイエーシス・システムで起きていることの核心の一つであるだけではなく、現象学の内的経験の探究にとっても大きな手がかりとなる。

生命システムで生じていることは、飛行機で生じていることに似ている。パイロットは外界に出ることは許されず、計器に示された数値をコントロールするという機能しか行わない。パイロットの仕事は、計器のさまざまな数値を読み、あらかじめ決められた航路ないし、計器から導かれる航路にしたがって、進路を確定していくことである。パイロットが機外に降り立つと、夜間の見事な飛行や着陸を友人からほめられて当惑する。というのもパイロットが行ったことと言えば計器の読みを一定限度内に維持することであり、そこでの仕事は友人(観察者)が記述し表わそうとしている行為とはまるで異なっているからである。(11)

パイロットはどうして当惑したのか。地上にいながら350トンもある巨大な機体が見事にソフトランディングする様子を観察する友人と、その飛行機の内部で暗がりの中、景色も見えないまま、それでも決められた規則と手順に則ってモニター上に映し出される計器のメモリを操作しているだけのパイロット、この飛行機の外部と内部とで起きている経験が断絶しているからである。

「巨大な機体のソフトランディング」という「客観的事実」は、それを行ったはずの当事者にとっての実感にまったく釣り合わない。それが当人を混乱させる。このアナロジーは、飛行機の「外部からの観察」と「内部からの観察」が見事に分離していることを示しており、当然、内的経験は後者の観察にかかわるものである。

では、当惑してしまう機体内のパイロットが行っている経験をより詳細に記述するにはどうしたらよいだろうか。パイロットはその資格を取る以前や以後にも、フライトシミュレーターというコクピット型のヴァーチャル・リアリティ・マシーンによるシミュレーション訓練を行う。そのコクピットの設備が、本物の機体と遜色ない精度で作られ、振動や周囲の動作音も再現されればされるほど、「ゲームをやっていただけなのに」という上記の当惑はより理解可能なものになる。

そしてそれは、この機体に乗る搭乗者にも起こりうることである。日本からヨーロッパまでのフライトにおいて、離陸前から深い睡眠に陥ってしまった場合、自分の身体がすでにモンゴルの砂漠上空にあることに気づいて驚くことがある。これは、自分の内的経験が一切記憶化されないまま、数万キロの距離を移動したことを座席上のモニターで知ることによる驚きである。

どのような場合であれ、内的経験は、**外的な指標とのかかわりの中でより詳細になっていく**ことがわかる。パイロットが当惑したのも、見事な飛行を褒め讃えるという友人の振る舞い（外的な指標）によってはじめて起こるのである。

4 『コウモリであることはどのようなことか』再考

ネーゲルによるクオリア論、『コウモリであることはどのようなことか』（1979年）では、コウモリが生きる「クオリア（内的経験）」が人間である限り体験・共有できないため、コウモリであることは理解できないという不可知論的な議論になっている。[12]

このことは、「内的経験」の決定不可能性という前述の原理ともつながっており、その通りなのではあるが、それでもコウモリについての外的指標の増加、とりわけ生態学的研究が進むことで、彼らの内的世界への接近度は確実に変化する。[13]

コウモリは、哺乳類として空を飛ぶ数少ない種であるが、飛行中にエコーロケーション（反響定位）という音波を通じて物体や他個体の位置を把握している。種によっては１５００万匹という大群で暮らしている彼らの一匹一匹が異なる音波を出して、相互にぶつからずに飛行しているのだから、それが並外れたことではないことがよくわかる。そもそも彼らは約30センチ四方という極小のスペースに５００匹で密集しながら暮らしてもいる。だからコウモリの集団に病原菌が出現すると一挙に共有されてしまう。

とはいえ彼らは、飛び続けるために普段から代謝能力も、体温も高く、病原菌等の感染によるＤＮＡエラーを予防し、修復する強固な免疫メカニズムを備えている。そのため人間にとっては致死的な狂犬病ウイルスに彼らが感染しても、しばらく生きながらえることができる。ネズミも集団化すると病原菌の土壌となるが、ハツカネズミの寿命が2〜3年であるのに対し、コウモリはこの代謝能力の高さのおかげだからなのか、30年以上も生きる寿命の長さを誇る。さらに吸血コウモリのメスは、飢えた仲間がいると自分が飲んだ血を分けあたえ、血を共有した相手とは一定期間近くで行動をともにする社会性を備えていることもわかっている。つまり、群生して暮らしていてもちゃんと他個体をマーキングできる。現在、こうしたことが生態学的な知見として積み上げられている。

こうした局面において、（1）それでもコウモリの内的経験の不可知論を全面的に押し出し、その神秘さを強調し続けるのか、または（2）内的経験の決定不可能性を受け入れながら、外的指標と類推を通じてコウモリの固有な経験に迫る試みを継続するのかという探究の方向性が分岐する。

前者は、その経験が決して他の実在に還元されえないことを繰り返し論じることで、主観的経験の神秘的かつ論理的な正当化をパフォーマティヴに行うのに対し、後者は失敗可能性のリスクを抱えながらも外的指標を充実させながら内的経験の固有さを複雑化、多様化する問いを立て、その経験との距離感を変える試みを継続する。そしてそれが世界のより豊かな理解につながることをパフォーマティヴに実行する。

本論で展開する**現象学は明らかに（2）の選択を行う**。実際、コウモリがどのような内的経験をしているのかの類推は、上記の外的指標があるかないかでは、まったく異なってくる。もしどこかでコウモリと現実に遭遇するようなことがあったときでさえ、彼らの内面を理解しようとするまなざしそのものが身体的に変化することも明らかである。

5 コウモリのワークショップ

私はこれまで大学の講義などで、目隠しをしながら手を叩くか、口で「ツツツ」という音だけを発するのを許可して、学生に空間内を歩き回ってもらい、教室の出口まで辿り着けるかを試みるワークショップを開催してきた。

ゆっくりと歩きながら手を叩いていると、たしかに壁に吸収される音の変化から、徐々に空間の音響的な形が理解できるようになってくる。とはいえ、多くの障害物がある教室内では、一人でやっていても相当の時間がかかるのは言うまでもない。かつ、もともと参加者は教室という空間全体の視覚イメージをもっていて、さらに椅子や床の接触経験や他の学生の笑い声や息遣いなど多くの経験を手がかりに照合を行う限り、暗闇の中を飛翔するコウモリの経験とはほど遠いのではないかという予想が立つ。

とはいえ、こうした試行が何度も反復され、反響音の感度や判別能力がどんどん高度化していった場合、とりわけこれは視覚に障害をもつ人の聴覚経験にも近づくことになるし、コウモリの内的体験にも通じる何かがある可能性は残る。[14] その点において、ネーゲルが「コウモリのソナーは、明らかに知覚の一形態であるにもかかわらず、その機能においては、われわれのもつどの感覚器官にも似てはいない[15]」と断言できるほどの強い根拠はなさそうである。

そうなのではあるが、このワークショップを一人の学生ではなく、さらに多人数で同時に行うと事態は一挙に複雑化する。他の参加者も同時並行的に手を鳴らし、動き回るため、まったく自分の位置が把握できない。多人数がランダムにそれぞれの方向に動くことで、他者がどのあたりにいそうか予想しても次の瞬間に裏切られてしまう。無数の音が混在し、自分の音の反響がどれかさえ不明瞭になる。これは大勢の人が往来する都会の交差点で、一人目隠しをして歩くようなものであり、怖さからほとんど動くことができなくなる。むしろここでは、都会を一人で歩く視覚障害者の内的経験に近づいている。

それに対して、コウモリに起きていることは、このように人間が意識的な気づきと判断を用いて周囲の音を聞き、おそるおそる空間や位置把握を行うこととは、まったく別のこととして実行されているはずである。というのも普段、私たちも街中を友人と話をしながら歩いているとき、後ろからくる自動車や歩行者などに対して無意識的に避けたり、速度を変化させたりしている。当人は友人と話しているのだから、自分でも気づかない仕方で行為は勝手に切り替わり、身体的対処が首尾よく行われている。もしこうした行為のなだらかなスイッチングが、たとえば目を閉じながら全力疾走している最中にも行えるようになれば、今度こそコウモリの内的経験に近づくことになるのかもしれない。

こうしたワークショップや問いを立てる試みの中で問題になっているのは、パイロットやコウモリの内的経験を確定し、決定することではない。そうではなく、外的な指標を手がかりに「内的経験」そのものをパラフレーズし、経験を複雑化することである。[16] この内的経験のパラフレーズ、経験の複雑化こそ、現象学という経験発見ツールの独壇場なのである。

以下では、そうした内的経験の複雑化をよりパフォーマティヴに体験してもらうために、多様な視点と経験のアナロジーを取り上げる。多数の事例を巡礼のように通過することが、現象学的な事象への接近の感度や問いの精度を高める種を蒔くことになると考えられるからである。

6 ▼ 現象学トレーニング——内的経験のパラフレーズ

■二重作動

泣き叫ぶ乳児を見ると、療育者は、大抵の場合、お腹が空いているのか、眠いのか、おむつ等が汚れて不快なのかと考えるものである。その乳児の泣き声に精通すればするほど、そのつど乳児が求めていることもより正確に理解できるようになる。

とはいえ、こうした乳児の経験を類推することとは独立に、彼らは泣き叫ぶことで今まさに自分の身体をまるごと形成している。強く泣けば泣くほど、心肺機能が強化され、四肢にみなぎる緊張の高まりや、バタつく身体の運動感が蓄積されていく。さらに同時に、感情の高まりの中で自己という凝縮された内的なまとまりの経験を獲得しようとしてもいる。乳児は泣くのが仕事という表現は、肉体的にも運動的にも情動的にもどのような体験であれ、絶えず主体形成に寄与するものだからである。

建築家でアーティストでもある荒川修作とM・ギンズは、

よちよち歩きの幼児は、その最初の一歩から、車輪つきおもちゃのように世界全体を引きずっている[17]

と述べていた。幼児の内的経験は確定できない。しかしこうしたメタファーはいくつもの発達のストーリーを喚起する。

引きずられた世界は雪だるま式に大きくなって、これ以上引きずれなくなると、幼児はその世界の中に入り込む。引きずりオモチャのような世界が「住む場所＝建築」になる。幼児が一歩一歩を踏み出すという引きずり行為が、後の幼児の世界を決定するとも言える。荒川とギンズは、身体と建築である住居が連続しながら生きている「カタツムリ」を、人間の発達的理想の一つとして考えていた（カタツムリ人間）。

こうした事例を通してわかるのは、いつでも現象学的に考慮すべきなのが、**ある行為や発言が実行されるか、ある出来事が推移しているさい、それについての見かけ上、あるいは表面上の解釈や理解、意図の背後で、どんな思いもつかないような別様の経験が内的に実行されているか、それを問うこと**である。ここが内的経験の探究を深める局面である。河本英夫はこれを経験が分岐し、多様化する「二重作動（double operation）」[18]と呼んでいた。

フッサールの現象学で言えば、知覚の志向性がある物を主題化することは、同時に身体態勢が最適化され、知覚背景がおのずと（受動的に）組織されることである。手で物に触れることは、同時にその物に触れている自己身体を感受すること（二重感覚）であり、何かを取ろうと右手を前に差し出すことは、体幹を軸に左肩を後方へ振りながら引くことでもある。

「対象の知覚」や「物への接触」という主題的な経験の背後で、さまざまな経験が同時に進行している。この経験の複数のレイヤーを一枚一枚めくり出していくことが現象学的な記述の核心部にあることの一つである。目を閉じたまま右腕をすっと前方に伸ばしてみる。そのさい腕がにゅっと空間内を伸びていく視覚イメージがともなっている。このイメージをまず遮断し、真っ暗闇にする。それでも腕が前方に伸びていることは感じ取られている。

では、視覚ではないのだから、それはいったい何によってなのか。衣服が触れている「接触感」はある。しかし着衣していなくても手は伸ばせるのだから、接触感はそこまで重要ではない。「運動感」(キネステーゼ)も当然ある。とはいえ、止まっていても手がどこにあるかは「位置感」によっておおよそわかる。関節が開いて伸びている「伸張感」もある。また、腕が伸びるほど先端に重力がかかり、重みが増す「重量感」もある。もっとずっと腕を伸ばしていくとピンと張った「緊張感」が出てくる。そしてさらに伸ばし続ければ「痛み」に変化する。おそらくこれ以外にも、はるかに多くの感覚がともに働きながら「手を伸ばす」という一つの行為が実行されている。リハビリテーションの治療訓練で必要になるのはこうしたものを探り当てる感度である。

■交差しない現実

道を歩く人間に踏み潰されるアリは、そもそも人間を認識していない。アリの認知能力、たとえばエサの探索から巣への帰還、あるいは同種のアリとそうではないアリとの区別、巣穴を狙う捕食生物に対する警戒と攻撃の能力には、たしかに目をみはるものがある。とはいえ、人間という、アリのスケールからすればあまりにも巨大な存在者を認識するにはアリの認知機能はあまりに乏しいと思われる。

ということは、アリの現実世界があるとして、彼らの体験する世界、内的経験には人間は存在していないことと等しい。では、その存在してはいないものによって踏み潰される事態とは、アリにとってどのようなことなのか。みずからの世界に存在しないものによる抹殺とは、あまりにも救いのない「加害者なき被害」である。これはアリにとってまさに現実的な暴力であるが、その理由も原因も加害主体も存在していない。

このこととは逆に、人間にとってのアリの存在を考えてみることもできる。歩きなれた駅までの道で、アリを踏まないように気にしながら歩いてみるのである。おそらく駅に着くまで、通常の何倍もの時間がかかり、途中で嫌気が差す。そして「アリなど気にしていては生きていけない」と開き直る。これはある意味では正しい反応である。とはいえ、たとえそうだとしても人間は通勤しながら、みずからの世界に存在しないものを抹殺している可能性は残り続ける。ここでも同様の問いが現れる。みずからの世界に存在しないものの抹殺とは、どのようなことなのか、「被害者なき加害」とはどのような経験なのかと。

アリと人間のそれぞれに視点を入れてみてわかるのは、私たちはもしかするとまったく気づかない仕方で、つまり、当人にとっては存在しないものに危害を加えている、あるいは、その逆に存在しないものによって危害を加えられている、そういう経験があるかもしれないということである。自分は現実世界に存在していない何を傷つけ、何によって傷つけられているのか。いじめ加害／被害というものが、教育委員会等の調査からはほとんど浮かび上がってこないことや、見えない制度や構造がある一群の人々（たとえば女性や性的マイノリティ）をどれほど抑圧し、排除しているのかという「構造的暴力」にかかわる経験とも、このアナロジーは通底している。

とはいえ、アリの現実と人間の現実が重なることは、アリの生態学の研究者や白アリに家屋が蝕まれでもしなければ、そうあるものではない。私たちの日常では、ほとんどアリなど目にしない。にもかかわらず、それぞれの現実は、それとして固有な仕方で成立している。「生態学」が明らかにしたのは、多くの生物が生きる現実が、たとえそれぞれの種の現実が重なることがなくとも、多様な仕方で成立しているということである（ドゥルーズとガタリは、蘭とスズメバチの共進化の事例で同様の経験を取り上げている）[19]。ここで言われる現実というものが、人間やアリのユニークな内的経験となだらかに接合している。

上記の事例にさらに、人間の存在に気づいてしまう一匹の不幸なアリが生じるという想定を付加してみる。つまり、決して認識することができないものに、なぜか注意だけが向かってしまう変異アリが生じるとする。そのアリ自身、他のアリと同様、何に注意が向かっているのかはわからない。認識もできない。にもかかわらず、何ものかへの注意だけが成立している。そのアリは、人間が傍らを通り抜けるさいの「大気の動き」や「匂い」、「足音」や「声」を頼りに、たしかに何かに気づいている。

この段階からそのアリは、他のアリとは別様の現実を生き始める。他のアリがまったく気づかないものによって、そのアリの一挙手一投足が支配され始めるからである。たとえば、一人の人間が近づくたびに言い尽くしがたい恐怖に怯えたり、なぜか嬉しくなったりする。そして、この喜びを共感できない他のアリに対して憎しみを向けることもある。一つの「気づき」を土台に、そのアリの現実が別様に組み立てられてしまう。おそらくそのアリは、他のアリ仲間には決して理解されることのない現実世界を生き始めている。

こうした語りは、アリを過度に擬人化している。それはたしかである。しかしこのことを、極度に発達した大脳皮質をもつ人間に当てはめてみると、比較的容易に起こりうることに変換できる。誰も聞こえない声を聞き、誰も見ることのできないまなざしや気配を感じ取り、見えない神と交信を行い、見えない敵から電磁波攻撃を受ける。

こうした場合には、認識とは異なる仕方で、何ものかへの注意だけがその人の固有世界で成立している。

そしてそこに新たな現実が出現し、それを内的に生きる当人自身が変貌してしまう。芸術家が天才的であるゆえんは、これまでの現実には存在しなかった何かへと注意が向かい、そこから新たな現実と制作の手順を組み立ててしまうことである。誰も理解を示そうとしなくても、自分にしか聞こえない声を頼りに飽くことなく作品の製作に取り組むようなものである。

■『異邦人』ムルソーと仏陀――現実への注意と理念化

前節のアリの注意の話を、一個の小説作品に連結してみる。現象学者のサルトルが「不条理の感情」を読み取ったカミュの作品に『異邦人』という名作がある。[20]

この小説では、判断や認識には特に問題がなく、欲望もそれなりにあるが、正常な社会生活を継続できず、殺人を犯し投獄される主人公ムルソーが描かれている。彼には光や音に対する視聴覚の過反応が疑われるくらいで、妄想体系も緊張病性の病的傾向も出ていない。ただし、倦怠が強いためなのか感覚的な強度に対応する感情・情動の動きがほとんど出現しない。圧倒的な太陽の強度を感じていても、それと連動してよいはずの行為に切迫度や緩慢度が出現しないのである。

母の突然の訃報とその葬儀に参加した後にも、ムルソーは「ママンはもう埋められてしまった。また私は勤めにかえるだろう、結局、何も変わったことはなかったのだ」と独りごちている。彼にとっては、葬儀に参列すること、部屋でコーヒーを飲むこと、灼熱の太陽の下で銃の引き金を引くことが、モノトーンで静かな行為系列の中で淡々と進行する。言葉と感情の動きの対応もほとんどない。

投獄され死刑が迫るムルソーに、司祭が語りかける最終場面がある。司祭は彼に「死という、いずれ誰もが引き受けざるをえない最大の試練に、人はどのように近づいていけるのか」と問いつめている。司祭の狙いは、人間誰しもが罪人であるというキリスト教的教義を押しつけながら、ムルソーが行った悪行を悔い改めさせることであり、彼に後悔や苦しみの感情の動きを出現させ、自分の現実に気づかせることである。

しかし彼はただちに、「現に私が近づいているように正確に近づいていける」と卒なく答える。苛立ちや諦めといった感情が動くのはムルソーではなく、問いを発した司祭である。ムルソーの注意は、誰との接点もない現実に向かっており、その現実に対応する発話や行為が継続されているだけである。

さきほどの変異アリのように、このムルソーは、誰にも理解できないような固有な現実を生き、そこにおいて彼が生きる世界の本性を見抜いている。この本性を見抜く能力として、現象学的な人間学を展開したシェーラーは、人間精神に固有な能力の一つである「理念化」を挙げている。

人間は動物とは異なり、この能力によって自らが生きる現実の本質を見抜き、そこからの脱却を可能にする、そういう能力として想定されている。それは「世界とはこのようなものだ」と直観的に確信し、新しく目覚めてしまうような能力でもある。

母の葬儀に向かう途中、一人の看護師がムルソーに「ゆっくりと行くと日射病にかかる恐れがあります。けれども急ぎ過ぎると汗をかいて教会で寒気がします」と述べる場面がある。この看護師の発言自体、善意なのか、嫌味なのか、どこか不思議なアドバイスである。普通であれば、軽い冗談か、「まあ、適度な速さで行けばよいのだ」と受け流せるこの発言に、ムルソーは「彼女は正しい、逃げ道はないのだ」と決意を新たにしている。さらに後に、投獄された刑務所内で、自分の声音が耳の中で長い間響き続けていたことに、つまり自分が独り言を言うようになっていたことにはじめて気づいたときにも、この看護師の言葉を思い出している。「ほんとに抜け道はないのだ」と。

ムルソーは「この世界からの逃走不可能性」、その行き場のなさという自らが直面する現実世界の本性を一挙に観取し、この場面にだけ強い切迫感を感じ取っている。ここでの特殊な注意と理念化が、ムルソーの数々の行為の連関を生み出している。

司祭との最終場面でムルソーは、一切の接点がないまま祈りを続けようとする司祭に対して、突然何かが弾けたように彼に詰め寄り、声を荒らげてしまう。「君は死人のような生き方をしているから、自分が生きているということにさえ、自信がない。私はといえば、両手は空っぽのようだ。しかし、私は自信をもっている。自分について、すべてについて、君より強く、また、私の人生について、来るべきあの死について。そうだ。私にはこれだけしかない。しかし、少なくとも、この真理が私を捕らえていると同じだけ、私はこの真理をしっかり捕らえている。私はかつて正しかったし、今もなお正しい。いつも私は正しいのだ」と。そう激昂し、司祭から引き離された後、ムルソーはまた何事もなかったように再び平静を取り戻し、そのときはじめて彼は、世界から切り離された幸福を感じ取るのである。

これに近い場面をシェーラーは、一人の貧者、一人の病者、一人の死者を目撃することで「世界苦」を理念化した仏陀に見ている。仏陀にとって苦しみは、世界内の個人が味わう心理的なネガティブ感情ではない。そうではなく、アルキメデスの点のように世界そのものが苦しみの一点を軸にして成立している、そのように仏陀は世界の本質を見抜くのである（超越論的苦痛）。

現に仏陀は、この世界苦とともに覚醒し、この後、自らの説教を人々に流布し、ついには教団の設立へとつながっていく。それゆえここでの理念化とは、有限個の観察からの帰納推理ではなく、むしろ現実世界に対応するための行為を次々と組織していく実践的な手がかりを一挙に発見することに他ならない。

たとえ誰も理解できないにしても、この理念化が新たな行為連関の形成を誘導してしまえば、その当人はすでに別様な現実を生き始めている。ムルソーと仏陀は、彼らの理念化がその後、多くの人々に共有されるものになるかどうかの違いがあっただけで、両者とも固有の現実を出現させていることに変わりはない。

これまでの自分の生き方と行為が全面的に改変されてしまうほどの確信的な理念化が、人間精神にだけ起こりうることなのかはよくわからない。生物の進化において、もともと保温機能やバランス調整のために役立っていた鳥の羽があるときから飛行のために用いられ、その機能性へと収斂進化していく。あるいは、人類の進化史において石器や槍、弓といった道具の発明が起こり、その周辺地域に伝播していく。こうしたときに何が起きているのかを探り出す手がかりの一つがこの「理念化」である。

フッサールは自らの現象学的探究の晩年に「幾何学の起源」とはどのようなものであるかを探し求めて、理念化が起こる現場と、その局面での内的経験にかかわる問いを立てていた。

■「橋姫伝説」——物語の内部観察

柳田國男が全国から集めた妖怪談話の中に「橋姫」という鬼の話がある。『裏見寒話』という書の第6巻に書かれていたものである。話自体は長くはないのに、訳がわからないまま背中がヒヤリとする迫力と謎がある。以下がその内容である。

昔武蔵国から甲州へ来る旅人があった。猿橋を通る際にふと国玉の大橋の噂をしたところがそこへ一人の婦人が出て来て、甲府へ行かるるならばこの文を一通、国玉の大橋まで届けてくだされといった。その男これを承知してその手紙を預かったが、いかにも変なので途中でそっとこれを披いて見ると、中にはこの男殺すべしと書いてあった。旅人は大いに驚き、早速その手紙を殺すべからずと書き改めて国玉まで携えて来れば、この橋の上にも一人の女が出ておって、いかにも腹立たしい様子をしていたが、手

紙を開いて見て後、機嫌が好くなり、礼を叙べて何事もなく別れた。(21)

話としてはこれだけである。柳田はこの話が単純な作り話ではないと断っている。というのも、旅人が手紙をわざわざ書き換えてまで正直にもっていくのはおかしいし、それを見て橋姫が喜んだというのもおかしいからである。長らく伝承されていく間に変化してしまったのだろうと柳田は考えている。実際、この話のさまざまなバリエーションが伝えられてもいて、彼はそれを追跡調査してもいる。

とはいえ、ここではこの話に限定して、問いを立てながら、この物語で何が起きているのかの経験を探ることを試みてみたい。物語の内的経験を探ってみるのである。寓話や童話というのは、表面的なあらすじと教訓の読み込みで思考停止してしまう場合がほとんどである。だからこそ、物語の内部観察は経験を拡張するまたとないトレーニング課題となる。

登場人物は、異なる橋の上にいる二人の女と、旅人の男だけである。ポイントとなる物語の核心部は、男が手紙を覗き見て書き換えてしまうところと、国玉の大橋にいる女の機嫌が急に良くなるところである。もし男が、手紙を書き換えることなく橋に辿り着いていたら、その男は殺されていたのだろう。つまり書き換えるという行為が男の生死の分岐点であった可能性は高い。

しかし、では、この二人の女はどのような関係にあるのだろうか。一方が手紙を渡す指令役（女①）であり、他方が手紙を受けた後の殺害の実行役（女②）であるというのは、最も思いつきやすい想定である。汚れ仕事を行うのが女②であり、それに対して、手紙を渡す方の女①は随分と楽である。女①の身分は、女②より高いのかもしれず、二人の間には権力関係もあるのかもしれない。この理解を推し進めれば、なぜ女②が、書き換えられた手紙の内容を見て急に機嫌が良くなるのかも納得しやすくなる。

これまで何度もこうしたやりとりが行われ、殺害が繰り返されてきた。だからこその「橋姫」伝説である。手紙による指令と殺害の無限ループ。女②に「またやるのか……」という苦々しい思いが苛立ちとなって募っていてもおかしくはない。しかし今回に限っては、「この男殺すべからず」と書かれていたのだから、ほっと肩の荷が下りて、女②は礼まで述べてしまったのではないか、とも考えられる。

女の関係性を問いながらこのような設定で理解してみると、ひどく人間味あふれた情緒的な話に落ち着いてしまうことがわかる。ブラックな組織から足を洗いたい人間の想いとして、とてもよくわかるのである。しかしだからこそ、「橋姫」という鬼の話には相応しくないとも思えてくる。

ここで問題になってくるのが、旅人の挙動である。この男は橋の上で、独り言なのか橋姫にまつわる噂話をぽつりとつぶやいている。それを聞きつけて現れた女の依頼を迷うことなく引き受けてもいる。のんびりと人の善意を信じる人間に思える。ここまでに、男の悪意などは微塵も感じられない。むしろ悪意のこもった手紙を運ばされる善意の他者であり続けている。

にもかかわらず、男は途中で「いかにも変なので」と異変に気づく。男に何が起きたのだろうか。女の手紙を渡す仕草がおかしかったのか、手紙の質感や、包み方などに不可解さがあったのか、あるいは魔が差すように中身が気になってしまったのか、とにかく男は手紙を取り出して開けてしまう。しかもその不吉な内容に驚き、さらには書き換えることにまで手を染めてしまうのである。

柳田も言うように、この時点で男は「なんだ、この手紙は」といって、破り捨てて別の道に進んでもよかったはずである。書き換えれば筆跡も異なるだろうし、バレることは目に見えている。この辺りの男の行動はとても奇妙である。もしかすると鬼のいる場所へと男はすでに導かれざるをえなかったのかもしれない。最初の女に出会い、手紙を受け取った時点ですでに、この男に国玉の大橋に向かう以外の選択肢が存在していたのかは怪しいところである。男に残された選択肢は、手紙をそのまま運ぶか、中身を見てから運ぶかの違いだけで、運命はもう定められてしまっていたのかもしれない。だとすれば、ここにこそ鬼と出会ってしまった恐怖と絶望を読み取ることもできる。

そもそも橋というのは、ある土地と別の土地をつなぐものである。三途の川のように、此岸と彼岸を隔てる川にかかる橋なのかもしれない。そして橋姫は、その橋のたもとで通行を許可する境界線上に立つものである。男は女②に手紙を渡した後、どうしたのだろうか。おそらくその橋を渡ったのだろう。しかし、その後どうなったのかは一切書かれていない。女②はもちろん気づいていたはずだ。鬼の手紙を勝手に開き、書き換えた男の所業を。その意味でも女②は、ようやくその橋の向こうに渡してもいい男を見つけたのかもしれない。

このように考えると、女②の機嫌が急に良くなり、ニコッとするその女の笑顔もまったく別の意味と雰囲気をまとい始める。「ここで私に殺されていれば、どれだけましだったかと後悔するがいい。おまえは鬼の手紙を書き換えたのだから。さあ、橋を渡りなさい」と笑いながら去っていく女の顔とはどのようなものだったのだろうか。このように解釈することで、同じ女の機嫌のよい顔(外的指標)が、まったく異なる内面性の経験として炙り出されることになる。

ここでも問題になっているのは、この物語の決定的な解釈、理解を確定することではない。そんなことはどんなに資料研究を積み重ねても無理である。書き手の意図から切り離されてから、いや、正確には書き手が書いている最中でさえ、そのテクストの一義的解釈(テクストの内的経験)を確定することはできない。これがデリダのエクリチュール論が辿り着いた結論の一つである。

とはいえ、問いを立てていくことで物語の経験が複雑化し、奥行きを示し、最初に読んだときの感触とはまったく異なってしまう、そうした出来事は紛れもなく起こるのだ。「橋姫」のテクストを最初に読んだときの訳のわからなさはすでにして変化しているはずである。大切なのは、ここで提示された経験の探り方とは異なる、別様な新しい経験を見いだすような問いを立て、経験を進められるかどうかである。それが問いと経験の未来である。

■視点の奪取と幻覚・幻聴

俳人である上田五千石の句に、以下のものがある。

渡り鳥
　みるみる
　　われの小さくなり（『田園』１９６８年）

わずか18音のこの句を読んだとき、私たちの中で何が起きているのか。ここで重要なのは、鳥を見上げる地面にいる「私の視点」と、空を飛ぶ鳥が私を見る「鳥の視点」の二つがあるということではない。そうではなく「渡り鳥」という最初の語を見たとき、ぱっと上空を飛ぶ鳥のイメージが脳裏に浮かぶ。しかしそのとき、自分が大地に立ってそれを見上げていることには気づかない。**言葉が身体化されていることへの気づきはいつも遅れてやってくる。**むしろ「みるみる」から「われの小さくなり」の最後の句を読む段になって、半ば暴力的にその視点が根こそぎにされ、上空に放り出される身体感覚をもつことになる。そのときはじめて、自分が大地に根ざしていたこと、その自分の足場がちっぽけな点のような存在であることがありありと暴露される。

注目すべきは、この視点間を移動するさいの擬似体感的な運動である。相互の視点が成立するに先立って、私たちの身体性がイメージの中でまず動き始めている。この動きの（擬似）体験が、現象学的には最も重要なポイントであり、ここが内的経験の場所でもある。現段階では、人工知能が二つの視点、パースペクティヴ性の違いを判定することはおそらく可能だろうが、視点を投入すること、あるいは視点が投入させられるという経験の内的運動を実装することはできそうもないと予想される。その意味でこれは現時点での人間に固有な経験なのかもしれない。

統合失調症などでは、幻覚や幻聴をともなうことがしばしばある。幻聴を聞き、幻覚を見ているとき、その当人の内部で何が起きているのか、経験のないものにはわかりようがない。ましてや幻聴が聞こえる人工知能を作るとしたとき、どのようにプログラミングすればその経験をもつ人工知能となるのかも決めようがない。

とはいえ、幻聴を体験する当事者であれば、声が聞こえていて、それが男性なのか、女性なのか、子供なのか、がなり声か、冷たい声なのか、大きさはどれくらいか、こうした声の性質は伝えることはできる。だからといって、そのありありとそこで起きていることそのものに経験をとどかせることはできない。こうしたもどかしさを解消する一助になるようにと、幻覚・幻聴体験をもつ被験者に、それが起きているさいの自分の身体の異常感覚についてのボディマップを作成してもらう研究が進められている。[22]

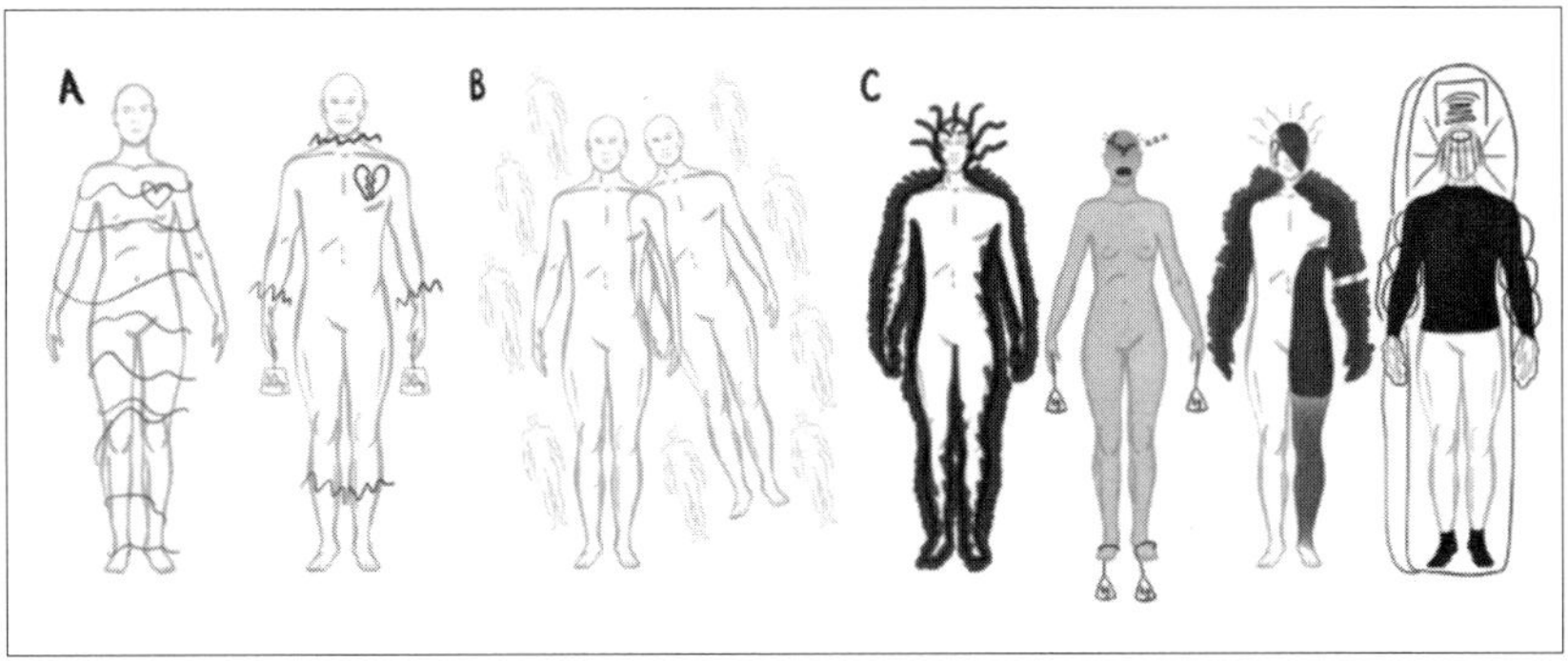

幻聴・幻覚時の異常感覚のボディマップ①

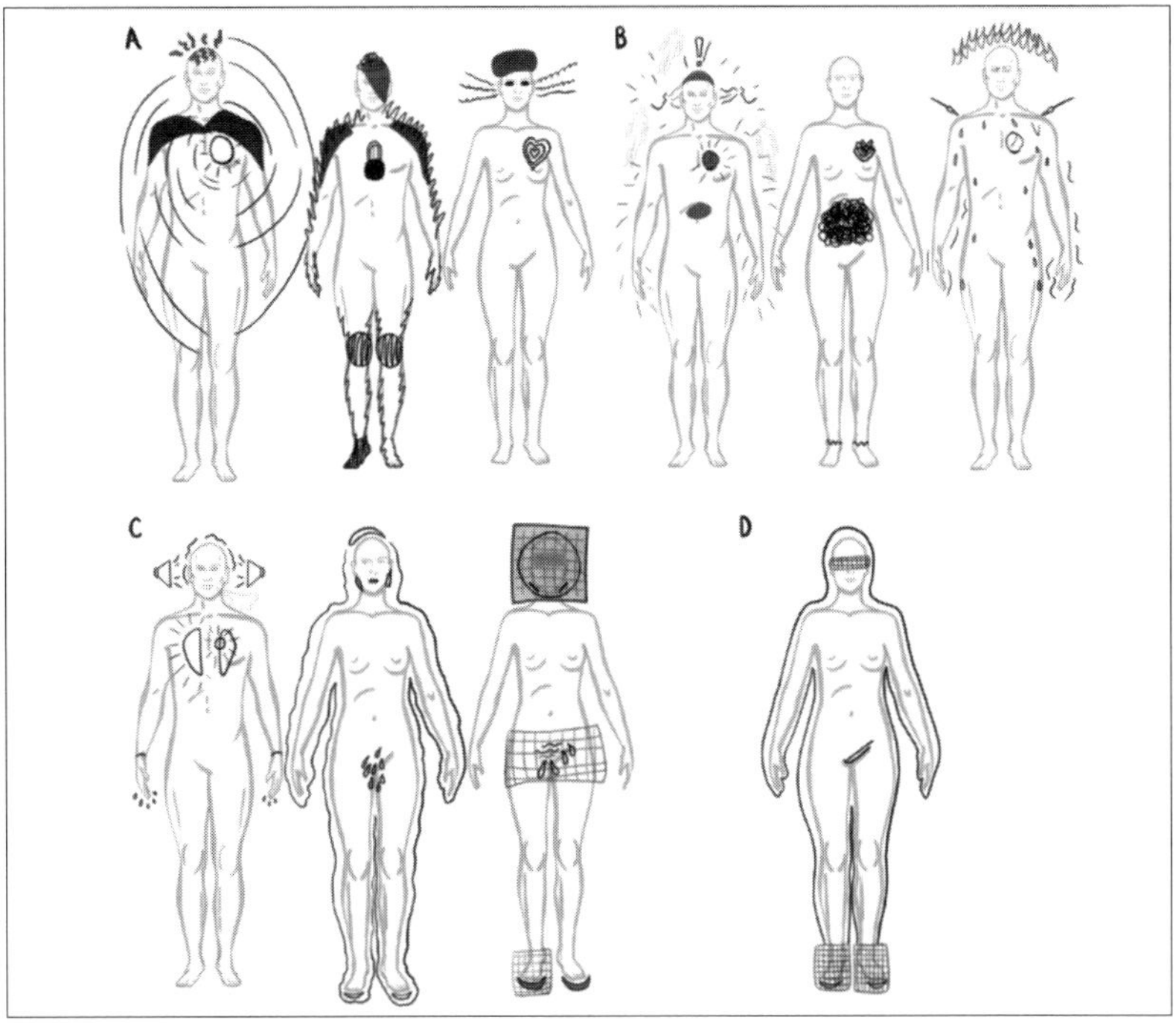

幻聴・幻覚時の異常感覚のボディマップ②

幻覚や幻聴の質感はわからなくても、それと同時並行的に起きている身体感覚や感情であれば、「局所的で、具体的、伝達可能」となる可能性がある。この研究でわかったのは、頭と肩に異常感覚が集中する可能性が最も高く、それに続いて胸、脚、足先という局所化が続くということである。こうした具体的な外的指標が増えれば増えるほど、そうした体験をもつ人々の内的経験に接近できる手がかりが増えるし、さらには医学的、ケア的なサポートの可能性も広がるはずである。

しかもこのとき、図を見ているだけで自分の中の擬似的な体験が引っ張られ、動き始めるようなところがある。そうした経験をもつ当事者でなければ伝えられない経験が描きこまれていることがまざまざと伝わってくる。

これは視点を誰かへと投入する感情移入ではなく、石田五千石の句のように、無理やり自分の内的経験がもっていかれ、拡張されてしまうような体験である。

こうした局面でも、彼らの固有な経験を直接体験することはできないと強調することはできる。が、そうした論証がほとんど無効になるほど世界には多彩な経験があふれていること、そこに向かって問いを立てるための指標をとにかく増やすことの方が何よりも重要である。

■胎児の生と水中から見る世界

胎児は母体内では肺呼吸をしていない。酸素やその他の栄養素は臍帯を通して血液循環しているからである。[23] しかも胎児は羊水をごくごくと飲んでいる。風呂に潜りながらその風呂の水を飲むような芸当は、今ではとてもできそうにないが、私たちの思い起こせない記憶にはしっかり刻み込まれているのかもしれない。そして胎内5か月目くらいからは、自分で飲んだ羊水を排尿することもわかっている。ただし排便はしない。

そこで以前、産婦人科の医師に「なぜ胎児は排便をしないのか」と尋ねたことがある。医師は少し笑いながら、「あたりまえですよ、そんなことをしたら羊水が汚れてしまいますから」と答えてくれた（実際には、胎内で排便をしてしまう事故もまれに起こる）。

この場面で、私の問いがどこに向かっていたのかが、医師の理解とズレていたことに気づく。というのも、胎児が自分の胎内を汚さないよう配慮して排便を控えているとはとても思えないからである。だとすれば、「胎児はなぜ排便をしないのか」という問いは、「羊水を汚さないため」という解答がまったく筋違いであるような経験に向けて発せられていたことになる。

本来、酸素も栄養も水分も、臍帯という別のところから来るのだから、胎児は羊水を飲む必要すらない。それなのに味覚はすでに成立し（甘いものが好き）、羊水内の皮膚や髪といった不純物も飲み込み、濾過してから再度排尿している。つまり、胎児は医師が言うように、外的に見れば、それ自体一個の羊水清浄機のようなものであり、腎臓や肝臓のような母親の臓器の一つといった方が正確なのかもしれない。

とはいえ、いまだ肺呼吸も排便も確保されていない胎児の生、しかも味覚や聴覚、触覚などの認知機能も備えた一個の生命がどのような内的経験をしているのかは、ほとんどよくわからない。にもかかわらず、外的知識の多くは、それによって事態を過度に明らかなこととして誤解してしまう。

妊娠状況を確認するエコー画像は、そこに胎児という生があることを知らせてくれる。私たちが、鏡が現実を精確に映していることを信じて疑わないように（そうでなければ、車の運転はきわめて困難になる）、その画像写真に胎児の生があることを知覚する。そのようにして現象学的な知覚自身は、その時代のテクノロジーを介して常に拡張されていく（フッサールの正確な議論で言えば、ここでの知覚は「像意識」と呼ばれるものである）[24]。妊婦のお腹の大きさや胎動、体調の変化、エコー画像といった外的な指標とともに「胎児の生」は類推され、それに対する他者とのコミュニケーションも変化する。それはそうなのであるが、しかしそれでも、まだまだ胎児の生とは程遠い気がしてしまう。そこに豊かな生があることは疑いえないにしてもである。

　それはやはり、ほとんどの人間が水中での経験を、出産後に失ってしまうからかもしれない。１００メートルを超える深海へのフリーダイビングでは心拍数が極端に減り（毎分数回ほど）、水圧による肺外傷を防ぐために腹部の内臓と横隔膜が上がり、血流が増すことで肺が握り拳大に小さく硬くなっていることもわかっている。10分以上呼吸を止めることもできる。そのような身体性をともなったダイバーが経験する深海と、減圧され気温も地上と変わらない潜水艦の中からガラス越しに見る深海が同じ世界であるとはとても思えない。ここでも現実は重ならない。

　水中から感じ取る世界というと、真夏のプールに潜って水の中から太陽を見上げるような幼少期の経験が思い起こされるかもしれない。しかし歳を重ねるにつれ、そんな経験

「一滴の雨粒が街に落ちる」（1955）[25]

滴の雨粒が街に落ちる」という不思議な作品を残している。オーストリアの画家であり、建築家でもあったフンデルトヴァッサーが「一滴の雨粒が街に落ちる」という不思議な作品を残している。

これはどこから体験した視点なのであろうか。はるか高い上空から降り注ぐ雨をイメージする。それは音もなく柔らかなときもあれば、力強くリズミカルに窓を打つこともある。雨の雫は、浮遊する間、一個の個体となり、普通0・1～3ミリメートルほどの大きさをしている。これ以上小さければ落ちることができず大気に拡散し、大きければ砕けてしまう。その一粒の雫に包まれるように視点を移してみる。そこから見えるもの、感じ取れるものに注意を向けてみる。雫は上空3000～4000メートルから徐々にスピードを上げて落ちていく。その形は、よく思い浮かべられがちな涙の粒の形とは異なり、空気抵抗や大気の影響で少しつぶれたニンニク状となる。そうした雫となって、みずからの重さと湿度を感じ取り、大気の抵抗を聴くのである。

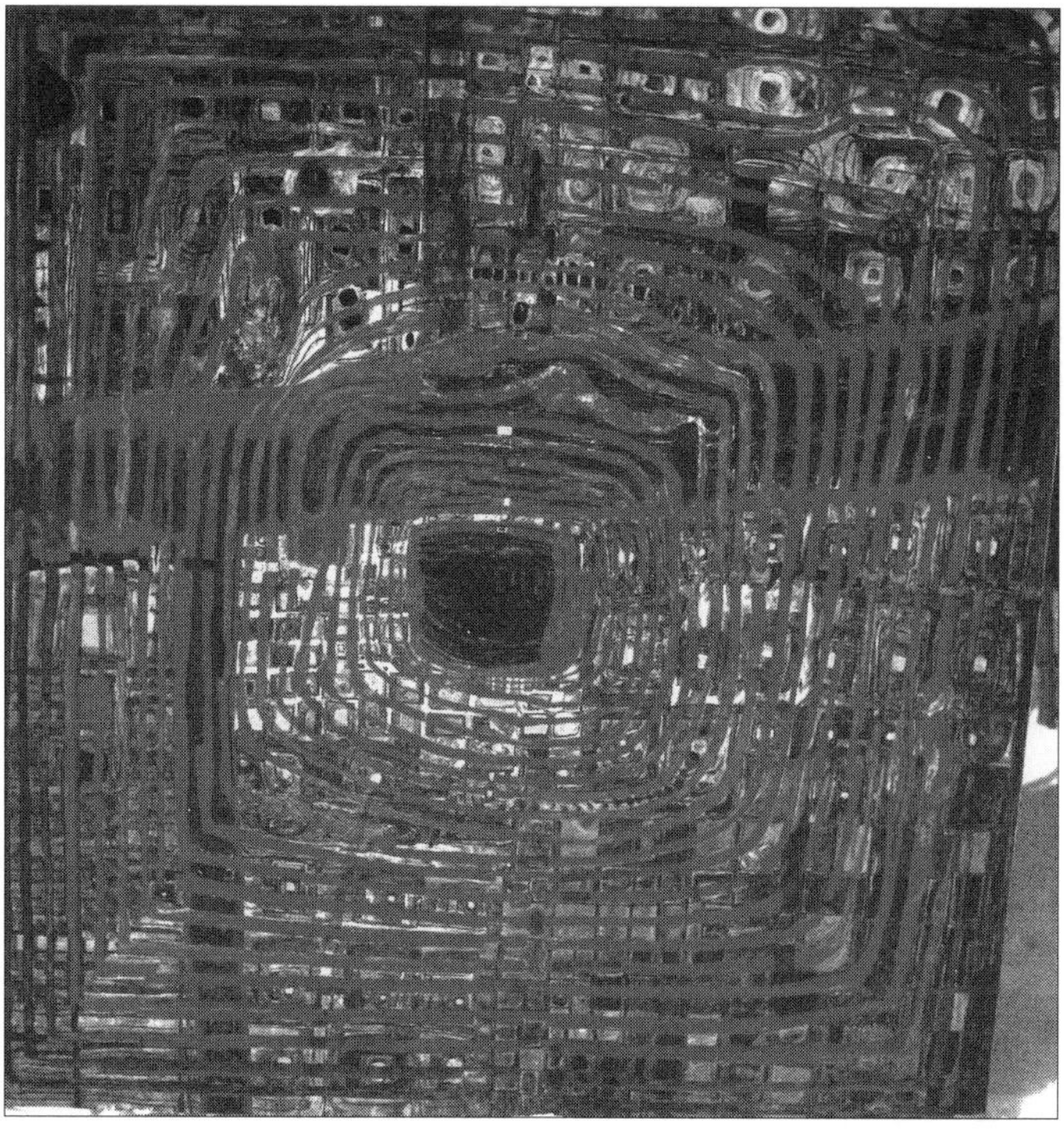

「太陽の向こう側から見た街」（1955）

すると視界が徐々に開けてくる。そして、プールに潜って太陽を見上げるのとは逆に、雫から街を見下ろすのである。雫に映った街並みは、落下抵抗と大気の振動により即座に歪み、その歪みが波となり雫全体を駆け抜ける。景色の彩りは幾重にも混ざり合い、更新され、かろうじて粒を維持している。**その粒が街を映し取っているのか、景色に水が張りついたものが雫なのかが区別できなくなる経験の場所がある。**そのような雨粒に映し出される街は、どのような形や色で設計されているのがよいのか。もしくは、雫が心地よく落ちることのできる歩道とは、どのような歩道であろうか。

このように、雨の雫というものの中から世界を感じ取るような問いや芸術的課題を通じて、雨の雫の内的経験でさえ、誰も明らかにしたことのない経験として新たに浮き彫りにできる可能性が出てくる。

フンデルトヴァッサーは「太陽の向こう側から見た街」という作品も残している。そもそも人類はいまだに太陽の向こう側に立ったことがない。最新の宇宙技術であってもいまだにそれは無理なのである。その太陽の向こう側から太陽を透かして地球を見るのであれば、そのとき地上の街はどのように見えるのか、彼はこんな問いを立てているのである。その意味では彼もまた、間違いなく現象学者であったのである。

7 終わりに

フッサールという現象学者は、私たちホモ・サピエンスの文明の最初期において「幾何学」という学問が出現したとき、そこに立ち臨んでいた人間の最初の内的経験を浮かび上がらせようとしていた(『幾何学の起源』)。フッサールは、その起源の経験を、古代ギリシアにおける最初の哲学者タレスをもじって、幾何学のタレスと呼んでいるが、それが世界のヨーロッパ化という歴史を理解する鍵だと考えていたのである。

幾何学者には、そうでないものには理解できない、それ固有の内的経験がある。だからフッサールは、幾何学者の現象学を企てようとしていたことになる。それと同様に、医者や科学者、経営者、セラピストといったどのような職業においても、あるいは、ナメクジからクラゲといったどのような動物においても固有な現象学は存在し、それを立ち上げることはできる。フッサールの現象学を展開すると必然的にそうなってしまう。その場合、重要なことは、どのような場所に向かって内的経験を複雑化し、多様化できる問いを発することができるかである。

本論をここまで通読していただいた人には、第2節で挙げたいくつかの「現象学」の定義に改めて立ち返ってもらいたい。実際に内的経験の複雑化と多彩化を展開してみせることで、その定義の意味を再度、身体感覚に落とし込むことをパフォーマティヴな試みとして行ってみたかったからであり、その成否の一切は、読者がこれから現象学という経験のツールを手にすることができるかどうかにかかっている。

註

(1) ここでの主張はすでに、拙書『リハビリテーションの哲学あるいは哲学のリハビリテーション』(春風社、2012年)における「哲学的探究プログラムの立ち上げ」の箇所でも行っている。
(2) 稲原美苗、川崎唯史、中澤瞳、宮原優編『フェミニスト現象学入門——経験から「普通」を問い直す』ナカニシヤ出版、2020年。
(3) 露木恵美子、山口一郎『職場の現象学——「共に働くこと」の意味を問い直す』白桃書房、2020年。
(4) 拙著、前掲『リハビリテーションの哲学あるいは哲学のリハビリテーション』、102頁。
(5) 同書、108頁。
(6) 拙著『大丈夫、死ぬには及ばない——今、大学生に何が起きているのか』学芸みらい社、2015年、221頁。
(7) 拙著『壊れながら立ち上がり続ける——個の変容の哲学』青土社、2018年、148頁。
(8) 拙著、前掲『リハビリテーションの哲学あるいは哲学のリハビリテーション』、110頁。
(9) この「内面性」は、アプリオリなものではなく、むしろ歴史的に形成されてきたものであることは、M・フーコーを援用した下記の拙論に詳しい。拙論「ありのままの生とインタビュー中心主義の帰趨――「ケアの現象学」の素朴さが映すもの」、実存思想協会編『実存思想論集――実存とケア』35巻、知泉書館、2020年、53～74頁。

(10) J. A. Rattel, I.B. Mauss, M. Liedlgruber, F. H. Wilhelm, "Sex differences in emotional concordance", *Biological Psychology*, Vol.151, 2020, 107845.

(11) H・R・マトゥラーナ、F・J・ヴァレラ『オートポイエーシス――生命システムとはなにか』河本英夫訳、国文社、1991年、231頁。

(12) T・ネーゲル『コウモリであるとはどのようなことか』永井均訳、勁草書房、1989年。

(13) ネーゲルの論文が出たのは、1974年であり、それからもコウモリの生物学的研究は進んでいる。が、それによって最終的にコウモリの内的経験の特定に至ることがないのもたしかである。とはいえ、この内的経験の特定不可能性の問題はコウモリだけにとどまらず、どのような他者であっても、さらには自分自身であっても本来は妥当してしまう。動物だけではなく、女性であっても男性であっても白人であってもアジア人であっても同じく不確定性の問題が生じる。とはいえ、ネーゲルは「ある対象にある体験を帰属させることができるのは、**その対象に十分似ている**ために彼の視点をとってみることができる――いわば第三人称においてと同時に第一人称において**その帰属を理解することができる**――ような主体だけだからである」（269頁。強調引用者）と述べることで、「十分似ている限り」、「適切な視点」から「その体験を正しく理解すること」ができると想定している。しかしたとえば、先にも述べたように「苦しい」と述べた時点ですでに内的経験はいつでも異なるものになってしまうし、言語的な記述によっても変化する。だからこそ、重要になるのは、内的経験が理解可能か、理解不可能かを決定することではなく、さらには不確定性を塗りつぶすことでもなく、継続的に外的指標を手がかりにしながら、そのつど「内的経験」を類推し、多彩化し、その他者との距離の「パフォーマティヴ」な変化を見定めていくことである。

　ネーゲルの想定には、「われわれ［人間］はわれわれであることがどのようにあることなのかを知っている」という「端的な直接知」という大前提がある。対して、この知を欠いている、人間以外の他の生物は、それを間接的にしか獲得できないがゆえに、上記の不可能性の構図が生ずる。

　しかしその他方で、ネーゲルは、「われわれは、われわれであることがそのようにあることであるような何かは、無限に多様な変形と複合をゆるし、それを完全に記述するだけの語彙はわれわれにもないとはいえ、その主観的な性格は**人間という種にまったく固有**であって、いくつかの点では、われわれに似た生き物によってしか記述できないほどである、ということもまた知っている」（266頁。強調引用者）と主張していることから、その固有さの不確定性について認めつつも、同時にそれが「人間だけの固有性」でもあると主張する。この人間の範囲が何なのかはよくわからないし、言語を介さない幼児や言語を獲得できない障害者、あるいは言語が異なる人びとの間でも、どうして人間だけの固有性があると言えるのか、その根拠はあいまいなままであり、そこにこそ素朴な日常的な先入観、現象学的に言えば自然的態度におけるドグマが入り込んでいる気がしてならない。

(14) 実際に、視覚障害者が杖や口から出す音を通して健常者以上に音の反響を利用して空間把握していることは確認されており、このことはネーゲルも同様に指摘していた。

(15) ネーゲル、前掲『コウモリであることはどのようなことか』、263頁。

(16) 拙著、前掲『リハビリテーションの哲学あるいは哲学のリハビリテーション』、110頁。

(17) 荒川修作、マドリン・ギンズ『建築する身体――人間を超えていくために』河本英夫訳、春秋社、2004年、6頁。訳文は一部改訂。

(18) 河本英夫『システム現象学――オートポイエーシスの第四領域』新曜社、2006年。

(19) 拙著、前掲『壊れながら立ち上がり続ける』、23頁以下。

(20) A・カミュ『異邦人』窪田啓作訳、新潮文庫、1990年。このカミュの『異邦人』の分析は、下記の拙論からの一部を改変、拡張した再録である。拙論「行為と現実の現象学――フッサール、シェーラーの現象学的探求をてがかりに」、実存思想協会編『実存思想論集』34巻、知泉書館、2019年、99～115頁。

(21) 柳田國男『柳田國男全集 6』ちくま文庫、1989年、340～350頁。

（22）K. Melvin, J. Crossley, DClinPsy, J. Cromby, "The feeling, embodiment and emotion of hallucinations in first episode psychosis: A prospective phenomenological visual-ecological study using novel multimodal unusual sensory experience (MUSE) maps", *Eclinical Medicine*, vol. 41, 101153, 2021.

（23）この胎児の例は、すでに下記でも扱っている。拙著、前掲『リハビリテーションの哲学あるいは哲学のリハビリテーション』、109頁以下。

（24）P・P・フェルベーク『技術の道徳化――事物の道徳性を理解し設計する』鈴木俊洋訳、法政大学出版局、2015年。

（25）フンデルトヴァッサーの作品およびここでの事例については下記を参照。拙論「環境デザインのプログラム設定――環境内存在の現象学的アプローチへ向けて（2）」、東洋大学「エコ・フィロソフィ」学際研究イニシアティブ事務局編『「エコ・フィロソフィ」研究』第3巻、東洋大学「エコ・フィロソフィ」学際研究イニシアティブ、2009年、131～146頁。

第4章 哲学にとって未来とは何か
徴候の解釈学の可能性をめぐって

三重野清顕
Mieno Kiyoaki

1 はじめに

哲学にとって、未来はどのような意義をもちうるのであろうか。伝統的に哲学の分野においては、たとえばプラトンが真理の認識について「想起」というかたちで語ったことに示されるように、もっぱら過去の認識に重大な意義があたえられてきた。真理の基準を自己同一性におくならば、過去のもつ確定性、不動性こそがそれにふさわしい資格を具えているものと考えられる。それとは対照的に、哲学が未来について語るべきことは何もないように思われる。未来は不可視である(ἀόρατον)ばかりではなく、そもそも不定(ἀόριστον)であり、そこでは存在と無、真と偽といった対立者が相互に区別されることなく入り混じって混沌としているように見えるからである。未来はそれ自身、哲学の対象たるべき明晰判明なものの対極にある。

不定の未来について語ることは、架空の絵空事を語ることにも通じる。未来の予感的認識は、しばしば詩作へと託されてきた課題でもある。そこで哲学的真理に対して、しばしば詩的な捏造が対置される。シェリングは『諸世界時代』[1]冒頭において、過去の「知」、現在の「認識」と対比しつつ、未来に「予感」を割り当てているが、この予感的認識は哲学と根本的に相容れないように思われる。

ヘーゲルは『法の哲学』序文において、哲学は現実の形成に対して常に遅れて登場するものだと述べている。だとすれば、世界がこれからどのように変化してゆくかという予測や、世界がどのようにあるべきかという理想像の提示は、哲学の果たすべき役割ではないであろう。

> 世界がどのようにあるべきであるかと教導することについてさらに一言述べておくと、とにかく哲学がやってくるのはいつでも遅すぎる。現実性がその形成過程を完了し、みずからを完成させた後に、哲学は、世界の思想として、ようやく時間のうちで現象する[2]。（GW14.1–16）

「存在するものが理性である」がゆえに、「存在するものを概念把握すること」が哲学の課題であるとすれば（GW14.1–15）、いまだ存在しない未来について語ることは、その使命を踏み越えるものであるように思われる。

その一方で、われわれは未来について予感というかたちで知ることがある。われわれはしばしば、期待や不安といった感情をもって、生起しつつあるものを迎える。到来しつつあるものが一種の断絶をともないつつ現実化するまでに、潜在的な変化がさまざまな徴候として感じ取られる。たとえば、医師による病気の宣告をもって、身体がはっきりと「病んだ身体」として規定される以前から、そこではすでにさまざまな違和が感じ取られている。ヘーゲルは『精神現象学』序文において、未知なるものへの前兆や予感を通じた知へと言及している。

> みずからを形成する精神は、ひそかにゆっくりと新しい形態へと成熟し、それの先行する世界という建

造物をなす小部分を次々に解消する。世界の動揺は、ただ個別的な徴候をつうじてのみ暗示される。存立するもののうちに広がる倦怠感や無思慮、未知のものに対する無規定な予感、これらは何か他なるものが接近しつつあることの前触れである。(3)
(GW9-14f.)

徴候はそれ自身、到来しつつある他なるものに即して、不定形なものとして現れてくる。たしかに、絶対的なものの概念的認識を哲学の使命として掲げるヘーゲルは、このような前概念的な知に対して、哲学の枠内において大きな役割をあたえることがなかったように思われる。しかし、未来の予感的認識について、われわれ自身はどのように評価するべきなのであろうか。とりわけそれは、哲学的な知に対してどのような関係におかれるのであろうか。以下本論では、このような問題の整理を試みたい。

2 未来の認識

「未来の認識」について、どのような点が問題となりうるのか確認してみたい。われわれの知る通り、未来が学問的なアプローチを完全に拒否するということはない。天候の変化等について、素朴な形の予測は昔から存在し、それらが洗練され、より正確な予測を行うためのさまざまな学問的手法が確立されてきた。

伝統的に知は命題形式と結び付けられてきたが、アリストテレスによれば、そこでの主語と述語の「結合と分離について(περὶ σύνθεσιν καὶ διαίρεσιν)」(16a12)真偽が成立する。つまり、現実の事物に即して「分離されたものを分離されている、結合されたものを結合されていると考える」ことが真であり、偽はその反対である(1051b3-4)。各々の命題は一定の真理値をもち、対立し合う一対の命題のうち、「一方は真、他方は偽である」（13b2–3）。しかし、未来の事象が未確定である場合、それについて述べる命題も、その真偽が決定されていないように思われる。アリストテレスによれば、「未来の個別的なことどもについての」（18a35）命題は、過去や現在の事象についての命題とは異なり、確定した真理値をもたない。だとすれば、未来である限りの未来の事柄についてわれわれが知りうるのは、（1）未来である限りは一方（A）とその反対（非A）について、いずれとも決定されていないこと、（2）それが現在となった暁には、確実にそれらのうちどちらか一方に決定されること、ただこのことのみである。

未来は、それが未来である限りにおいては、Aか非Aのいずれでもないが、現在化するとそのいずれかに決定される。通常われわれが未来にかんする予知という場合に問題とされているのは、この未決定状態が現在化された時点で、どちらに決定されているのかを事前に知るということである。このとき、未来の予知において問題なのは、Aと非Aの未決定と決定との間を媒介するものの知であることになる。

ここで確実な予知が可能だとすれば、必然的に一方に決定し、他方を排除するような何らかの規定根拠が知られなければならない。ところで過去にとって現在はかつて未来であった。過去と現在の関係は、未来と現在の関係に等しい。そこで過去の個別的事象が一般化され未来へと移しいれられることで、過去の知が未来の知へと転換されることになる。つまり、未決定の状態に対する必然的な規定根拠、かつての未来を現在の状態へと決定することになった「原因」を明らかにすることで、未来について確実に知ることが見込まれる。こうして一方では、未来に対するアプローチ方法として、「原因の知」を通じて必然的な形でそれを認識するという途が考えられる。

知の理想形を、必然的に一定の結果を生じさせる「原因（αἰτία）」の認識に置く考え方は、アリストテレスの『分析論後書』へと遡ることができる。アリストテレスは、「端的に（ἁπλῶς）知識を持っていること」の条件として、（1）「事物がそれによってあるところの原因のことを、それの原因であると認識すること（τὴν αἰτίαν γινώσκειν δι᾽ ἣν τὸ πρᾶγμά ἐστιν, ὅτι ἐκείνου αἰτία ἐστί）」、（2）「その事物が別様ではありえない（μὴ ἐνδέχεσθαι τοῦτ᾽ ἄλλως ἔχειν）」と認識すること、の二点を挙げている[4]（71b9–12）。つまりそれは、（1）一定の結果を生じさせる原因の認識であり、また、（2）実際に生じる当の結果以外の結果は生じえないような原因の認識である。ここでアリストテレスの言う「αἰτία」は、まずは論証の要素としてのそれであり、ただちに何らかの実在を産出する「原因」と捉えられるべきではないだろうが、とはいえ、論理的な秩序は実在的世界の構造を反映するものであることが見込まれる[5]。

このような知はさまざまなヴァリエーションをともなって、科学的思考の潮流を形成してきた。われわれが論証における原因を直接知ることができない場合には、結果から原因を遡行的に見いだす手続きや、何らかの推測的な知が必要とされるであろう[6]。あるいは、決定過程がそれ自身偶然性をはらむのだとすれば、そこには未来についての一義的な知の成立する余地はありえず、確率論的な手法が必要となるであろう[7]。

他方、本論において主題化されるべき予感的な知は、原因を把握することによって、未来について必然的な形で認識するものではない。たとえば、いまだ対象化されていない不安、雷鳴や潮騒の響き、木の葉のざわめき等々が何ものかの到来を暗示している。その場合、不定形の未来が先駆的に把握され、直接に現在している。ここで問題になるのは、やはり未決定と決定との間を媒介することと言えるであろうが、現前する不定形なものに何らかの明瞭な形象をあたえようとすることであり、それ自体としては未規定の徴候を意味づけることである。

3 ▼ 人間における自然性

ヘーゲルは『エンツュクロペディ』「精神哲学」[8]のいくつかの箇所において、未来の予知に相当するものに言及する。（1）「自然的心」（§392）において「予見（Voraussehung）」が、そして（2）「感じる心（die fühlende Seele）」（§406）において「透視（Hellsehen）」が扱われている。いずれにおいても、予知の可能性は人間の自然性や肉体性に基礎づけられる。

（1）未来についての「予見（Voraussehungen）」の基礎は、「自然との一体性のうちに生きる（in der Einigkeit mit der Natur leben）」ことにある。精神はそれ自身自然を前提し、そこから生成してくるものであるが、むしろ自然にとっては否定的な「自然の真なるありかた」として位置づけられる（§381, GW20-381）。精神の発展の最初の段階をなす「自然的心」は、天体や気象等の自然におけるさまざまなサイクルと密接に連関しつつ、その生を営んでいる。精神が自然から切り離されて自立性を獲得するにつれ、そういった自然との結びつきは失われてゆくが、予見はその連関を通じて生じる。

精神的な自由において比較的進歩が少なく、そのためまだ自然との一体性のうちにより多く生きる諸民族にあっては、民族の迷信と脆弱な悟性の過誤のもとで、いくらか〔自然との〕現実的諸連関もまた見いだされ、この諸連関に基づいて、諸状態やそれに関連した出来事についての奇跡的に思われる予見が見いだされる。（§392, GW20-391）

このような「諸態勢（Dispositionen）」は、自然との一体性にその基礎をもつものであるから、人間の「より深くみずからを把握する精神の自由をもって」消滅してゆく。他方植物や動物は、「自然との共生のもとに結びつけられたままである」(ibid.)。そういうわけで動物がみずからの身体の不調を鋭く察知したり、気象現象等について予知能力を発揮したりするように見えるのは、彼らが自然の盲目的なメカニズムのうちに完全に埋め込まれて生きていることによって説明できるであろう。

他方で、(2)自然との一体化のうちにあるこの直接的な心が、個別的なものとして対自化されたものが、「感じる心」である(§390, GW20-390)。このような心は、世界と一体となり、あらゆる実在の多様を含んだ「モナド的個体」である(§405, GW20-403)。それは、単純性のうちに無限の富を潜在させている「規定を欠いた竪坑」にも喩えられる(§403, GW20-401)。感じる心は、移り変わる個々の感覚にとどまらず、「実体性の全体を感じ取ること」(Empfinden der totalen Substantialität)である(§402, GW20-400)。そしてここでの「透視」は、心の実体的統一の内部における直観であり、「正気の意識」とは完全に別種の秩序に属する、一種の病的状態として捉えられる。健全な意識にとって悟性的な連関のうちに現れる当の内容が、「この内在においては直接意識によって知られ、直観されうる」(§406, GW20-408)。

> この直観が透視であるのは、それが守護神(Genius)における未分離の実体性における知であり、連関の本質のうちにあって、それゆえに媒介的、相互外在的な諸条件の系列へと結びつけられていない、その限りにおいてである。正気の意識(das besonnene Bewußtseyn)は、諸条件のこれらの系列を踏破しなければならず、またそれらに関してそれ自身のもつ外的個別性に従って制限されている。
>
> (§406, GW20-408)

通常のわれわれの経験は、個別化されたものの間に、悟性的な諸規定を適用し、さまざまな関係を設定することで形成される。そして概念把握とは、そのような諸関係の認識である。「悟性的反省にとって、概念把握が意味するのは、或る現象とその現象が連関している他の定在との間の媒介の系列を認識することである」（§406, GW20-411）。それに対して、モナド的統一体としての心には、多様な諸規定が渾然一体となって含まれている。そこで、われわれはさまざまな表象間を、それらの個別性にとらわれることなく、空間・時間的な隔たりを超えて自由自在に行き来することができる。しかしヘーゲルは、正気の状態における悟性的な連関と区別されている以上、予知の内容が偶然性を免れず、何が正しい予知であるのか決定することは不可能であることを指摘する。「透視が混濁している場合、内容は悟性的連関として解釈されてはいないから、この透視は感じること、想像すること等々に固有のあらゆる偶然性に曝されており、さらに透視の直観には疎遠な諸表象が入りこむ」（§406, GW20-408f）。

ヘーゲルによれば、このような直観的知は、正気の意識に比べてより真なる高次のものではない。「この状態での直観（Schauen）のことを、精神の高揚と、つまりより真なる、みずからのうちで普遍的認識をなしうる状態と考えるのは、愚かしい」（§406, GW20-409）。普遍的真理の基盤は、感情ではなく、思考のうちに求められなければならない。「学的認識、すなわち哲学的諸概念および普遍的真理は、別の地盤、すなわち感じる生命の朦朧とした状態から自由な意識へと展開された思考を必要とする。夢遊病の状態から理念についての啓示を期待することは愚かである」（§406, GW20-407）。しばしばヘーゲルは、感情のうちに普遍的真理を求めることを、動物的なものへの退行として扱っている。[9]

ヘーゲルは本節に注釈を付し、プラトンの『ティマイオス』に依拠しつつ、このような予見のもつ二つの側面を指摘している。一方で、（1）予見能力には、それを通じて「魂の非理性的部分」、つまりもっぱら欲望に動かされる肉体的なものの領域にも、何らかの真理に与らせる側面がある。『プラトンは『ティマイオス』(ステファヌス版3巻71頁以下)において、魂の非理性的部分すらもいくらか真理に与るよう、神は肝臓を創造し、それにマンテイア、つまり幻視能力をあたえた、と述べる」(§406, GW20-409)。ヘーゲルは、予見に対して一定の真理性を認めている。他方において、(2)このような未来予知は、病気あるいは狂熱の状態において行われることも指摘される。「プラトンはきわめて正当にも、そのような直観(Schauen)および知が肉体的なもの(das Leibliche)であること、そして幻視が真理である可能性があるとはいえ、理性的意識に従属したものであることを述べている」(§406, GW20-409)。以上のように、肉体的なものを通じた幻視は、一定の真理に与りつつ、あくまで理性的意識に対して従属的なものとして位置づけられるのである。[10]

4 「歴史哲学講義」における予兆の解釈

それに対して、このような未来の認識の積極的意義はどこに認めるべきであろうか。その意義は、単なる動物性への退行や、自然との病的な融合とは異なった側面に見いだされなければならないであろう。ここでは、ヘーゲルの「歴史哲学講義」(1824〜1825年講義、ケーラー筆記録)における議論を参照してみたい。[11]そこで徴候の解釈は、所与の自然現象に対して意味をあたえ、精神的なものとして捉えなおすこととして評価されている。

予兆の解釈という問題は、自然と密接にかかわりながら、そこからの自立を遂げつつあったギリシア民族を主題化する文脈において登場する。まず、ギリシア精神における「単純な根本的カテゴリー」は、「驚異(Verwunderung)」と「予感(Ahnden)」であるとされる(GW27.2-653)。「驚異」をめぐって、ヘーゲルは以下のように述べる。

ギリシア精神が驚異を感じるのは、そのうちにそれ自身が存在するような量塊としての自然の成り行きについてではない。[12] そうではなくて、最初のうち精神とは疎遠で、精神的なものではないが、しかし同様に精神は、そのうちに精神に対して友好的で、それへと精神が肯定的に振る舞うことのできる何ものかがあるという確信、一般的信念をそれに対してもっているような対象としての自然の成り行きについてである。（GW27.2-652f）

ギリシア精神は、自然の中に埋没したままにとどまらない。それは外部の自然が、本来精神にとって近しいものであることを予感しつつ、さらにその内的な意味を問い尋ね、はっきりと言い表そうとする。ヘーゲルは、予感のうちに高次の認識を期待する同時代の潮流に批判的に言及しつつ、ギリシア精神が漠然たる予感の段階をもっては、決して満足することがなかったことを指摘している。「しかしギリシア人は、予感すること（Ahnden）のもとにはとどまらなかった。これは今日ではしばしば、最高の態度、最高のものに対する態度にとどまることなのであるが。〔中略〕ギリシア人は、この予感することに含まれるものの意識へとさらに進み、この朦朧としたものをもっと判明な表象へと形成した」（GW27.2-653）。

自然現象のうちに精神的な意味を読み込み、予感の問い尋ねるものに対して明瞭な観念を付与する行為が、「マンテイア（予言 μαντεία）」である。[13] この「マンテイア」とは、それ自身無規定な自然現象、自然の中に現れる何らかの徴候を意味づける「解釈（Erklärung）」である。

人間の自然へのかかわりを、われわれは一般的にギリシア人がマンテイアと名指したものとして把握することができる。それについてわれわれは適切な表現を持っていない。マンテイアには或る現象するもの、〔および〕意義あることをそこから際立たせるマンティス〔解釈者〕が属している。プラトンは、人間が夢や狂気のなかで予言する場合、そのような夢や狂気の言葉を解釈するマンティス、意義をはじめて置きいれる正気の(besonnen)人間が必要だと述べる。

(GW27.2-655)

ここでもヘーゲルは『ティマイオス』に依拠しつつ、「夢」や「狂気」の状態における未来予知を取り上げている。しかしこの箇所では、人間における自然的なものの現象としての夢や狂気という側面にではなく、この現象と精神的なものを媒介する解釈者(μάντις)の役割に光が当てられている。[14] 解釈者は、正気の第三者でなければならない。プラトンの述べるように、「マンティス」とは狂気の状態にある予見者本人とは異なる「解釈者の類(τὸ τῶν προφητῶν γένος)」(72a)であり、予見されたことを「理性的推論によって判別する(λογισμῷ διελέσθαι)」ことが、「正気の者(ἔμφρων)」のつとめなのである。[15] ここで「マンテイア」は、「現象するもの」「精神的な意義」「解釈者」という三つの契機の関係として捉えられている。つまり、自然のうちの不可視の衝動が「夢」や「狂気」の状態におけるさまざまな徴候として現象するが、それが正気の解釈者を通じて意味をもった形象として解釈されることになる。

解釈者は正気の状態になければならないとされるが、あたえられる解釈は、悟性を満足させる散文的な説明ではない。ギリシア人による自然解釈は、一種の「詩的直観」という形をとることになった。

しるし(Zeichen)は、ギリシア人にみずからを打ち明けたのではなく、尋ねることを許した。つまり、ギリシア人は自然にただ問い尋ねただけであって、人間がみずからの精神の中から答えたのである。これはひとつの詩的直観だと言ってよい。すなわち精神は、現象するものがもつ意味を語り出すところの創出するもの(16)（ポイエーティコン）である、と言ってよい。（GW27.2-655f）

自然現象はそのものとしては無意味であり、解釈を媒介とすることではじめて意味を獲得する。解釈を通じて、「ただ刺激するもの、それだけではまだ意味を含まず語り出すことのないもの」（GW27.2-655）である自然に対して意味が付与され、それは精神的なものへと転換される。それのもつ意味は、解釈する精神そのものによって創出＝詩作されるのである。実際、外的な自然に託しつつ内的な意味を創出してゆくこのような解釈行為のことを、ヘーゲルは詩的産出として考えていた。「本来的なマンテイアとは、われわれがポエジー、空想力（Phantasie）と呼ぶところのものであるが、それは好き勝手な空想力ではなく、外的なものに何らかの意味を付与するような空想力であって、意味に満ちた知であるが、そこにおいて意味に満ちたものは主観的精神に属する」（GW27.2-656）。このとき、外なる自然を手がかりとしつつ、そこに精神が見いだすのは自分自身の産出的な作用にほかならない。

ヘーゲルは「パーン（Πάν）」を「現象するもの」と関係づけつつ、ここに「みずからを聴かせ、また聴かれるところの無規定なもの」があることを指摘するが、同時に「聴かれるものとは、主観的表象、精神的主体がそのさいに行っていることを産出する説明である」（GW27.2-654）と述べる。また同様に、ヘーゲルはそれ自身意味をもたない自然音、「暗い洞窟」から湧出する泉の響きに耳を傾けることに、詩の起源を見てとっている。

ギリシア人は泉にも耳を傾け(lauschen)、予感しつつそれを聴いた。泉のつぶやき、暗い洞窟からの噴出を。そこから彼に対して予感に満ちたもの〔が生じるが〕、しかし泉が何を意味するというのか。〔それは〕〔耳を傾けること〕[17]であり、彼自身の空想力(Phantasie)、主観そのものの精神なのであって、いかなる客観的なものでもない。泉そのものは、ただ外的に刺激するものにすぎない。〔中略〕ムーサイの不滅の歌は泉のつぶやきのうちに聴かれたものではない。（泉のほとりに座り耳を傾けた人々は多くあったが、しかし彼らがつぶやきのうちに聴いたことは、彼らにとって詩にはなることはなく、泉や葉のざわめきも彼らに何も語らなかった。）そうではなくて、泉がそれへと成ったムーサイとは、空想力(Phantasie)であり、人間の精神なのである。

(GW27.2-654f)

ヘーゲルは、ギリシア人の自然解釈を詩的構想力と関係づける。詩人の精神は、自然音を外的な契機としつつ、みずからの内奥へと赴き、そこから空想力によって産出される意味を汲みとってくる。ここでは自然現象の不定性が、主体内部の無限の産出性へと転化している。

このようにギリシア人の自然解釈は詩作の形をとることになったが、それは散文的な哲学的思考と対比される。同様の趣旨はさまざまな箇所に認められるが、ここでは「宗教哲学講義」（１８２７年講義録）における記述を確認したい。

ここにおいて神的なものは、純粋な思考をもって把握されているのでもなく、純粋な精神のうちで把握されているのでもない。神はまだ、精神のうちで、真なるありかたにおいて崇拝されているのではない。神はまだ、絶対的真理として、そしてまた外的な悟性をもって、悟性の抽象的カテゴリーをもって、把握されているのではない。悟性の諸カテゴリーは、散文を形成するのである。[18]

（V4–550）

空想力は、雷鳴や潮騒に明瞭な形態をあたえることで、神々の姿にする。ヘーゲルは「ホメロスとヘシオドスがギリシア人のために神々を作った」というヘロドトスの証言にたびたび言及しているが、これは詩人が外的な自然を形象化し、表象的なものとして産出することとして理解できる。「外的なもののこのような解釈（Auslegung）が意味するのはまさしく、外的なものを形態化すること、外的なものに神の行いという形態をあたえることである。説明〔解釈〕は、ここにおいては、悟性に対してではなく、空想力に対して空想力によって産出されている」（V4–550f）。詩的な構想力は、それ自身不定形な現象に形態をあたえる。それは現象に対して一種の「説明」をあたえることであるが、それは悟性を満足させるような合理的説明とは別様の、空想力を通じた空想力に対する説明なのである。

ただしヘーゲルは、このようなギリシア人の在り方が、外的な自然に繋縛されている点において、精神の自由の制約された段階をなすと考える（『歴史哲学講義』）。

〔ギリシア的な〕精神の自由は、自然的刺激への本質的関連のうちに存する。〔中略〕ギリシア精神は自然的なものにはじまり、精神的なものへと向かう。しかしこの精神的活動は本質的に何らかの自然的なものからの端緒をもち、それゆえこの精神性はまだ無制約的な、自由な精神性ではない。つまり、自分自身のもとでのそれであり、自分自身への刺激を自分から取り出すような、その固有のエレメントにおける精神性ではない。

（GW27.2–657）

精神はこの段階において、外部の自然による刺激を必要とし、それを精神の産物へと作り変えるのである。何ものにも制約されない純粋な思考の自由からすれば、このような詩的構想力はあくまで先駆的な段階として捉えられなければならない。こうして、啓示宗教、さらに哲学の立場からすれば、芸術は過去に位置づけられる。だからヘーゲルは、「美的芸術は（それに固有の宗教と同じく）その未来を真の宗教のうちにもつ」（§563, GW20-549）と述べるのである。

5 おわりに

本論の論述において、未来の学として、徴候の解釈学と呼ぶべきものの領域が見いだされた。それは現実化しつつある徴候を読み取り、意味づける。解釈者に課される条件は、彼が時代の潮流に埋没することのない、一種の素面の傍観者であることである。そしてこの解釈は、事物の生成を必然性において把握する理論的探究とは異なり、不定型なものを形象化する詩的構想力に依拠する。しかし最終的には、ヘーゲルにおいてこのような解釈学は、哲学が乗り越えるべき過去として位置づけられた。

たしかにヘーゲルにとって、この知は概念的思考の先駆的段階をなすにすぎないであろう。しかし、哲学の登場をもって背景化するにせよ、哲学がその生成過程でこの知を通過することは不可避である。[19] その意味で、哲学の根源には詩的構想力がある。ヴィーコは「感覚」と「知性」の関係を、「詩」と「哲学」の関係になぞらえていた。[20] 哲学を基礎づけるのは詩である。「さきに感覚のうちになければ、なにものも知性のうちにない（nihil est in intellectu, quin prius fuerit in sensu）」のだとすれば、あらかじめ詩のうちに捉えられないものが哲学へと高められることはない。哲学は概念的認識の基盤をみずから作り出すことはできず、詩的構想力による現実の予感的把握と精神化を前提せざるをえない。そして哲学は、その素材を汲みとるために、常にこの領域へと立ち戻らないわけにはゆかないであろう。

　最後に触れておくべき問題は、概念的な知である哲学にとって、未来の予感的認識が克服可能であり、過去として扱うことができるのかである。つまり、詩を通じて語る予感的な知は、概念把握する哲学のうちへと、総体として発展的に解消されてしまうのかどうかである。この問題は慎重な検討を必要とするものであるから、本論の枠内で確定的に答えることはできない。たしかに概念的な知の完成は、哲学を時間から解放し、その未来を不要とすることであろう。しかし、問題なのはヘーゲルが知の完成をそのような形で構想していたのかどうかであり、たとえそうだったとして、実際にそのような形での知の完成は可能なのかである。これが問われる間は、哲学はその背景的基盤をなす領域とともに、並列的に存続せざるをえない。その限りで、哲学が未来へと開かれることは不可避であり、徴候の解釈学は存続することであろう。

註

（1）Schelling: *Die Weltalter Fragmente*. München 1946, S.3.「諸世界時代」（山口和子訳）、藤田正勝、山口和子編『シェリング著作集 新装版 4b 歴史の哲学』文屋秋栄、２０１８年、4頁。

（2）ヘーゲル『法の哲学 上巻』上妻精、佐藤康邦、山田忠彰訳、岩波書店、２０００年、22頁。

（3）G・W・F・ヘーゲル『精神現象学 上』熊野純彦訳、ちくま学芸文庫、２０１８年、24頁。

（4）アリストテレス「分析論後書」（加藤信朗訳）、山本光雄編『アリストテレス全集 1』岩波書店、１９７１年、６１６頁。

（5）アリストテレス主義的な学問論の伝統における論証的な知の性格についての詳細は、以下を参照。東慎一郎『ルネサンスの数学思想』名古屋大学出版会、２０２０年、14頁以下。

（6）さまざまな蓋然的な知一般の伝統についての詳細は、ジェームズ・フランクリン『蓋然性の探究――古代の推論術から確率論の誕生まで』南條郁子訳、みすず書房、２０１８年を参照。

（7）確率論的な思考の登場過程については、以下を参照。イアン・ハッキング『確率の出現』広田すみれ、森元良太訳、慶應義塾大学出版会、２０１３年。

（8）以下、『エンツュクロペディ』からの引用は、基本的に第3版（1831年）に拠り、節番号を示す。

（9）『精神現象学』においてすでに、「反人間的なもの、動物的なものは、感情のうちにとどまったままで、ただ感情を通じてのみ伝達しあうことができるということに存する」（GW9-48）（前掲、ヘーゲル『精神現象学 上』121頁）とされていた。感情と動物性を結びつける同様の論旨は、シュライアマハー批判という文脈において、H・F・W・ヒンリヒス『学への内的関係における宗教』（1822年）への序文にも見いだされる（GW15-137）。

（10）ここでヘーゲルは「諸善のうち最大のもの」を生み出す「神的狂気」（『パイドロス』244a）に触れていない。ヘーゲルは、すでに1798年執筆と推定される断片において『パイドロス』（251a）を引用している（GW2-97）。

（11）対応する表現の箇所の解読にあたっては、ヘーゲル『歴史哲学 下』武市健人訳、岩波書店、1954年、17～21頁も参考にした。

（12）この箇所の読解にあたっては、ピンダー筆記録の以下の異文も参考にした。「ギリシア精神は、この量塊のうちに沈み込んだ精神としてではなく、自然に対して予感に満ちて振舞った」（GW27.2-653）。

（13）ここでのヘーゲルの議論に着目した研究としては、以下を参照。W. Hogrebe: *Metaphisik und Mantik*. Frankfurt a. M. 1992, S.153ff.

（14）「μάντις」の語義は、J. Diggle et al., *The Cambridge Greek Lexicon*. Cambridge 2021（p.894）では、項目1で one who foretells the future（either as mouthpiece of a god or interpreter of signs and omens）と説明されている。ただしプラトンによれば、神託や兆しの「解釈者（ὑποκριτής）」は、μάντις とではなく προφήτης μαντευομένων と呼ばれるのがふさわしい（72b）。

（15）『パイドロス』では、正気における οἰωνιστική と狂気における μαντική を区別し、後者に優位があたえられる。『イオン』では、理性を有する限り「すべて人間は詩作（ποιεῖν）も予言（χρησμῳδεῖν）もなしえない」（534b）とされる。

（16）ケーラー筆記録の wachende を、ピンダー筆記録に従い Schaffende と読む。

（17）読解にあたっては、ピンダー筆記録の異文「耳を傾ける主体そのものの意味深さ（Sinnigkeit）」を参考にした。

（18）ヘーゲル『宗教哲学講義』山﨑純訳、創文社、2001年、253頁。

（19）この点にかんしてはさらに、『エンツュクロペディ』において、「表象」が、「想起〔内化〕された直観として」、直観と「その自由のうちにある知性、すなわち思考」の媒辞（Mitte）であるとされる（§451, GW20-445）ことについても検討する必要があろう。

（20）Vico: *Principj di Scienza nuova*. Napoli 1744, p.129（J・ヴィーコ『新しい学 上』上村忠男訳、中央公論新社、2018年、279頁）

引用文献一覧

引用箇所は以下の版の巻数と頁数によって示す。また訳文の作成にあたって参照した邦訳の頁数も注に併記する。プラトンの引用はStephanus版、アリストテレスの引用はBekker版の該当箇所を示す。カントの『純粋理性批判』についても、一般的な慣例に従って示す。

G. W. F. Hegel:
[GW]: *Gesammelte Werke*. In Verbindung mit der Deutschen Forschungsgemeinschaft hrsg. von der Rheinisch-Westfälischen Akademie der Wissenschaften. Hamburg 1968ff.
[V]: *Vorlesungen*. Ausgewählte Nachschriften und Manuskripte. Hamburg. 1983ff.

第5章

哲学史の未来　哲学史化する哲学

松浦和也
Matsuura Kazuya

1　哲学史と哲学

哲学をするために、哲学史を学んだり、研究したりすることはどの程度必須であるか。この疑念に対しては、哲学史や古典的な哲学研究に携わる者の間でも緊張関係があるように思われる。たとえば、小林道夫は、クワイン的自然主義から帰結するであろう哲学史研究不要論に対し、近現代科学が前提するさまざまな前提を理解することや、生の価値や意味を扱うことは自然主義からは不可能であり、人間の多元的活動を吟味し、学ぶことに哲学史研究の意義を見いだしている[1]。他方、古代哲学研究者として有名な井上忠は、古代哲学の研究と哲学史の研究を分けた上で、哲学の問題は存在の根拠を問うことに他ならず、先人の思想はこの問いとの対決を記録した地図であって、この地図について論じることは机上の空論である、と述べている[2]。井上のこのような記述だけを見たならば、個別研究か、現代における哲学研究に携わる限り、哲学史を軽視しても構わないという考えを生むかもしれない。

本論の筆者は、古代哲学を中心とする個別研究を主としてきた人間ではあるが、その中で曲がりなりにも哲学史や現代における哲学的課題にもかかわってきた。そのかかわりの中で、哲学史は個別研究にとっても現代的な意味での哲学にとっても一定の意義をもつと感じるようになってはいる。しかし、本論の目的は、筆者が感じている意義を詳論するのではなく、誰かの思索を伝承していく中で生じてしまいがちな溝に光を当てることにある。もしかすると、この溝は古典的な哲学の研究をしたことがある人には退屈に感じられるかもしれないし、思想の比較や相互関係を扱うような哲学史研究に熟達した人にとっては表層的で陳腐な指摘に留まるかもしれない。また、本論の報告は、哲学史の重要性よりも、見方によっては哲学史不要論にも映るかもしれない。だが、それでもこの溝を自覚しておくことは、これからのわれわれが思索を健全なかたちで紡いでいくためには必要なことだと思われる。

2 古典的な事例――実体と概念をめぐって

手始めに、古典的な概念である「実体」を事例として取り上げることにしよう。

スピノザは『エチカ』第1部定理14で、神以外の実体すなわちスブスタンチアは存在せず、考えることもできないと主張する。この考えは有名な汎神論へと連なっていくが、この定理14にわれわれが納得するには、彼が『エチカ』冒頭であたえた定義群と公理群に先に同意しておかねばならないだろう(3)。そして、彼は「神」にも「実体」にもそれぞれ定義をあたえている。ここでは、「実体」を扱う定義3に注目しよう。

「実体」によって私が理解しているのは、このことである。すなわち、それは自身のうちにあり、かつそれ自体で把握される。すなわち、その概念は、それを形作るために他の概念を必要としない。

（『エチカ』第1部定義3）

この定義に即せば、何らかのXが実体と見なされるための条件は、その何かがX自身のうちにあり、そして、Xの概念すなわちコンセプトゥスに、X以外の概念を含まないことである。このような実体の定義は『エチカ』第1部の基底の一つと言ってよいだろう。「神」の定義である定義6は「実体」を含むし、[4]この定義3定理1、2、4、5、10、18、28の証明で明示的に参照されているからである。

だが、『エチカ』の幾何学的方法の文脈を離れたとき、スピノザの実体の定義にわれわれが同意する必然性はどこまであるだろうか。哲学史において、実体を哲学的議論の中心に据えた初期の人物であるアリストテレスに立ち返るならば、その必然性はあまりないように思われる。もっとも、アリストテレスは『形而上学』H巻第1章で「実体」すなわちウーシアー(οὐσία)について、『エチカ』の定義3に近い発言を残している。[5]

基体は実体であるが、〔中略〕別の仕方では、言葉(ロゴス)すなわち形相がそれである。そして、これはひとつの「これ」であるが、言葉においては離存する。

（『形而上学』H巻第1章1042a26–29）

もし、この引用中の指示代名詞「それ」が実体を指示するのであれば、[6]言葉すなわち形相は実体である、ということになる。そして、「言葉において離存する」に次のような解釈を補えば、『エチカ』の定義3の一部は得られそうである。『形而上学』のアリストテレスは、形相は質料より優れて実体であると考えている。[7]また、実体と言葉の関係については、『形而上学』第7巻第11章の青銅製の球の事例から示唆を得られる。青銅製の球の形相である球の説明には、質料である青銅を含める必要はない。このような考えを統合し、拡張すれば、実体を説明する言葉の中には、他の属性や実体を表す名や言葉、あるいは概念を必要としない、という発想が得られる。ここから、ある実体の概念は、自分以外のものの概念を必要としない、という『エチカ』

第1部定義3の後半が得られるかもしれない。

しかし、周知のように、アリストテレスの「実体」とスピノザのそれの間には無視できない違いがある。たとえば、アリストテレスは、神は実体であるという主張を認めはするが、神が唯一の実体であるとは主張しない。なぜなら、彼にとって神(々)は、人間や馬といった数ある実体の一つに過ぎないからである。[8]また、そもそもアリストテレスにとって、実体あるいはウーシアーは多義的である。たとえば、『形而上学』Δ巻第8章では実体の意味として、第一に、物体とその部分、第二に、物体的な実体に内在し、その物体的なものをそのように足らしめている原因、第三に、物体的な実体の部分として内在し、そのような実体を「これ」と示すもの、第四に、物体的な実体の本質または定義を挙げている。もちろん、彼は実体の意味のうち、第二から第四のものを形相と同一視する。[9]また、『形而上学』Z巻第1章で「『ある』とは何か」という問いを「実体とは何か」という問いに置き換えたとき、[10]これ以降の考察における実体とは、人間や馬などによって代表されるような第一の意味での実体ではなく、こういった個物に内在する第二から第四までの実体を指す。だが、それでも念頭に置いておかねばならないことは、実体とは何かの実体であること、すなわち、感覚的で生成変化する物体に内在する実体であることが措定されていることである。[11]加えて、このような物体は質料と形相の二つの要素に分離できること、すなわち質料形相論が理論的背景として前提されている。

アリストテレスの実体の概念には、少なくとも以上の背景がある。それに対して、スピノザの『エチカ』にはそのような措定や前提は見られない。それゆえ、アリストテレス的な実体の概念を信じる者は、スピノザの実体の定義に賛同することに躊躇を覚えるだろう。

とはいえ、本論が主張したいことは、『エチカ』の実体の定義が誤っているとか、スピノザがアリストテレスを誤読しているとか、そういったスピノザに対して否定的な評価を下すようなことではない。スピノザの実体の定義には長い哲学史的背景があることは、すでに多くの指摘がある。(12) また、過去の思索の報告者としての妥当性という観点からすれば、アリストテレスにすら高い評価をあたえることは難しい。彼の初期ギリシア哲学者に関する報告に全面的な信頼を置くことはできないからである。

本論が主張したいことは、もっと単純なことである。すなわち、過去の思索を伝達する過程で、このようなことはよく起きる、ということである。ある思索が後世に伝わるときには、もともとの思索が含んでいた概念やアイディアは単純化され、その概念が現れた文脈、目的、事情、暗黙の前提といった背景は失われることがある。言い換えれば、概念の意味が変質することがある。それにもかかわらず、その概念にかかわる別の概念や考え方との関係がそのまま保持されることがある。

アリストテレスとスピノザの事例で言えば、アリストテレスにとってウーシアーは多義的であったが、スピノザのスブスタンチアは一義的なものへと単純化された。また、アリストテレスのウーシアーは、人間や馬といった感覚的な個別事例に代表されるものであったが、そこから進んでその人間や馬に内在し、それらを人間や馬ならしめている要素を指示するものとなった。これに対し、スピノザのスブスタンチアはこの概念を把握するための出発点となるような具体的事例をもたない。それにもかかわらず、ウーシアーとロゴスの関係は、スブスタンチアとコンセプトゥスの関係として保持されている。

筆者の身勝手な想像に過ぎないかもしれないが、誰か一人の古典的な哲学者についてある程度専門研究をした研究者は、このような事態にどこかで出会ったことがあるのではないか、さらにテキストを哲学史的観点から読む研究者であれば、なおさらそうなのではないかと思われる。自分自身の研究フィールドとは異なるところで、同じ語や概念を用いているはずなのに、その意味や使用法に違和感を覚えるようなときは、もしかするとこのような事態が起きているのかもしれない。

3 現代の事例——自律性と倫理性

思索の伝承における概念の単純化および変質と、概念間関係の保持は、実のところ古典的な哲学史や思想史の内部だけで生じるわけではなさそうである。その現代的な例として、昨今の機械倫理における話題の一つを取り上げてみよう。

すでに、ＡＩやロボットは一部の環境において人間の代替として社会で活動している。ただし、このような技術によって造られた機械を社会に実装するとき、しばしば倫理的な問題を引き起こすことは周知のことであろう。

それゆえ、すでに機械は社会の中で倫理的な作用者あるいは行為者（agent）として振る舞っているとも言えるだろう。[13]そして、この種の技術がさらに発達し、人間により近い振る舞いが機械にも可能になったとしたとき、そのような機械を人間社会がどのように扱うべきかが問われることになる。

そして、その問いには、機械は人間と同等の倫理的存在者になれるか、もしなりうるとしたらその機械にどのような能力が必要か、という問いを含む。[14]たとえば、ムーアは機械がもつ、または将来もちうるかもしれない作用者性あるいは行為者性（agency）について、四つの段階を描いている。[15]（ａ）倫理的影響を有する作用者、（ｂ）暗黙の倫理的作用者、（ｃ）自明な倫理的作用者、（ｄ）完全な倫理的作用者、である。（ａ）倫理的影響を有する作用者とは、それ自体は倫理的判断を行わないが、人間の社会に倫理的影響をあたえるような機械のことを指す。[16]（ｂ）暗黙の倫理的作用者とはたとえばＡＴＭや飛行機の自動パイロットのような、安全性や信頼性にかかわる機械のことである。このような機械は社会の規範を守るために設計されている。他方、（ｃ）自明な倫理的作用者になるような機械はまだ実現してはいないものの、たとえば、病院に勤務するそれぞれの職員がプライバシー保護の観点からどの情報にアクセス可能で、どの情報にはアクセス不可能かを判断するような機械が想定されている。このとき、その機械のアルゴリズムには義務論理をはじめとした何らかの倫理規範が搭載されることになる。さらに、（d）完全な倫理的作用者とは倫理的判断を合理的に説明する能力をもつ機械であり、標準的な人間と同じ能力をもつもの、とされている。

この倫理的作用者の諸段階については、段階そのものに対する批判もあるが、機械を高次の倫理的作用者とするためにはそれをどのように設計するべきかといった、より工学に近い考察もなされている。[17] だが、本論が着目したいことは、この種の機械の作用者性あるいは行為者性を扱う議論の中で「自律性」の概念がしばしば登場することである。[18] つまり、何かが倫理的であることと、その何かが自律的であることには何らかの関係がある、より強くかつ端的に言えば、何らかのXが高次の倫理的作用者あるいは倫理的行為者であるための条件は、そのXが自律性をもつことである、という想定がどこかで働いている。

ただし、自律性とはどのようなものか、ということも問われうる。たとえば、フロリディらが「自律性」にあたえる説明は以下のものである。

> 自律性とは、作用者が相互作用に直接反応することなしに、状態を変化させることが可能であることを意味する。つまり、この作用者は内部遷移を行い、状態を変化させることができる。それゆえ、作用者は2つ以上の状態をもたねばならない。この特性は、作用者にある程度の複雑さと、環境からの独立性をあたえる。[19]

何かが自律性を有しているとは、外部から自身にあたえられるあらゆる作用に直接反応するのではなく、自身の内部に別個の状態があり、その状態が変化することである。そして、たしかにわれわれ人間はこのような意味での自律性をもっているかもしれない。なぜなら、外部からの刺激に直接反応するばかりではなく、内部でその振る舞いを為すか為さぬかを考えることがあり、このときは内部状態を遷移させていると言えるかもしれないからである。

しかし、なお確認しなければならないことは、そもそも自律性と倫理性がどのようにかかわるのか、ということである。自律性、すなわちautonomyやautonomieの由来であるギリシア語「アウトノミア」（αὐτονομία）および「アウトノモス」（αὐτόνομος）は、再帰的にも用いられる代名詞アウトス（αὐτός）と、法律習慣を意味するノモス（νόμος）の合成語であり、「自身の法に従って生きる」という意味をもつ。もちろん、用例をいくつか確認すると、この語は何かがその外部から独立している様を意味しうる。「ある国がアウトノモスである」とは、その国が他の国から独立していることを表現し、[20]「ある人がアウトノモスである」とは、その人が自ら判断し、行動することを表現している。[21]ただし、その国が独立していると言えるのは、自らの国法をその国自身で制定したからである。また、その人が自ら判断し、行動したと言えるのは、その人が神々や周囲の人間に流されることなく、自身が立てた信念や信条から判断し、それらが法であるかのように行動したからであろう。この意味では、ギリシア語の語義は失われていない。

ここで注意すべきは、国であれ、人であれ、それがアウトノモスであったとしても、ただちにその国や人が倫理性を有するわけではなさそうだ、ということである。かりに、あるアウトノモスな国や人が倫理的だと判断されたのであれば、その国やその人が作った法が倫理的だからである。われわれは、国法であれ、個人の法であれ、悪法を想定することができる。

自律性と倫理性を接続させることに寄与したのは、やはりカントの『実践理性批判』であろう。道徳法則と義務の原理は人間の意思の自律性に由来し、そのような意志が掲げることになる格率は普遍的な立法の形式をもつ。そして、人間の理性は自分自身に対し、このような普遍的な法を課すことになる。[22]自律した人間が倫理的であるのは、自律した人間は普遍的な法を自ら策定できるが、その普遍的な法は倫理的だからである。このようなカント的な自律の概念は、ギリシア語のアウトノモスの意味を保持しているだけではなく、自律性と倫理性を接続ならしめている。

このような自律性と倫理性の関係から見れば、フロリディらが提案する「自律性」については、以下の五つを指摘せねばならない。第一に、彼らの自律性は「法」という要素を欠く。それゆえ、第二に、従うべき法を自ら策定するという要素も欠いている。それゆえ、第三に、この自律性とカント的な自律性の間に明白な共通点を見いだすことは難しい。第四に、彼らの自律性の強調点は「法」よりも、外部からの独立性にある。すなわち、この自律性の理解に従えば、自律性をもつものの本質は、外部からある程度独立した内部プロセスを有することにある。第五に、彼らの自律性と倫理性を接続させるには、カントの哲学体系を離れた別個の説明や、追加の条件を必要とする。

さて、以上のような自律性と倫理性にまつわる議論の状況は、概念の単純化および変質と、概念間関係の保持が現代でも生じていることを示す事例であると筆者には思われる。本来、自律性と倫理性には自明な直接的関係が見られなかったが、カントが意志の自律を経由させることで、両者は接続されることになった。ところが、昨今の機械倫理においては、純粋理性や定言命法などのカント的背景は強調されなくなり、結果としてカントとは異なる自律概念が提案され、模索されている。しかし、それでもなお自律性と倫理性の関係は残ってしまっている。

もちろん、筆者はフロリディらの自律性が倫理的議論とまったく無関係であると主張はしない。この自律性は、アリストテレスによる随意的行為と非随意的行為の区別を想起させるからである。ある人間が成した行為が随意的である場合は、その人間に賞賛や非難があたえられるが、その行為が非随意的である場合は、赦しや憐みがあたえられる。[23]ある行為に対し、その帰責の主体となるためには、その行為は強制されたものではなく、自発的なものでなくてはならない。先の自律性は、このような随意性や自発性を含んでいると思われる。ただし、それでも、自律性の原意が要求する、自ら従うべき法を自ら作るという含意は消失してしまっている。[24]それにもかかわらず、自律性の意味を新たに定め、倫理的議論の土台にしようとするならば、自律性と倫理性を結びつける新たなロジックが必要となるだろう。

4 哲学史化する哲学

もっとも、このような概念の単純化や概念間関係の保持は、それがアカデミズム内部や文芸の領域に留まっている限り、それほど多くの問題は生じないかもしれない（もちろん、その思索の解釈者や伝承者に対し、その理解はミスリーディングだ、などと非難する人もいるだろう）。しかし、概念の単純化や概念間関係の保持は、われわれが新たな社会制度や法を造るときには危険をともなう恐れがある。前節の自律概念を例とすれば、概念間関係の保持は、自律的であることと倫理的作用者であることとはどのようにかかわるのか、といった原理的な問いを封じ込めるだけでなく、自律概念の内実を任意に変更することすら許してしまうかもしれない。このような変更は、もし許されたとしても相当慎重に成されなければ、他者が容認するものにならないし、もともとの概念の内実によって構築された他の概念との関係も切れてしまう。

とはいえ、このような指摘に対し、われわれが現代的な課題に取り組むとき、どの程度まで先行する議論や概念を引き受けなくてはならないのか、と問われるかもしれない。実際のところ、一人の哲学者や思想家が提示した議論や概念を適切に理解しようとするだけでも莫大な労苦をともなう。しかし、そのような労苦を経なければ議論や概念の使用が許されないのであれば、現代的な課題にかんして発言を許される人間はきわめて限られてしまう。それゆえ、そのような労苦は徒労でしかないと考え、概念間関係の形式的説明で満足する人もいるだろう。

また、概念の単純化および変質と、概念間関係の保持が哲学史においてしばしば生じることだとしたとき、このような事態が生じた理由も問われることになるだろう。もっとも、その理由は伝承された概念が何か、伝承される哲学者や思想家が誰か、そして伝承した人物の目的はどのようなものか、といった個別的事情に依存しそうである。したがって、その理由を明らかにするのは、おそらく哲学史研究、あるいは概念史研究に委ねられることになる。

とはいえ、そのような事態を生じせしめるような一般的な原因を筆者から一つ挙げるならば、われわれは自身の思索や哲学を組み立てようとしても、他者から完全に独立してそれを行うことが不可能であることに起因しそうである。われわれは思索を組み立てるさいに、明示的にであれ、暗示的にであれ、文献に書かれた見解を参照するように訓練付けられている。文献に描かれた考察の結果や成果を用いることは、新たな知を創設するためには必要だからである。さもなければ、いかなるトピックであれ、本論冒頭で挙げた井上が指摘するように、「地図なしでは本当に振り出しからやり直さねばならない」だろう。[25]また、われわれがすでに成された調査や考察の結果や、すでに十分に証明された定理を自身の議論に使用するときに、それらの背景にある過程や論証をすべて再現すべきだと考えることは不合理である。

だが、ここに、概念の単純化および変質と、概念間関係の保持の種は潜んでいる。参照しようとする見解にいかに誠実に向き合ったとしても、その見解を説明し尽くすことはできない。その見解の背景は膨大だからである。哲学や文化文芸に属するような見解であれば、なおさらであろう。したがって、見解の伝承には、断片化がともなう。そして、断片化された見解の内にある概念は単純化するだろうし、概念間関係の形式化も生じさせるであろう。しかし、あまりに断片化しすぎて、概念の背景を吹き飛ばしてしまうと、その概念の理解の妥当性も、それがかかわる概念間関係の妥当性も問われることになる。

もし、われわれが先人たちの成果を活用するために概念間関係を保持しようとするならば、二つの選択肢が開かれている。第一の道は、概念の歴史的変遷を追い、場合によっては概念のもともとの意味を堅持するという道である。第二の道は、概念の意味を自身の課題に合わせて調整を加え、概念間関係に新たな説明を加えることである。第一の道を選ぶ人は、おそらく哲学をするためには哲学史が必要であると考える立場に近づくが、第二の道を選ぶ人は、哲学史を不要と見なす立場に近づくことになろう。ただし、第二の道は、第一の道に触れざるを得ない。なぜなら、われわれが思索で用いる言語は一人ひとりで作り上げたものではない以上、われわれ一人ひとりが単独で思索を連ねることは原理的に不可能だからである。結局のところ、現代的な課題を前にしても、先行する議論や概念をわれわれは引き受けてしまわざるを得ない。

概念の単純化および変質と、概念間関係の保持は哲学史だけではなく、哲学することにも生じうる。言い換えれば、哲学史をいかに畏怖しようが、哲学すること自体がすでに哲学史の中に組み込まれてしまっている。そして、他者の思索を受け取ることはもとより、自らの思索を他者に伝えるときも、自身の中で反芻するときも、用いた概念や言葉は単純化と変質の危険性を伴い、概念と概念の繫がりは、その繫がりを自身に見出させた豊富な背景を吹き飛ばして、内容を欠いた形式的なものに堕する恐れがつきまとうのである。

※本研究はJSPS00118070707、科研費JP20K12790の助成を受けたものです。

註

（1）小林、45～52頁。
（2）井上、23～24頁。ただし、彼の議論を読めば自明であるが、井上自身は哲学史もアリストテレス解釈の歴史も熟知している。
（3）Macherey, p. 38.
（4）「『神』によって私が理解しているのは、絶対的に無限な存在である。すなわち、無限の属性から構成される実体であり、その属性のすべては永遠で無限の本質を表現する」（『エチカ』第1部、定義6）。
（5）他の発言としては、「『第一の』とは多くの意味で語られる。だが、実体は、説明においても、認識においても、時間においても第一のものである。〔中略〕。また、説明においてもこれ［実体］は第一のものである。それぞれのものの説明のうちに、実体の説明が含まれることが必然だからである」（『形而上学』Z巻第1章1028b30-36.）。
（6）もちろん、素直な読み方としては「それ」は「基体」（ヒュポケイメノン）を指示するものの、直前で基体は実体と見なされているので、このような読み方は可能だと思われる。
（7）『形而上学』Z巻第3章 1029a26-30, etc.
（8）『形而上学』Δ巻第8章 1017b8-11.
（9）『形而上学』Δ巻第8章 1017b25-26.
（10）『形而上学』Z巻第1章 1028b2-4.
（11）『形而上学』Z巻第2章 1028b8-13.
（12）Gilson, pp. 275-281. Bennett, pp. 55-60.
（13）このような議論の文脈では、agent は「行為者」、agency は「行為者性」と訳出されることが普通である。しかし、agent が意味する内容は「行為者」よりも広く、また、ロボットやアルゴリズムの振る舞いに「行為」を帰属させること自体が問題となりうるので、ここでは中立的な「作用者」および「作用者性」をそれぞれの訳語としている。
（14）Asaro, pp. 10-12. Coeckelbergh, pp. 238-239.
（15）Moor, pp. 19-21.
（16）ムーアが（a）として挙げる例は、カタールのラクダレースの騎手として連れてこられたスーダンの少年奴隷の代わりにロボットが導入されたことにより、少年奴隷はたしかに解放されたが、スーダンの経済状況と社会状況は変化しなかった、というものである。Moor, p. 19.
（17）Anderson & Anderson, pp. 16-18.
（18）Anderson & Anderson, pp. 20-24. Asano, p. 14. Moor, pp. 20-21.

(19) Floridi & Sanders, p. 357.
(20) ソフォクレス『アンティゴネー』817.
(21) ヘロドトス『歴史』第1巻 96.
(22) カント『実践理性批判』第8節定理4。
(23) アリストテレス『ニコマコス倫理学』第3巻第1章 1109b30-34.
(24) このような含意を自律概念に期待するならば、「自動運転車は自律的である」や「自律的な兵器」という表現は奇妙なものに感じられる。
(25) 井上、24頁。

参考文献

Allen, C. Varner, G. Zinse, J. (2010). 'Prolegomena to Any Future Artificial Moral Agent'. *Journal of Experimental & Theoretical Artificial Intelligence* 12, pp. 251-261.

Anderson, M. Anderson, S. L. (2006). 'Machine Ethics: Creating an Ethical Intelligent Agent'. *AI Magazine* 28(4), pp. 15-26.

Asaro, P. M. (2006). 'What Should We Want from a Robot Ethic?' *International Review of Information Ethics* 6, pp. 10-16.

Bennett, J. A. (1984). *Study of Spinoza's Ethics*. Hackett.

Coeckelbergh, M. (2010). 'Moral Appearances: Emotions, Robots, and Human Morality'. *Ethics and Information Technology* 12, pp. 235-241.

Floridi, L. Sanders, J. W. (2004). 'On the Morality of Artificial Agents'. *Minds and Machines* 14, pp. 349-379.

Gebhardt, C. (Hrsg.) (1925). *Spinoza Opera*, Im Auftrag der Heiderlberger Akademie der Wissenchaften, Heidelberg.

Gilson, E. (1979). *Index Scolastico-Cartésien* (2e ed.). Librairie Philosophique J. Vrin, 1979.

Macherey, P. (2001) *Introduction à l'Éthique de Spinoza, La première partie: La nature des choses*. PUF.

Moor. J. H. (2006) 'The Nature, Importance, and Difficulty of Machine Ethics'. *IEEE Intelligent Systems* 21(4), pp. 18-21.

井上忠『超＝言語の探究――ことばの自閉空間を打ち破る』法蔵館、１９９２年

小林道夫「哲学史研究の意義と今後の課題」、『哲学の歴史　別巻――哲学と哲学史』中央公論新社、２００８年、45～52頁

危機（Emergency）からの横溢的回路

GENCY

第 II 部

ノイズ、カオス、リスク、乱れ

第6章

遂行的美学

大崎晴地
Osaki Haruchi

■はじめに

本論はダーウィンの性選択を通して、動物にとっての美から芸術について考察し、変化や運動とともにある美を論じる。美学は表象的なモデルと親和性が強いが、進化論美学を手がかりに、感情（快）のシステムなどの複合的な視点を含め、進化にとって美がどのような媒介変数となっているかを考察する。ロマン主義では、制度としての芸術や美学が確立される以前に、詩や批評を論じるための経験科学的な手続きがある。自己生成的な美や芸術の出現のプロセスを踏まえ、美的進化の内実に言語的にではなく物理的にアプローチし、身体運動性また動物性の美学をとおした新たな遂行的美学の可能性を提示したい。

1 美の強度性

■性選択

ダーウィンの性選択では、オスの身体装飾としての美が、異性への求愛目的で進化したと考える。人間の場合と異なり、動物の多くはメスがオスを選択し、オスが美を進化させる。オスの装飾美は求愛と同時にライバルへの競争、挑発としても機能している。環境に適応することで生き残るための自然選択か（種の保存）、自分の遺伝子を残す戦略としての性選択か（個体の保存）。これらは相互に補完する部分もあれば、背反する部分もあり、非線形に関係し合っているように思える。メスは強いオスに惹かれ、適者生存も強さの誇示としてメスに映るのだとすれば、自然選択は性選択に寄与する部分もあるだろうからだ。逆に自然選択の方が性選択のための適応とも考えられるのではないか。しかし、美を進化させることはみずからを敵に目立たせることにもなるのだから、襲われる確率も高まる。性選択は遺伝子によって先天的に決まるわけではないから、メスによる美の関心、恣意的な「気まぐれ」が関与している。[1] 適応的な努力とは別に、偶然によって左右される不確定な要素が美にはあるのだ。これを進化論の中でどのように捉えればよいのか。

そもそも動物にとって美とは何か。メスは美を質的に知覚しているのか、それとも量的に知覚しているのか。メスはたくさんのオスの誇示行動を横目に見るが、人間のような趣味、美的な判断をそこに照らして見るのは擬人化である。性選択ではこの擬人化のフィルター越しに動物を観察する解釈がともなっている。自然選択と性選択との折り合いが悪いせいもあるが、ダーウィンは求愛を目的として美が進化するという単純な視点を避けてもいた。[2] 性選択には当時の美学からの影響関係があり、進化の中に美学や芸術の起源を見る、動物から人間を貫く普遍的な美へのまなざしが関与したに違いない。だが動物にとって人間の感じる美の質感と同じようなものが成立しているのかは疑問であり、動物固有の知覚が働いていると考える方が正しいだろう。

■装飾と虚構

装飾は人間では建築の壁面からファッションへと移行する形式美としてあり、動物ではみずからの身体を性的に装飾する美として出現した。つまり、性的ファッションとして動物は進化＝多様化した。性的なものはサルの生殖器付近の無毛部分に始まり、人間においては裸出した肌の全身が性的なものとなったのである。(3) 人間の衣服は性的な全身を隠すことで、新たな身体装飾の次元を開き、無意識やエロティシズムを生んだ。四つん這いの動物は顔と肛門とが同じ高さにあるため嗅覚的なコミュニケーションであり、美は性的なものとカップリングするのに対して、二足歩行の人間のコミュニケーションは視覚が優位となる。(4) このため人間は美と性(肛門)が独立し、性的なものは想像的、深層的なものとなる。また頭脳的になることで、美の射程は抽象的な思考とも連動するようになる。

プレヴォーは動物の美的装飾が本来、有機体によるものではなく、また外部から投影されたものでもない、非有機的に作られるイメージであることを強調している。(5) この点で動物も人間も、装飾は人工的なものである点で共通する。人間の衣服はみずからを保温する機能性と、外見のファッションとしての見せかけとの中間に位置しており、着替えることが可能なのに対して、動物の場合は身体を環境に擬態させたり、異性への誇示のための身体ファッションとしての進化であり、取り替え不可能である。

美は見せかけを本質とする。みずから外部のインターフェイスとして向けられた装飾には、美の視覚的なイメージ以前に、環境の中で目立つオプティカルフロー(光学的流動)であり、一枚一枚の羽は二次元的な面をもち、角度によって強く彩度や明暗を変える。(6) 凸凹だとランダムであるため変化の効果が減少するが、平面であるがゆえに角度によって変化が増大するのである。クジャクであれば羽の柄となる球体のディスプレイを量的に知覚するか、あるいは色彩の鮮やかな鳥(イワドリやマイコドリ)であればその濃度の強さがメスによる選択のメルクマールと考えられる。その輝きの光学的流動に、見て観察するのとは異なる美の強度がある。誇示行動はそのまま人間においてはディスプレイとしてのポスターや広告に反映されており、ある種の錯覚を利用する部分もある。オオフチョウは羽を楕円状のブラックホールのような空間に仕切り、内部に鮮やかな水色の光を浮かべることで劇場空間を作り上げ、まさにこうした美の錯覚的な奥行きを通して美しい羽を維持しているのである。

このように自然は半ば動物の意図的な策略によって作り上げられた虚構を含んでいる。有機体としての進化があるだけならば自然はここまで美しくはなかったかもしれない。有機体と乖離させて美的装飾を進化させることで、第二の自然（生命）を動物は構築しているのだから、ある意味、自然における装飾美は不自然とも言える。羽はその後、体温の保存や陸の敵から身を守るための飛翔へと進化していく。機能的な器官の転換が進化論の内実である。美が機能よりも先行していたのかどうかは明らかではないが、美それ自体がすでに求愛を目的とするのなら、芸術は機能性の派生帯だったことになる。しかし、機能的な目的にそぐわない非合理的な特徴を美は併せもつのもたしかなことである。

美的であることとは、美的能力を通して形成されるのであり、第二の自然（虚構）を遂行的に形成することだ。動物の場合、そのときに複合的な意味、すなわち求愛や防衛、または競争といった目的と連動する働きにあると同時に、そこに回収されない装飾美（虚構美）を維持してきた。そこに分岐がある。人間はこの第二の自然を芸術というジャンルとして確立させた。芸術は自然を超えて人工的なものそれ自体も射程に入り、自然と似ている必要はもはや無い。ある種の虚構を洗練させることで、自然は「多」を出現させるのである。自然そのものが迷彩柄の装飾なのである。

2 美の倫理

■快と美

美は通常、視覚的なリズムなどの快に宿る。身体運動感覚の反復的なリズムに沿う感覚の快に美が位置付けられる。神経美学の領域では、美と快は同じ一つの経験なのか、それとも同一の体験の二つの側面なのかが現在でも解明できていない。(7) 快はみずからの身体に感受されるのだから、視覚や聴覚などでのリズムが身体感覚にとっての快として体験される。反復する身体的リズムと、視覚や音のリズムは不可分離であり、平均律や黄金律などの幾何学的な間隔のリズムが、ある種の規範のように美を視覚的にパターン化したと思われる。

感情はシステム論的には派生的、付帯的な働きであり、感覚的な要素単位をもたないため、複合連動系のシステムとされる。(8) カントが対象から美を独立させたように、対象から独立して快不快(美、醜)をモード化していることになる。本来、そこには対象とのカップリングがあり、美それ自体では成り立たないにもかかわらず、美は美学領域を作った。美は一般に、現実そのものと距離をおいた上ではじめて問題にできる。私たちは日頃、芸術を介さなくても日常的にも「美しい」と感じるが、それはカント的には美的判断がともなうからである。現実を二つ作ること、再制作することで現実を美学として捉えることができる。(9) このとき、美の批判(判断)がともなっているわけである。

美しいものはイメージそのものというよりも形容動詞的な快(美しさ)であり、そこで対象と切り離されずに美を感じている。判断以前に美は身近に気づきを通して感じられている。これは私の中で「美」として名詞化する以前の形容動詞としての美の世界であり、美を近傍に維持することである。ここでかりに判断力の美における批判を利己的な美、自分の外に流れていく美の感触を利他的な美と考えてみる。美を形容動詞的に実在する現実として、欲求以前の働きとしての美の流動（カップリング）がある。このような経験科学的な美に判断がともなうとき、それを自分のものにしたいという所有欲が生じるのである。これが共同性の中で敵対性を生み、イメージの略奪を生む。イメージは自分の中にあるイメージであるにもかかわらず、実体を所有していると思い込むことで嫉妬や妬みが生まれる。

■社会性と美

規範的なリズムは共同性の場所で成立することができるため、全体主義を招きやすい。だが、美を他者の異なるリズム（振動）として含めるならば、美は利他的なカップリングにも宿ることになる。障害がある人の異質な経験は、ヘレン・ケラーのようにある種の記号を通してこの世界を構築する。身体は異なっていても、この世界は同一世界にあることを別のシーケンスとともに知る。[10] ヘレン・ケラーの場合、美の媒質とは何だろうか。このような言い方は奇妙かもしれないが、触覚性のイメージと記号（手文字）との関係によって形成される共同性は、同じ実在にあるとはいえ異なる。同じ現実の不変項を特定できるとしても、美はとりわけ身体のイメージを通して生まれる媒質である。これは単に他人の数だけ異なる世界が実在するといった多様性の議論以前に、他者とのカップリングからこの世界の豊かさを知る手がかりとなる。他人の視点を通して感覚を拡張するとも言えるのである。そこに他者を介した快のレッスン、エクササイズがあり、新たな美－倫理的なシェーマがある。[11]

美の進化は、みずから敵への挑発を含み、そのことがハンディキャップでもあるため、襲われやすくもあること（退化）を先に述べたが、誇示という側面は異性にとっての違いを強調することでもあり、誘惑と驚異のアンビバレントな関係にある。つまり、異質さと求愛のシグナルとの表裏一体があるように思われる。美は求愛の目的である以上に利他的な出来事であり、それ自体で倫理的であり、動物的な進化のトレードオフとして機能している可能性がある。美が媒介することで、動物は異性との間において出会い頭に性交し繁殖することがなく、色情を抑えた形、種の異常な増大を防ぐ形になっているからだ。そこには性的な関係だけでなく社会性があり、性選択の目的以上に広い射程をもつと考えられる。美は欲動をコントロールする。美は本能に反して、性(生)を制限する働きでもある。性の抑圧、遅延効果として感情的な猶予をあたえる。この猶予が求愛以上の豊かな世界を構築していると思われる。自然淘汰に対して性選択はランダム(気まぐれ)に働き、偶然が媒介することで不確実さが増すため、美の進化は自然淘汰にとっては退化のようなところがある。

ところで、美を判断するところではすでに制作した後の美しさを捉えたもので、美しくなることと美的判断は異なる。性選択におけるオスの美の誇示の場面は、種の保存を通して美しく進化してきた事後の問題であり、そもそも動物には鏡がない。第三者の視点で客観的に自分を見るまなざしに欠けている。あるいは自分の外見をイメージすることができるのかは謎である。同じ種、または異種との距離はどのようにあるのか。そもそも自分と同種であるとわかることは親を通してであり、外見が似た動物はぬいぐるみや無機物でも同種と勘違いするだろう。鏡を前にして他と見間違えて攻撃したりする猫もいれば、鶏が赤い蛇口をとさかと見間違えて接近することもある。象の場合は自分の顔についたマークに鏡を見て鼻で触れることができ、身体イメージがあることが知られている。第三者の視点が身につくのは高度な知能をもつ哺乳類だけである。美しく生成するためには単に身体イメージがあれば可能というわけにはいかない。こうした動物たちの制作における美は快／不快によって判別して生成されると考えるのが妥当だが、異性とカップリングすることで生じる、ある種の快であり、その快の維持に遂行的イメージ[12]が関与している。

快不快は受動的なものであり、美は受動性として捉えられる。しかし、みずから積極的に快を産出し続ける行為があり、美の制作がある。マイコドリのダンスや鳴き声、振動、さらにニワシドリのあずまやの製作や、同じ色の配色をレイアウトする儀式に近い行為まで、美は外在化された制作物へと展開される[13]。人間の場合、短歌や詩などの形態は、リズムを形式とした芸術であり、また韻をふむところに美が宿っている。美はリズムに宿る。つまり形式により持続可能な「文化」となっている。リズムは映ることがあり、流行がある。人間関係において話し方や顔が似てくる相互浸透的なカップリングがある。美が表出するところでは、このリズムがさまざまな場面で起きている。これらは個体の判断以前に美的浸透のように、あたかも流行語がどこから生まれたのか、部分に限定されないように、浸透する。美は偏在するメディアのようでもある。

ダーウィンは地理的な距離によって種が分離して進化することを述べているが、距離の隔たりによって干渉しないことにより、形質が別様に進化する場面を論じていた[14]。このような障壁は、ダーウィンが家畜の飼育から種を考察していることに通じ、ある環境の制約が進化にとって重要であると考えた。進化にとっての地理的分布は、関係性の可能性の条件のようである。これは主に自然選択の議論であるが、性選択にも敷衍できるのなら、地理的に美のモードがあることになる。あるいはつがいを作る異性の遺伝的な傾向（血筋）による地理的分布である。ならば、美は普遍的なものか、個別的なものか。美は自然から乖離した第二の自然（虚構）として、作為的なイメージが投影されていることを見てきたが、人間に方言があるように動物にも「美の方言」があるのかもしれない。そのような自然に浸透した芸術があり、美的浸透した地理的分布がある。人間は文化を耕し、動物は自然を耕す。

■美の無関心性

カントが判断力批判を展開するよりも前に、美学者のエドマンド・バークはこの美を独立させて考察する視点があった。[15]ダーウィンもこの美学者との間で同時代の影響関係があるため、バークを通してカントとダーウィンは潜在的な関係にあると言えるだろう。このため美を単純に求愛目的として進化したと捉えるのでなく、それ自体として美が自律する視点をもつことになった。芸術が近代、あるいは現代に息づくのは、ある種の反省や解釈においてである。作品の回路ができるためには、ある種の経験の反省がなされ、それによって芸術作品として論じられる対象となる必要がある。これが美学であり、美の抽象である。ベンヤミンがロマン主義の詩や批評を論じるさいに、この「反省」(反省媒質)を中心にして語っている。芸術がある普遍性を保つためには、言語を媒介する必要があり、この言語媒質としての反省が前提されたのである。[16]

ダーウィンの性選択の問題も、性的な関心による美だとしても、第三者の解釈によって独自の美の自律系が類推されることで、近代的な美学の視線が関与していたことになる。しかし、美を選択する側のメスと、美を生成するオスとの間には、かりに自律的な美の双方の視点があるとしても、そこにはギャップがある。美はオスがイメージするものと、美の表出された外観とのギャップが常にともなうはずであり、それが証拠にメスの恣意的(気まぐれ)な選択圧に晒されるのである。メスに文字通り無関心に扱われる可能性が高い。オスはメスの美的選好をどのように伺い自己観察するのか、そのような第三者の視点からフィードバックループが起きて美を進化させたとは考えにくく、常に美の摩擦やズレがともなって成立するのが性選択による美の回路であるはずだ。進化は常に美を感受する側の内的働きであり、ここでメスの美的選好との間での共進化が、働きや調整のレベルで生じている。

美はオスの有機体の能力、機能化した器官の進化と異なり、カップリングによって生まれる共進化である。自然の生き物に美しい動物が多いのは、まさに異性から見た内的視点とともに進化しているからであり、逆に機能性に特化した進化の場合は自己目的的であるため、美の共進化とは異なる。美は役に立つことではなく、それ自体を目的として進化したとするのが美学である。しかし、性選択の場合、メスオス間での間接的なかかわり方に美が関与している。人間でも恋人ができた途端に容姿が変わる人がいるように、動物も性選択によってカップリングすることで美が産出されるのである。

性選択において異性への関心とともに美が進化していったとすれば、美学として独立するいわゆる美的判断においては、無関心によって美が性から切り離され、形式化した。美学は知的に独立するのであり、性的なものへの無関心である。たとえばデュシャンの「視覚的無関心」でさえカントの影響が見られる。[17] デュシャンがモチーフにエロティックな主題をもち込むのは逆説的であり、対象への関心を抑圧する美学を梃子にすることで、スキャンダルを形式的に試みていることになる。

3 ▼ 美と無視

■ロマン主義

無視することには美がある。沈黙を維持することだからである。これに対して抑圧は無意識の汚れを押さえ込むことであるから、沈黙ではあり得ないが、神経症として成り立つ芸術作品は批評とともに雄弁である。感情的なことから距離を置くことで美学が成立する。このとき、ある種の美的判断を制作とともに考えてみる。

かつてのロマン主義の詩や批評は、無限に重点が置かれたプロセスにあり、メニングハウスは無限の二重化としてシステム論的に紐解いている。[18] とりわけ言語芸術が二重化の回路として論じられるのは、言語にはシニフィアンとシニフィエの二重性が前提されているからである。この指示作用としての言語がその意味内容とパラレルに遂行するところに、詩や文学のリズムがある。性選択における美の進化も例外ではなく、そこに二重化の回路を備えている。オスの美の自律性とメスの側の選好との二重化である。[19]オスは自律的に身体装飾を進化させており、そこにはメスとの関係性が本来はない。だが、そこが無関係だからこそメスは選好するための選択肢となる。

この非関係性にロマンティシズムを読むのは読者である。ロマン主義にはそのような詩的記述に感情の余白、余韻がある。制作する行為は高速回転するコマに喩えられるだろう。回転するコマの張り詰めた静止はそれ自体美的であり、張り詰めた沈黙がある。外から触れれば跳ね返す緊張の只中にある。このとき、コマは運動することで外部を激しく無視している。性選択における美の制作はこうした緊張に喩えられるだろう。これは同じ自律性でも、美を受動的に捉える視点にはない運動学的な美の自律性である。

性選択における美には「芸術の起源」と「機能の複合性」といった二重性があり、これらは相互隠蔽の関係にあるように思える。後者を前提にすれば美はあらかじめ目的化されてしまうのに対して、前者に焦点を当てれば美は自律的な自己生成の結果であるため、あらかじめ複合性を指定することはできない。そこに物語を読むのは常に読者である。美の進化からすれば求愛の複合性はその結果にすぎない。後者はカントの美学であれば「目的なき合目的性」という命題に当てはまる。求愛目的はないが、結果、関係性が生じる。機能の複合性で抜け落ちるのは、芸術や美の出来事を合目的化してしまうことにある。美の進化の主体からすれば、そのような設定こそ美に反しており、野暮な恋愛小説ということだ。

ここにはドイツに見られる観念論の展開、フィヒテからシェリング、ヘーゲルに至る哲学の前史と同形の問題が関係してくる。フィヒテは自己を即自と対自とし、みずからを産出する運動を「事行」として考察した。[20]オートポイエーシスも自己制作であり、ドイツ観念論の「体系」とも関係しているが、産出物と産出プロセスの関係は制作者にとって自己と環境に分かれる前のプロセスであり、そのさいに固定されて進んでいく産物と制作との関係は進行形にある。このため、その途中の段階で産出物と産出プロセスの関係を分離して二重化を語ることができない。これらのプロセスは自動的に進むのであり、むしろ二重ではなく一つの事柄の二つの側面なのである。したがって生成する途上にある制作者から見た場合、複合的な意図は無視しなければならず、ここが先に相互隠蔽と述べた理由である。芸術であるためには目的化してはいけない。常に出来事化する余白が必要だからである。システムとして分岐していく場面を捉えると二重化、あるいは二重作動になるが[21]、これは複合様態ないし機能の複合性に向かう。当の美を遂行する主体においては、複合性は無視しなければならないのである。

■無視と媒質

美は快とともにあり、動きの中で生じる美を捉えるとき、そこには無関心ではなく無視がある。身体を通して美的感覚を外へと延長（美的浸透）しているのである。ここではカントの美の無関心に対して、無視することが積極的に美に関与している。無視は無感覚ではなく、ある種の気づきが働いている。運動にとっての無視は気づきである。運動のさいの注意が働いている地平に、無視の広大な知覚領域があり、大半は触覚的なものが多い。運動しながら触覚に焦点を当てていれば、思うように動けなくなる。運動は触覚的無視とともにある[22]。運動は、何かの目的のために遂行する行為でさえも、その場での行為の連鎖である。行為は快不快の差異を通して動くことが多く、たとえば重度心身障害児の子供がみずからの身体を動かすとき、気持ちいいか悪いかを感じさせる臨床場面があり、感触（感情）が先行して快不快を識別させるところから感覚を作っていく。だとすれば、本来的に美とは遂行的に感じ取られることであり、感じる以前に美は存在しないことになりはしないだろうか。ところが芸術作品は美を対象に見出すことで、永遠のものとする。

現代では芸術作品のあり方は多様であり、環境そのものにも及ぶ。つまり対象ではなく体験的なものを含んでいる。その場合、美はすでに体験されたものであり、それを記述する言葉はより経験美学的なものとなるのだろう。みずからの快を感受して行為するところに美がかかわる。自分の身体に充満する情動を感受することが美ということになる。運動にともなう積極的な無視の働きを通して次の動きの連鎖を促すのだから、運動からすればそのような美はリアルタイムに切断され、その都度生成する現在進行形の美がある。外から見た場合、行為と知覚は循環している。しかし、その視点を行為する主体は捉えることができない。この点で美は判断ではなく、行為を形成するための働きにともなう無視または切り閉じられる流れのようなもの（美的浸透圧）になる。この流れの中で関係の個体化が起きる。こうした意識現象にアプローチすることで、芸術はカタルシス的なものとなる。

エドワード・カッツは、触覚を理論化するさいに色彩の隠喩を使う。フィルム色は、手前の半透明の色味を通して奥の被写体が見える。これを触覚で置き直すと、布越しにその下にある物の質感に触れることに比較できる。触診のように皮膚を無視して内臓を感じることができる。これは触覚という感覚自体が身体の非整数次元の感度をともないながら、二次元の重なりとして、つまりは表面触とは違う空間触としての感度（深度）をともなった二次元（表面）の向こう側の三次元（物質）に触れる探索的行為である。

また何も物に触れていなくても、液体や空気の中で触覚的な感触を得ることができ、これを空間充満触と呼ぶ[23]。この場合は三次元的であり、また風や流れによる時間的なものを含むため四次元だが、ここにも媒質の流れを通して次元的な浸透がある。これらは視覚的に整数次元で割り切れるものではない。触覚は非整数次元である。視覚で見ることのイベントの持続と異なり、触覚は運動と共に能動的に触れることで感覚でき（アクティブタッチ）、水の中を泳ぐ際の空間充満触のようにその流動に相即することもできるのであり、運動競技などでは欠かすことのできない行為となる。こうした場面で、行為の環境となった媒質的触覚のレベルがあり、それは通常は触覚的に無視しており、身体の延長のようになっている。まさに非整数次元の身体を取り囲む媒質の中で、行為を通してその流れに乗るような運動性があることになる。身体性の美の感度は、焦点化される感覚以前の地平のところにあり、媒質とともにある。媒質とは空気、水、光などの透明なメディウムのことであり、抽象的な空間以前にまず媒質とかかわる行為がある。そもそも「空間」とは柔らかで貫通可能な物質（空気）のことだ。ある対象の周りを取り囲む媒質が変化すれば、その対象の変化にかかわる。こうした対象へのかかわりは身体的に快適であれば美的であり、不快さをともなえば躊躇である。

4 ▼ 現実性の出現

■次元的美

動物の色彩感覚は、眼のもっている原色の数によって見えている色が異なる。その場合、人間をはじめ多くは三色性だが、二色性もあれば四色性、五色性もあり、そのさいに多ければその分細かく見えるということではなく、色素の数が違えば人間の見ている色に翻訳することはできない。そこでヴァレラは四次元や五次元などの色素をもつ動物は、「速い－ピンク」というように指定しなければならなくなると述べている。(24) このように考えれば、人間の色相環とは異なるスペクトルをともなった動物それぞれの色相環がありそうである。色彩の実在論ではなく、それを感受する機構の構造的な色世界がありうる。その場合、速度は人間の把握できる次の次元的単位であり、たとえばある速度のときだけ出現する黄色や、遅延すると色が濃くなり世界の彩度が高くなるなど、速度に応じて生じる感覚質やマテリアルが考えられる。ほとんどの生物学では、色は三次元に置き換えられた風景だが、実際のところは運動とともに射影的、位相的な変化を被る可能性がある。

また目の位置によって世界の視界はまったく異なるのであり、魚類の場合は水面に大きな円の空が見えている。[25] 人間のように右目と左目で同じ物体を焦点化できるなら、世界は図像を正面に結ぶが、多くの動物はそれが別様である。視覚や色覚を一つとってもそのくらい違うとすれば、性選択における美の進化も、きわめて翻訳しがたい美の実在的世界があると思われる。こうした構造的視点の違いはユクスキュルをはじめ、多様性の生物学が想像させたことだが、かりに身体の器官の原型が異なれば、それを比較することが困難になる。疑似体験的に動物の視点に立つことは可能だが、それにしても人間の次元に変換することで多くの位相が抜け落ちる可能性が高い。知覚に還元できない遂行的美学がある。その場合、遂行的に出現する美（内観）と表出された美（外観）との関係はどうなっているのか。

誇示行動（ディスプレイ）と呼ばれる美の出現は、主に二次元的であり、そのことは人間の社会にも通じている。正面に二次元的に捕まえる必要がある。しかし、対象化できないイメージをもつ動物がいるとすれば、そのイメージはおよそ人間のそれとは異なり、その不変項を通して獲物を捕まえなければ、生きていくことができない。ユクスキュルが言うように、ダニの場合、三つの感覚だけで世界を生きており、記号的な点（強度）の配置だけで世界が遂行される。次元が大幅に少ないからといって、人間よりも生きにくいわけではないだろう。単眼は光の方向や強さを感知し、複眼は色彩を感知するとしても、単眼だから劣っているというわけではない。現象のない記号からは逆に強度が抽出され、ノイズがその分少ないため確実さがあると言える。またダニの美的進化の報告は聞いたことがない。ダニの美学があるとすれば、それは性選択の基準とは異なるものになるか、またはエレメント的なものだろう。ダーウィンは単細胞生物まで意識の系統を遡っているが、シェリングは無機物的なものにおける「自存性を衒う物質」の存在について議論している。[26] これは動物以前の誇示である。

こうした広い意味での身体の非整数次元をともなった現実性を、次元的なパースペクティブの違いから問い直すことで、自然、世界を構築する個別の単位として美を問題にできる。動物の美的装飾の数式も遂行的に辿ることでより深くその意図を知ることができるだろう。異性に対する求愛のメッセージはその種特有のカップリングがあり、鳥の泣き声のリズムやダンスであれば、そこにも固有の磁場が発生する。マイコドリのダンスのように三匹が交互に入れかわりながら振動し後退するのも、そのように行為するためのトポロジーを通して発生する美のテリトリー化によるものであり、身体の動き、ダンスを通して発生する現実性があると言えるだろう。(27) 身体装飾として求愛モードが常態化している動物もいるが、ある行為をともなう美の出現は、その種独特な遂行的時空を発生させ、パフォーマティブな一時的環境である。異性を前にしない誇示行動が見られることもあり、それは何のための行動なのだろうか。

このように見ていくと遊戯、美の自律性、戯れ、さまざまな単独で取り出せる美の起源が考えられ、その一部が異性への求愛行動へと進化したのだと考えることもできるかもしれない。美のリゾーム化である。いずれにしても機能とは別の仕方による迂回として美が出現している可能性があり、間接的なはたらきが美や芸術には複合している。そこで起きていることは広範な快（美）の行動として、自己制作から利他的行動、そして求愛行動に至るさまざまなレベルがある。人間は知的に美を独立させたが、動物は動くことで美を行為とともに産出する。異性とのカップリングを通して美が創発する進化から、次第に美それ自体を目的化する美学が生まれた。しかし、このような進化の変遷を後から捉えるときに、先に述べた美の遂行的次元の謎を削除して目的論化すれば、誤解が生じる。美や芸術を、目的化したリニアな進化論の歴史として捉えることはできない。そのような視点が取れないからこそ、芸術における作品とその意図、あるいは批評は常にぶつかり合う歴史となるのである。

■おわりに

本論で提示した点をまとめよう。（1）自然淘汰における適者生存に対して、性選択はランダムな気まぐれを媒介することから、機能的な進化にとっては非線形の媒介変数として関与していること、（2）芸術の起源と、性選択による求愛行動を目的とした機能の複合性とは相互隠蔽の関係にあること、（3）受動的な美の無関心性から、制作や運動にともなう無視の働きをとおした遂行的美学の可能性、（4）動物の物理的な媒質による現実性の出現に芸術や美の次元が関与していること。

性選択に見られる動物にとっての偶然性を、ある種の美的浸透の相に見ることで、美を介することによる進化の遅延の系列として美の問題を考える。そうすると単線的に環境を知覚して適応できた動物が生き残るという自然淘汰とは違う価値基準（芸術的基準）から、美の系列的な展開があることになる。この性選択を自然淘汰のトレードオフとして包摂してしまえば、本論における機能の複合性に回収されることになる。進化論であればそれでも良いかもしれない。しかし、芸術を問題にするとき、別の系列を考えることも想定できる。美は用不用の自然選択の機能性に非線形に絡んだ、単なる付帯的現実以上のものなのである。

註

（1）ヴィンフリート・メニングハウス『ダーウィン以後の美学――芸術の起源と機能の複合性』伊藤秀一訳、法政大学出版局、２０２０年。
（2）同上。
（3）同上。
（4）ヴィンフリート・メニングハウス『美の約束』伊藤秀一訳、現代思潮新社、２０１３年。
（5）ベルトラン・プレヴォー「コスミック・コスメティック――装いのコスモロジーのために」、『現代思想』２０１５年１月号（特集＝現代思想の新展開２０１５――思弁的実在論と新しい唯物論）、筧菜奈子、島村幸忠訳、青土社、１５２～１７６頁。

（6）リチャード・O・プラム『美の進化——性選択は人間と動物をどう変えたか』黒沢令子訳、白揚社、２０２０年。
（7）石津智大「神経美学の功績——神経美学はニューロトラッシュか」、『思想』２０１６年4月号（特集＝神経系人文学——イメージ研究の挑戦）、岩波書店、76～96頁。
（8）河本英夫『システム現象学——オートポイエーシスの第四領域』新曜社、２００６年、V章。
（9）ネルソン・グッドマン『芸術の言語』戸澤義夫、松永伸司訳、慶應義塾大学出版会、２０１７年、第1章。
（10）染谷昌義「ヘレン・ケラー経験はアラカワ作品をどう見せるか——ウィリアム・ジェイムズから示唆を得る」、三村尚彦、門林岳史編著『22世紀の荒川修作＋マドリン・ギンズ——天命反転する経験と身体』フィルムアート社、２０１９年。
（11）アラン・バディウ『思考する芸術——非美学への手引き』坂口周輔訳、水声社、２０２１年、第1章。バディウは現代芸術における美的倫理的シェーマを批判的に捉えており、ロマン主義の教育化、セラピー化により、前衛が後退し一般化されたアートは芸術として思考することが困難になることを述べ、非美学の視点を提示している。
（12）前掲、河本英夫『システム現象学』、１８２頁。
（13）チャールズ・ダーウィン『人間の由来 下』長谷川眞理子訳、講談社学術文庫、２０１６年。
（14）ダーウィン『種の起源（下）』八杉龍一訳、岩波文庫、１９９０年、第11～12章。
（15）小田部胤久『美学』東京大学出版会、２０２０年。
（16）ヴァルター・ベンヤミン『ドイツ・ロマン主義における芸術批評の概念』浅井健二郎訳、ちくま学芸文庫、２００１年。
（17）デュシャンからカントの美の無関心性を読み直す視点は、ティエリー・ド・デューヴ『芸術の名において——デュシャン以後のカント／デュシャンによるカント』松浦寿夫、松岡新一郎訳、青土社、２００１年を参照。
（18）ヴィンフリート・メニングハウス『無限の二重化——ロマン主義・ベンヤミン・デリダにおける絶対的自己反省理論』（新装版）伊藤秀一訳、法政大学出版局、２０１７年。
（19）前掲、メニングハウス『ダーウィン以後の美学』。
（20）ラインハルト・ラウト他編『フィヒテ全集 第7巻 イェーナ時代後期の知識学』千田義光、鈴木琢真、藤澤賢一郎訳、１９９９年、哲書房。
（21）河本英夫『メタモルフォーゼ——オートポイエーシスの核心』青土社、２００２年、第1章。
（22）河本英夫「芸術はどのような運動か」、『最新精神医学』第25巻第5号（特集＝運動と精神医学）、世論時報社、２０２０年、３９３～３９８頁。
（23）ダーヴィット・カッツ『触覚の世界——実験現象学の地平』東山篤規、岩切絹代訳、新曜社、２００３年。
（24）フランシスコ・ヴァレラ、エレノア・ロッシュ、エヴァン・トンプソン『身体化された心——仏教思想からのエナクティブ・アプローチ』田中靖夫訳、工作舎、２００１年、第9章。二色性の動物にリス、ウサギ、ツバイ、ある種の魚、猫、新世界猿、四色性の動物に金魚のように水面近くを泳ぐ魚、ハト、カモ、五色性の可能性に昼行性の鳥を挙げている。
（25）Gordon Lynn Walls "The Vertebrate Eye" HAFNER PUBLISHING COMPANY. 1963.
（26）シェリング『近世哲学史講義』細谷貞雄訳、福村出版、１９７４年。
（27）リチャード・O・プラム『美の進化——性選択は人間と動物をどう変えたか』黒沢令子訳、白揚社、２０２０年。エリザベス・グロス『カオス・領土・芸術——ドゥルーズと大地のフレーミング』檜垣立哉監訳、小倉拓也、佐古仁志、瀧本裕美子訳、法政大学出版局、２０２０年。

第7章 Lücke──歴史の隙間

畑 一成
Hata Kazunari

1 はじめに

ゲーテのドイツ語は、教科書に載るほど明快である。現代のドイツ人は、ゲーテの小説や劇作を読みながら、ドイツ語を修得している。当然、文法において正確であり、表現において洗練されている。しかし、彼の言葉や文章が常に明解だとは言えない。むしろ、それぞれの単語や言い回しに、皮肉や遊び心を加え、複数の意味をもたせていることがある。書かれている表現自体は、平明なのだが、それを素直に受け取ってよいのか、あるいはその裏に何か隠されているのか、解釈に迷うことがある。

そのゲーテの文章の中で最も明快でいて謎めいた表現が『色彩について』の緒言にある。「学の歴史は学そのものである」(1)という一文である。ゲーテの科学的著書『色彩について』は、三篇から成り立っており、その一つに歴史編と呼ばれる「色彩論の歴史についての資料」がある。ゲーテは、この歴史編に言及する文脈の中、先の一文を書いている。書かれている文章自体は、単純であり理解しやすい。しかし、こめられた意義や意図、あるいはその文が触れている事柄は、容易なものではない。

ゲーテが生きた時代には、ヴィンケルマン(Johann Joachim Winckelmann, 1717-1768)やヘーゲル(Georg

Wilhelm Friedrich Hegel, 1770–1831）らがおり、古代から近代までの学術の歴史を考察する活動がさまざまあった。神聖ローマ帝国が衰退し、革命への機運が醸成され、立ち昇り、霧散する時代において、歴史を問うことは必然であったと言える。ある者は終焉や没落を問い、別の者は古代への原点回帰やそこからの螺旋的展開を問う。ゲーテにおいても、歴史や歴史性を問うことは、時代が要請する自然な流れであったと言えるのだが、同時にその流れに抵抗するものであった。

歴史編におけるゲーテの語り口は、少し異様な感触をあたえる。他の歴史家たちの記述と比較するとそう思える。ゲーテの描き方は、歴史の合理的な再構成でもなければ、体系的な歴史の発展を物語るものでもなく、歴史の展開を実証的に論述するものでもない。それらの要素がまったくないわけではないが、それらに焦点が合わされているとは思えない。正統な学説とその進歩的展開だけではなく、誤った学説や歴史の後退なども描かれており、すべてをありのままに提示し、清濁併せ呑んだものになっている。ゲーテ自身は、「解釈ではなく、オリジナル」[2]を提供し、著者自身に語らせる方法を採っていると説明している。

ゲーテは、『ヴィルヘルム・マイスターの修業時代』という小説を著し、教養小説とも呼ばれる形成の過程を描いている。科学的研究においては、変容する動植物のメタモルフォーゼ論を説いている。形成やメタモルフォーゼを主題にしていたゲーテが、どのように歴史を考察するのか、また通俗的に「眼の人」と解されるゲーテが、過ぎ去り、眼には見えなくなった歴史をどのように取り扱うのかは、ゲーテ研究において根本的な問題であると言える。さらにゲーテは、自身の色彩論を『ファウスト』と同等に、あるいはそれ以上に重要視していた。そのことの意味は、おそらくゲーテの歴史を取り扱う仕方の解明なくしては理解しえない。『ファウスト』は、歴史の中に位置づけられる物語というよりは、歴史という体系からはずれ、自ら歴史を形成していくような神話である。

そうした運動体の勢威をとらえ、ゲーテの色彩論やファウストが形作ろうとしているものを見通すことが、ゲーテ的なものの未来を示すものとなる。本論では、「学の歴史は学そのものである」という言明が含意するものを明らかにするかわきりとして、その一端である「記憶の座」について論じたい。何が歴史を担っているのか、あるいはより正確に言うと、何が運動体としての歴史の勢威を形作っているのかを瞥見したい。

2 断片と円環

廃墟となってしまった古代文明への憧憬を抱いていたロマン主義者たちにとって、歴史は最も重要な主題であった。フリードリヒ・シュレーゲル(Friedrich Schlegel, 1772–1829)は、古代ギリシャの芸術史を考察したヴィンケルマンを手本に、古代ギリシャの文学史を書き表そうとしていた。

ヴィンケルマンは、古代を全体として考察することを教えてくれ、どのように芸術がその形成の歴史を通じて基礎づけられるべきかという初めての例をあたえてくれた(3)。

ヴィンケルマンへの評価を述べる中、断片的にしか残されていない古代の遺物を「形成 Bildung」を通じて再構成する手法が称えられている。ただ単にばらばらになった歴史上の出来事を年代順に並べ直すのではなく、個々の事象の形成の過程を編纂する中で、対象を考察することが必要だとシュレーゲルには感じられていた。生まれたときから断片的であるロマン主義文学において、断片化とは古代を再現する文学的な実験であり、形成とは古代と近代を結ぶ紐帯であった。

このヴィンケルマンへの言及のさいに、シュレーゲルは、哲学とポエジーとの紐帯も考察している。哲学もポエジーも「人間の最も高次の力」であるとされ、両者の相互作用を通じて、「ポエジーの十全な歴史」が可能になると示唆されている。フランス革命のほか、フィヒテの知識学とゲーテのヴィルヘルム・マイスターが時代の趨勢だと定めたロマン主義者にとって、哲学とポエジーとの接近は、理性的で自由な自我の実現という目的のために不可欠であった。だがそれだけではなく、断片化された古代と近代文学の形成的結合のためにも欠かすことのできないものであった。アルプスという峻厳で崇高な山々を超えた先に、廃墟となり、断片化された古代の遺物が見えるように、哲学とポエジーの先には歴史が見えていた。

後年、シュレーゲルは、哲学とポエジーと歴史との交差について次のように述べている。

シモニデスが、ポエジーは語りかける絵画であり、絵画は沈黙したポエジーであると述べたように、歴史とは生成する哲学であり、哲学とは十全な歴史であると言えるだろう。(4)

古代ギリシャの抒情詩人であり、哲学が誕生する以前の知者としても知られるシモニデスが語った詩と絵画とのつながりを挙げながら、シュレーゲルは、歴史と哲学の関係を「生成」や「十全」といった言葉で表現している。それぞれ、以前に語られていた「形成」や「断片」に対応する言葉となっている。この引用の中で、哲学を中心にした学的な方法を用いて、断片化してしまった歴史的事象を解き明かすことが示唆されており、それによりある一瞬を切り取った絵画の中に、沈黙したポエジーを呼び起こし、雄弁に歴史を語る絵画への形成が述べられている。

それぞれの時代を写し取った鏡のかけらを向かい合わせ、その間に詩的な反省を差しはさむ。(5)そうして語られた歴史に時間はない。あるいは、過去や未来といった通俗的な時間を想定する必要はない。断片となったものから歴史を再構成する場合、別の断片や情景、場面への移行に、何かしら任意の順序を設定できるものの、特定の順番に従うものでなくてもよい。近代も古代も同じ平面の上にあり、古代から直接近代へと、あるいは近代から古代へと恣意的に行き交うこともできる。単純化してしまえば、特定の向きのない円環の歴史性を形成している。そのさいの記憶の座は、断片に定められている。断片こそが、歴史の現物であり、それら実物のかけらを哲学とポエジーの構想力がつなげていく。

円環という歴史を想定することから、最も古い過去は現在の真後ろに来ることになる。過去の歴史が進んだ先には、常に真新しい現在があり、過去が自分の出発点へと回帰するとき、その最も古い過去は、現在の生成の瞬間の傍らにいることになる。それゆえ、自らの始原への還流において、古代は最も近しい過去となる。古代ギリシャを自らの原点だとし、そこから歴史を開始させようとするのは、円環の歴史の特徴である。

シュレーゲルは、一方で有機体モデルの生成や形成といったものをもち出し、他方で十全性という言葉で表される体系を想定しており、カント(Immanuel Kant, 1724–1804)やフィヒテ(Johann Gottlieb Fichte, 1762–1814)の哲学が念頭に置かれているのがうかがえる。カントの『判断力批判』で描かれるような有機体は、目的論を通じて体系化される。愛や死、信仰、廃墟といったロマン主義的な主題は、無限な想いの向かう先であり、体系哲学における目的である。シュレーゲルが思い描くような歴史は、一見放漫なものに思えるが、実際にはよく整った姿を現す。

3 波と目的

シュレーゲルに限らず、歴史に関する目的論的体系は、「自由」や「良識」、「理性」を主題にして論じられるのが当時の趨勢であった。ヒューム（David Hume, 1711–1776）は、『イングランド史』において政治だけではなく、学術の分野も扱い、実現されるべき自由を、文化の体系においても見いだそうとした。ヴォルテール（Voltaire, 1694–1778）は、「歴史哲学」を考察したさい、そのヒュームを手本にしながら、国家や党派性を超えた哲学者によって編纂される歴史を称揚していた。啓蒙主義を背景に、聖書から離れ、良識と経験、あるいは理性と自然をもって歴史を考察することが求められた。カントにもこの流れは引き継がれており、彼の初期の著作は、地質や太陽に関する自然誌、つまり自然の歴史についてであり、『純粋理性批判』においては「純粋理性の歴史」(6)が主題であった。

自由や理性を主題にしながら、最も完備された目的論的体系を描いたのがヘーゲルである。彼は、歴史を「精神の現実的生成」(7)の過程と見ていた。世界史において地理的に分割された諸世界は、オリエントから古代ギリシャと古代ローマを経て、ゲルマン世界へと至る。それぞれの世界において国家は、独裁や君主制などさまざまな政治形態をとりながら、ついにはフランス革命へと至る。その展開の過程において、国家や政治だけではなく、学術や宗教も織り込まれて、全体として理念が形成されていく。その理念とは「自由」のことであり、それが自我と法の根本原理となる。それゆえ自由は、「精神の唯一の目的」(8)であると言われる。

前進する、あるいは進歩する歴史が描かれており、それ自体は啓蒙主義の企てに従ったものに他ならない。ヘーゲルは、支配者のみが自由であるオリエントから、限られた市民だけが自由である古代ギリシャを経て、万人が自由になるゲルマン世界の到来を述べている。この側面において、始原としての古代世界は、不自由で野蛮な世界として描かれており、その未熟さは、高度な自由が達成された現在の視点から説明される。暗黒時代は、血を流しながらも現在の光を得るための、ある種、必要悪な歴史的階梯であったということになる。それぞれの時代の人々が見たものとは別に、現在の視点から過去を振り返り、一条の光を投げかけ、その反射によって見える風景を合理的かつ合目的的に再構成している。

目的論的な発展の歴史は、目的が果たされた後、霧散する。神的な位階を設けるか、振出しに戻るか、終焉を迎えるかしなければ、その進歩の歴史は体系化されない。ヘーゲルは、ゲーテの植物のメタモルフォーゼを手掛かりの一つにしながら、歴史の有機的な生長を考えていた。そのゲーテの植物研究を下地に、ヘーゲルの歴史を植物の螺旋的生長として捉えることもできるが、ヘーゲルが原型ではなく、目的を究極的なものとして設定したことから、彼が表現する歴史はむしろ円環にとどまっている。

ヘーゲルにおける歴史の因子や行為主は、同じ圏域をぐるりと一周しても、それ自体は他の段階へと移動しない。オリエントや古代ギリシャ、ゲルマン世界の人々は、地理的に固定されており、特定の地域で各々自分たちの組織や生活を営むだけである。移動するのは自由という理念だけである。実在の社会はそれぞれの圏域を形成し、同じ場所にとどまるが、理念はそれら社会の表面を滑り、越境していく。それぞれの世界は、何を担い、何を他の世界へ渡しているのかを知る由もない。こうした運動は、螺旋的な植物の生長ではなく、波の動きに近い。

波の伝播において、水自体は移動しない。移動するのは力、あるいは波という運動そのものである。水は、波という運動が押し寄せてきたとき、円を描くように動かされるが、それ自体はその小さな円環を超え出て移動しない。運動の中で水は、まず上昇し、押し出され、下降し、引き寄せられる。寄せてくる波の圧力で、水は押し上げられ、波が伝わる方向へと押し出される。そして、波が去るときに水は引き下げられ、元あった場所へと引き寄せられる。それが隣の水へと伝播していき、同じ動きが繰り返されていく。その円環が連なり、見かけ上、水が移動しているように見えるが、あるのは運動の連鎖であり、水自体は移動しない。

水と波は不可分でありながら、それぞれ動きが分かれており、二重化されている。ヘーゲルが描く歴史においても、個々の弁証法的な段階は、固有の円環的動きを見せ、それが同時に波を形成し、そうして発生した波が見かけ上、理念的なものの発展として捉えられる。こうした歴史の諸段階には、上昇と下降、押し出されることと引き寄せられることが不可避的に付きまとうことになる。波が過ぎれば、歴史は終焉し、振出しに戻る。伝播する運動だけが、あたかも神的な位階のように前進する理念として映る。

運動そのものを目的だとし、それを伝える媒体を単なる手段とすると、媒体と指定されたものは考察すべき対象ではなくなり、記憶の座から降ろされてしまう。最初に戻り、終焉を迎えてしまうと、その媒体の記憶は消されてしまう。そうであるなら、媒体にとって時間は、常に必要不可欠なものだとは言えない。個々の古代世界そのものには、展開などなく、同じ体制を維持するだけになり、次の展開は、場所を変えることによって進められる。そして、記憶の座は、目的の方に設定され、それを通じて歴史が編纂される。それゆえ、ヴォルテールがヒュームを称えた理由にある通り、自由の獲得を経てはじめて歴史が可能になる。

4 ▼ 失われた世界史

世界史を波に譬えたのはシラー（Friedrich Schiller, 1759–1805）であった。彼は、世界そのものは途切れることのない流れのようだが、世界史はそこかしこで生まれては消えるだけの「波」[9]のようだと述べていた。ゲーテの盟友でもあったシラーは、文学者として有名であるが、イェーナ大学には歴史学の教授として招聘されている。彼は、他の哲学者と同様に啓蒙主義時代の主題である「理性の歴史」[10]を中心に据え、カントの歴史に関する著作を読んでからは、歴史哲学の方法を取り入れ、目的論的な歴史を構想していた。その自由という大きな歴史の目標を置きながらも、シラーはイェーナ大学教授就任講義で、失われてしまった世界史について着目している。

こうした数え切れないほど多くの出来事が、証人や目撃者も見いだせず、あるいはいかなる記号によっても保存されなかった。それには、人類そのものや記号の発明に先行するものすべてが含まれている。あらゆる歴史の資料は伝統であり、伝統の器官は言語である。〈言語以前〉の時代全体は、それが〈世界〉に対して大きな影響をあたえたのだとしても、〈世界史〉にとっては失われてしまっているのである。[11]

全能な神でもない人間には、歴史におけるすべての因果関係を知り尽くすことはできない。太古の出来事すべてについて、遺物や証人が見いだせるわけではない。歴史を伝える重要な方法である言語も、それが成立する以前では、世界史にとって失われているという。シラーは、この引用の後、口伝えの歴史の不確かさについて言及し、さらに文字資料であっても多くは、破壊や紛失などで断片化され、世界史にとって失われてしまったと述べている。そして、「何が、そしてどれくらいの歴史的資料が普遍史に属するのか」[12]と課題を提起している。

シラーは、歴史が学として成立するならば、何が参照されるべき史料なのか、またどれほどの史料が残されているのかを吟味しようとしている。そして、よどみなく流れる世界の傍らで、世界史は、一つ、二つと継起するだけのそぞろな波のようだと述べている。そうしたそこかしこの波を一つの流れに再構成するのが、哲学的思考であり、「類推」[13]という修辞学的方法であると論じている。

口伝えによる伝統や伝承、伝説といったものは、信頼に足るものとは見なされず、文字資料でさえ散逸してしまうことで、学としての歴史の資料にはおよばないと言われる。しかし、シラーは、そうした不確かで断片化された史料を単純に打ち捨てるのではなく、むしろ、あらゆる歴史の源泉は伝統であると言明し、それらを哲学と修辞学の手法でもって編纂しようとする。

シラーの『ヴィルヘルム・テル』は、歴史書ではなく、歴史的題材を扱った戯曲でしかないが、失われた世界史を掬い取ろうとするシラーの試みが垣間見られる作品となっている。シラーにとって最後の戯曲となるこの作品は、14世紀ごろのスイスの伝説的英雄を扱った作品である。先のシラーの疑義に従えば、学としての歴史を構成するには不十分と見なされる史料を基に制作されている。

スイスを訪れたことがないシラーは、テルに関する物語をゲーテから聞き知ることになる。その後シラーは、チューディ（Aegidius Tschudi, 1505–1572）の『スイス年代記』などを取り寄せ、テルに関する歴史研究を行う。テルの活躍した時代を14世紀初頭と記述したチューディの年代記自体は、16世紀中頃に書かれており、同時代の証言とはなっていない。さまざまな伝説や逸話が錯綜し、実在したのかさえ不確かなテルという人物は、シラーにとって本来世界史からは失われている存在である。それにもかかわらず、あるいはそれゆえにシラーはこの人物に興味をひかれ、研究と創作が一体となったような制作行為に没頭している。

文学的想像力を使い、各種伝承や逸話を類推でもって再構築するというのは、わかりやすい説明だが、当てられるべき焦点は、そうした方法論ではなく、対象そのもの、つまり記憶の座である。歴史学の教授として歴史資料の精査を主張していたシラーは、何が世界史を記録するものとなるのかを問うていた。そのさい、彼の視線は、明証的な歴史資料に対してだけでなく、失われてしまっているものに対しても向けられていた。

そして、世界史を構成する小さな波というより、波としてさえ浮かび上がってこない人物に対して、シラーは記憶の形態をあたえようとしていた。テルは、ハプスブルク家の支配に抵抗し、スイスの民衆の解放と自由を目指した英雄的人物であり、啓蒙主義の目的に合致する格好の題材であった。しかしながら、それはスイスの民衆にとっての英雄でしかなく、地域史にとって伝承として語り継がれる人物だとしても、本来、世界史にとって欄外注記にも値しない存在である。シラーは、フランス革命よりもおよそ500年も前の人物を掬い上げ、啓蒙主義的な舞台をこの遠く離れた人物に重ね合わせている。そして、その遠くの小さな流れを現代の大きな流れへと引き入れようとしている。

こうした重ね合わせという類推の手法を説明する文脈で、シラーは次のように述べている。

世界史は断片の集合にほかならず、学という名に値しないものとなるだろう。そこで、哲学的悟性が助けとなり、それら断片を人工的に連結することで、その集合を体系へと、理性的に連関する全体へと押し上げるのだ。その信ぴょう性は、自然法則と人間の心との不変な同一性にある。その同一性が、遠く離れた古代の出来事を、似たような外的状況が成立することで、現代の時間の流れへと還流させる原因となるのである。(14)

単なる断片の堆積ではなく、理性的に連関する体系への編纂が目指されている。それはカントに倣ったものであり、シュレーゲルやヘーゲルと共通する方向性である。古代の事象を現代のものと重ね合わせる根拠について、シラーは、自然法則と人間の心との同一性を挙げている。ニュートンが描いた自然誌を、カントは理性の歴史において転写しようとしたのだが、シラーもそれを受け継ぎ、自然科学的な法則を世界史に結びつけようとする。しかし、自然法則と人間の諸能力との同等性という主張は、特段根拠があるわけでもなく、単に比喩でしかない。

類推に類推を重ねるようにして学的考察を進めようとするのだが、シラーが言う自然法則との類推は、天文学というより、波や流れといった流体に関する法則が想定されている。その流れの法則は、明確な波の形で隣のものへと伝播していくというより、表面の波の下にある流れが、別の流れへと還流していく様子をとらえようとするものである。シラーが問うていたものは、失われてしまった世界史であり、掬い取ったのは、ひっそりとした深海の流れに漂う形姿である。

5 隙間と乱れ

ゲーテは、「色彩論の歴史についての資料」において、失われた世界史について次のように語っている。

歴史研究者にとって最も魅力的なのは、歴史と伝説との境目である。たいていそれが伝承全体の頂点となっている。よく知られた既成物から未知のものを生み出す必要性に迫られたとき、これまで知られていなかった教養ある人物とその人の形成の歴史を調べ上げるよりも、その人と知り合い、その人の歴史を思い浮かべるときのように快感を覚える。(15)

歴史と伝説との境界にこそ、歴史家を最も魅了するものがあるとゲーテは言う。その境界に立ちながら、未知のものを生み出そうとすることは、まるである傑物と知り合い、その人が辿った道に思いをはせるときのように、歴史家にとって魅惑的なものだと言う。未知なる生成に、あるいは世界史の失われてしまった片側に、最上のものがあると示唆されている。

このシラーも考察していた歴史と伝統との関係を、ゲーテは「色彩論の歴史についての資料」の第三部「中間時代」の中の「隙間 Lücke」という節で論じている。そこで歴史と伝説との間隙、あるいは古代と近代との中間時代の重要性を説いている。この時代は「静止した暗黒時代」[16]とも呼ばれ、世界史にとって失われた時代であると見なされるが、ゲーテは、それが不当な評価であり、むしろその暗黒時代がもつ力動性が重要であると論じている。

こうした考察の中で、彼は、時代と時代との隙間に視線を向け、そこで見いだされる歴史性を考察している。その隙間で、計りうるものと計りえないもの、法則と偶然、あるいは個人と伝承といったものが対立し、揺れ動いていると論じられている。

この節においてゲーテは、シラーと違い、歴史哲学的な手法に疑問を投げかけている。

あらゆる言葉の伝承というものには、疑わしさが残ることから、言葉ではなく精神を拠り所にしなければならないと言われる。しかし、精神は言葉を形骸化させがちである。あるいは、言葉のもともとの様式や意味をほとんど残さないほど変えてしまいがちである。[17]

言葉は、事象のすべてを写し取ることはできず、また紛失などにより断片化されることもあることから、それだけに頼り切ることはできない。そこで、精神の働きでもってそれら言葉とその意味を再構成する方法も考えられるが、ある一定の目的を定めるような精神の能力に頼りすぎると、言葉の方がないがしろにされ、元の史料が恣意的に変更させられてしまうことになる。間隙を埋め、歴史を体系化させる哲学的思考、類推といったシラーが重要視していた方法論に対して、距離が置かれている。そうするのではなく、矛盾や境界といったものを消さず、それを対立させ、揺れ動くままにさせる。

それは、まさにゲーテが「ある精神性豊かな一語による意義深い奨励」という論文で述べた「対象的思考」あるいは「対象的詩作」といったものに近い。

ある偉大なモチーフ、伝説、太古の歴史的言い伝えなどは、40年、50年と長い間生き生きと、そしてありありと私の内面にとどまり、私にとても強い印象をあたえた。そのような貴重な形象が、本質的には変わることがなく、しかし常に形態を変遷させ、純粋な形式や決定的な表現といったものに逆らうように成熟していったことで、そうした形象を想像力の中で、度々新しく見ることができ、それは私にとって最も美しい所有物だと思えた。(18)

ゲーテは、さまざまな伝説や伝承をもとに、『ファウスト』などの作品を描いている。ファウストは、15世紀後半から16世紀前半に活躍した錬金術師、あるいは魔術師であったと伝えられており、不可思議な由来や伝説がさまざま重なり合うことで、彼の生誕から死までにいくつもの逸話が残されている。彼は、いわば史実と伝説が錯綜し合う境界の人物である。

そうしたファウストなどの伝説との向き合い方について、ゲーテは、対象的詩作という言葉で説明している。歴史と伝承との狭間にいるものは、純化されることなく、最終的な形態をあたえられることなく、常に新しく変遷していくと言われる。それは、何かしらの目的に沿うものでもなく、むしろ体系化に逆らうようにして形成されることから、精神の過度な介入を拒むものである。そうしたものは、本質が変えられることがないが、形態を変化させ続け、徐々に成熟していくと言われる。一方で同一性の原理を保持し、他方で発展の原理を広げている。ゲーテは、こうした矛盾の谷間に歴史的な形姿を見ている。

ゲーテは、シラーと同じく、伝説的人物を記憶の担い手だと指定している。だが、そこで浮かび上がる形態は、シラーのものと違い、目的に逆らい、体系からはみ出てしまうものである。ファウストは、魔術を扱い、悪魔と取引をするような者であり、啓蒙主義の理想からはかけ離れている。理性と迷信との境にいて、暗黒時代と近代との縁に存在しているような人物である。

この隙間の領域にいるからこそ、ファウストは、目的や体系といったものから逃れている。語られる人物は、大きな歴史の流れのただ中にいて、歴史や伝説の中であたえられた定型を保存するのではなく、あいまいな狭間にいて、メタモルフォーゼの途上にあるとされる。その史実と伝説との中間領域そのものが、形姿を揺り動かすと同時に形作っている。それゆえ、ゲーテの場合、人物だけではなく、境界そのものが記憶の座であると示唆される。

ゲーテは、自身の色彩論でもそうした境界について考察している。彼の考えによると、色彩は、光と闇の境界に現れる。純粋な光や闇だけからは、色彩は生まれず、プリズムを覗いて周囲を見たときのように、明るい面と暗い面との狭間に色彩が現れる。その境界において、相反するもの同士が領域争いを行うように、光と闇とが錯綜し、入り乱れ、そして色彩が生成する。

このことをゲーテは、「乱れ Verrückung」(19)という言葉で表現している。ゲーテ色彩論において、ひときわ目を引くあいまいな表現である。光と闇を混ぜようとしても、薄暗さしか残らないように、色彩は、光と闇の単なる混合ではない。光と闇の境界に起こる乱れが、思いがけなく鮮やかな色彩を生む。この乱れが、色彩を成立させる場となっており、色彩に運動を伝える源泉となっている。乱れにおいて、光と闇は直接的な力の行使ができなくなり、ある種の記憶としてでしか存在し得なくなっている。記憶に変容してしまった光と闇が、鮮烈な色彩の周囲に隠れており、それが運動体としての色彩に伝わる。光と闇の境界にある乱れが、独自の領域を形成しており、それが色彩にとっていわば記憶の媒体となっている。

6 おわりに

ゲーテが生きた時代に、多くの歴史哲学や歴史記述に関する考察がなされた。シュレーゲルにおいて、円環の歴史が想定され、歴史の端と端が結ばれるように、現在の真後ろに古代が置かれ、両時代においてそれぞれの記憶の断片が互いを映し出すように描かれている。ヘーゲルにおいて、歴史哲学は、より系統化されたものに仕上げられ、目的論的体系が隙間なく打ち立てられた。それぞれの時代と地域は、自分たちの国家体制と文化を営み、円環を描いているが、自由という理念だけが、波のように各時代の円環の上を滑っていく。シラーは、大きな歴史の流れからはこぼれ落ちてしまった伝承や伝統を掬い上げようとした。自由を目指すという理念自体は保持されているものの、世界史からは失われてしまっていた辺境の人物に視線が向けられた。

ゲーテは、哲学的な歴史に疑問を呈し、体系的な時代の狭間にある乱れをとり上げている。彼は、自身の色彩論の歴史編において「隙間」という節を設け、そこで歴史と伝説の境界について論じていた。隙間というのは、単なる空白のことではなく、そこでさまざまな形姿や事象が交錯する乱れそのものである。その乱れは、歴史そのものにとっては、雑多な混乱にしか見えず、暗黒時代にしか思えない。しかし、そこにおいて運動体としての記憶が、色彩のように、歴史の勢威そのものを形成している。

世界史から見ると取るに足らなく、正統な歴史の中に編纂されず、人々の中だけで伝説として語り継がれるだけの形姿がある。そうした行き場を失った人物や事象は、消えもせず、どこへ行くのか。それは、記憶になる。あるいは、運動体にとっての履歴効果となり、歴史の動向と勢いを揺り動かし続けている。

「学の歴史は学そのものである」というゲーテの言葉には、歴史が単なる学的分析の対象であることではなく、学そのものが揺れ動きながら少しずつ自己を形成しているように、歴史も見知らぬ領域へ入り込み、かく乱されながらも生成していることが含意されている。史実や伝説から解き放たれてはじめて形姿は運動体となるように、乱れる隙間において記憶は、歴史を形作る力となる。そのあいまいだが実り豊かな中間領域に、色彩とファウストと学の歴史がある。

註

（1）J. W. v. Goethe: Goethes Werke. Herausgegeben im Auftrage der Großherzogin Sophie von Sachsen, H. Böhlau, Weimar, Abtlg. II, Bd. 1, 1890, S. 15.
（2）Ebenda, Bd. 3, S. 11.
（3）F. Schlegel: Kritische Friedrich-Schlegel-Ausgabe. Herausgegeben von E. Behler unter Mitwirkung von J.-J. Anstett und H. Eichner, Schöningh, Paderborn, Abtlg. 1, Bd. 2, 1975, S. 302.
（4）Ebenda, S. 221.
（5）Vgl. ebenda, S. 182f.
（6）『純粋理性批判』、「第二部超越論的方法論」の第四章の表題。
（7）G. W. F. Hegel: Werke in zwanzig Bänden. Theorie-Werkausgabe. Auf der Grundlage der Werke von 1832-1845 neu edierte Ausgabe, E. Moldenhauer, K. M. Michel (Hrsg.), Frankfurt a.M., Bd. 12, 1986, S. 540.
（8）Ebenda, S. 33.

(9) F. Schiller: Sämtliche Werke. Auf Grund der Originaldrucke herausgegeben von G. Fricke und H. G. Göpfert in Verbindung mit H. Stubenrauch. Hanser, München, Bd. 4, 1962, S. 763.
(10) Ebenda, Bd. 5, S. 336.
(11) Ebenda, Bd. 4, S. 761.
(12) Ebenda, S. 762.
(13) Ebenda, S. 764.
(14) Ebenda, S. 763.
(15) J. W. v. Goethe: Goethes Werke. Herausgegeben im Auftrage der Großherzogin Sophie von Sachsen. H. Böhlau. Weimar. Abtlg. II. Bd. 3. 1890, S. 132.
(16) Ebenda, S. 131.
(17) Ebenda, S. 136.
(18) Ebenda, Bd. 11, S. 60.
(19) Ebenda, Bd. 1, S. 79.

第8章

スマホ依存の哲学

テクノロジーへの逃避

岩崎 大
Iwasaki Dai

1 ポケモン狂想曲

筆者がポケモンGOをインストールしたのは、2018年の夏、話題になった2016年のリリースから2年後のことだった。はじめてスマートフォンを購入した友人に操作や設定を教え、双方の念願だったLINEの開設などをした流れで、冗談のつもりでポケモンGOを薦めてみた。筆者も友人も、いわゆるポケモン世代でもなければ、普段からゲームをすることもなかった。ブームの去ったゲームアプリをするはずもないと思ったのだが、慣れないスマホ操作に疲労困憊し、思考停止状態だった友人は、言われた通りインストールしてしまった。ゲームを進めているうちに少し理性を取り戻した友人は、このアプリが他のプレイヤー（正式にはポケモントレーナー）と連動することを知り、私にもプレイを要求してきた。こうして悲劇が始まった。

世界累計10億ダウンロードを超えるポケモンGOは、リリースから5年以上経過しても進化を続けている。GPSと地図情報を利用して歩きながらポケモンを捕獲するというシンプルなゲームではあるが、アップデートを重ねるごとに、ポケモンの種類が増えるのみならず、周辺のプレイヤーと協力して強敵を倒す「レイドバトル」、特定の指令を達成して報酬をもらえる「リサーチタスク」、友人とのポケモンやアイテムの交換、他プレイヤーとポケモンを戦わせる「GOバトルリーグ」、ARを用いてポケモンと一緒に写真が取れる「GOスナップショット」などの機能が追加されている。

筆者と友人がプレイを始めたのは偶然にも変革期直後の第二次ブームであった。筆者の率直な印象は「強制お散歩アプリ」である。外に出て「ポケ活」をしない日が一日でもあると、XP（トレーナーレベルを上げるための経験値）の獲得や、期間限定イベントの達成に支障が出る。現にポケモンGOが散歩を誘発することで健康効果が認められたとか、引きこもりが外に出るようになったとか、地域活性化に貢献したといったデータや論文も数多い。実際に筆者も毎日、二駅手前で電車を降り、夜の散歩をしながら帰宅していたので、体重が減り筋肉量が増えた。さらにモンスターボールなどのアイテムが獲得できる「ポケストップ」は、実際の地図と連動した名称をもっているため、歩いた街の寺社仏閣や施設、パブリックアートなどの存在を知る機会にもなった。

ポケモンの捕獲やバトルのさい、基本的に手先の器用さや反射神経は必要ない。このゲームで「上手さ」は問われない。時間と手間、そして課金さえあれば、できないことはない。ゲーム性のなさは通常は欠点とされるが、これこそが、飽きずに長期間プレイできることと、年配のプレイヤーを巻き込むことを可能にした要因でもある。リリース直後のブームを支えたポケモン世代の若者たちが他のゲームに移行する中、30代から50代の大人たちは引き続き徒党を組んでレイドバトルに励んでいる。

自分でもなぜここまでハマってしまったのか、理解できない。特別な条件で参加可能なイベントのチケットが手に入れば、昼休みを調整して10分のバトルのためだけに有料の公園に入場したし、「コイキング」を大量に捕まえるタスクがあたえられたときには、職場から自宅とは逆方向の電車に乗り、出現可能性が高い川沿いを上流から3時間かけて歩いて帰った。友人は早々にリタイアしているし、コレクションを誰かに自慢したいわけでもない。ずっと「バカらしい、こんなこともうやめたい」と思いながら、ポケモン狂想曲はいまだに続いている。

2 依存を目論むスマホ

「スマホ依存」とは一般的に、スマホが手放せず、使用できないと不安になり、よくないとわかっていてもやめられない状態を指し、スマホユーザーの過半数がスマホ依存を自認している。(1) スマホ依存はアルコールやドラッグのような病的な依存症ではない。そして、スマホ依存が日常生活に支障をきたすとしても、スマホを使用させないわけにはいかない。なぜなら現代においてスマホがないことは日常生活に支障をきたすからである。スマホは携帯電話としてのみならず、社会・経済インフラとして、命にかかわる防犯や防災情報から、即時の情報共有と意思決定を行うビジネスツールまで、生活に欠かせないものになってきている。そしてＳＮＳは電話やメールに代わるコミュニケーションの基本手段となり、人同士をつなぐ力は民主化革命すら引き起こした。それは、現代においてスマホをもたないことは、社会性構築の上で致命的な欠陥になりうるということでもある。

スマホ依存の内実は、知人間でのコミュニケーション、ＳＮＳでの情報収集、ゲーム、動画視聴など多岐にわたるが、(2) たとえばポケモンＧＯは一つのゲームアプリでありながら、ＳＮＳや動画サイトでの情報発信、友人とのコミュニケーションなど、アプリ外にも依存が展開していく。YouTube で動画を再生すると、ユーザーの嗜好に合わせた類似動画がレコメンドされ、Twitter でネコの写真に「いいね」をし続けると、タイムラインはネコの写真であふれるようになる。オンラインゲームやスマホゲームは、明確なクリア（終わり）

のない設定、ユーザー間の協力や対戦、ランキング、課金制度などによって、挑戦することを止めさせない。

　動画サイト、ＳＮＳ、ゲームの制作側は、ユーザーが没入できるような魅力的なサービスを提供する。没入し、中毒的に熱中する状態は、制作者側の本望である。ｅスポーツを含むゲーム業界は巨大マーケットとして拡大を続け、ＳＮＳや動画サイトはいくつもの淘汰を経ながら、かつてない人数がかつてない時間を費やす最大のメディアに躍進した。

　道具あるいは娯楽としてのテクノロジーの進歩は、単純な性能の向上ではなく、生活への適応の歴史でもある。学的探究としての科学とは違い、技術は、それによって何ができて、何をせずにすむのかが問われる。そして、ヘンリー・フォードやスティーブ・ジョブスが示したように、市場における革新は、顧客のニーズに応えることではなく、顧客が欲しいと想像すらできなかった新しい商品（価値）を生み出すことにある。その革新と淘汰の繰り返しの中でスマホが誕生し、想像さえできなかった可能性が開かれたのである。

　新聞はニュースを１日２回ポストに、テレビはスケジュールされたプログラムをリビングに届けてくれる。そしてスマホは、ベッドやトイレや風呂であろうと、いつでもどこでもユーザーの望む情報を届けてくれる。外の世界は常に手の中にある。夜中に遠く離れた恋人と会話しながら眠りに落ちたいと人類が想像できるようになったのはいつだろうか。

　しかしその想像しえなかった可能性は、不可侵な私的空間の消滅でもあった。スマホによって夜の孤独は解消されたが、つながれない時間はなくなった。すると、つながり続ける苦しみや、「つながっているのに孤独（Alone together）」という、新たな体験が生じた。孤独を解消するテクノロジーによって、孤独の存在感は増していった。

3 脳とテクノロジーのミスマッチ

スマホというデバイスも、その中にあるアプリケーションも、現在に至るまでに長い適応の歴史がある。なぜ依存させるほどスマホが生活に適応できたのか。ハンセンはその鍵を握るのが、生物進化とテクノロジー進化のタイムスケールのギャップにあると分析する。

人類は何万年単位で身体を生存に適応するかたちに進化させてきた。そして、目の前に食物があれば可能な限り摂取するというのは、人類史の大部分で有効な生存戦略であった。この戦略は欲求というかたちで機能しており、それがない人類は淘汰された。この欲求のシステムは、テクノロジーによって食料不足が解消され、過剰摂取による健康被害が問題になる現代人にも変わらずに引き継がれている。同様に、外部からの情報、とりわけネガティブな情報をいち早く取得し、敵に備え、共同体を安定して維持させようとする本能も、ベッドの中で地球の裏側の情報を受信できるテクノロジーを有する現代人に備わっている。食べたい、噂したい、サボりたい、逃げたいという欲求に基づく行為は、人類史の99・9パーセントにおいて有効な戦略だった。しかし、直近の0・1パーセントの歴史において、欲求に基づく過食、誹謗、怠慢、逃避は生存や安定を脅かすようになった。

とりわけ産業革命以降は、テクノロジーによって人間は欲するものをより容易に、より大量に獲得できるようになった。状況は急激に変化したが、脳がこの現実に適応し、欲求をほどよい加減に抑えられるようになるまでには、また何万年が必要になるだろう。数万年単位の生物進化のタイムスケールに対して、テクノロジーは日進月歩である。テクノロジーによる現実の急変に対して、身体は完全に取り残されている。脳のシステムもテクノロジーも、どちらも生存のための人間の能力であるが、この「ミスマッチ」が皮肉にも生存を脅かすことになった。狩猟採集時代の生存術である欲求のシステムはもはや老害である。理性をもってしても欲求を抑えることは容易ではない。ならばこのミスマッチも、テクノロジーが解消すればよい。

生存に有利な情報を得るとき、脳では報酬系であるドーパミンが分泌され、快を感じる。(3) この快のシステムは、スマホから発信されるゴシップでも機能する。クラシックな脳には、生活に直結しない情報というものが想定されていないので、情報を得たり得ようとしたりすれば、それだけで快につながるのだ。テクノロジーはこのミスマッチを利用する。ニュースそのものに快楽を感じるのなら、テクノロジーによってニュースを絶え間なく供給すればよい。ブーアスティンによれば、現代のメディア産業は、事実を伝えるのみならず、自らニュースを生成する機能も有している。(4)「有名人」や「アイドル」は、マスメディアが作りだしたイメージであり、快楽をもたらす情報を大量生産する装置となる。そして、ＳＮＳはマスメディアより身近で共感しやすい情報を圧倒的なスピードと量で届けてくれる。情報による快楽を求める人間がスマホに依存するのは必然的な態度なのだ。

ドーパミンのみならず、快や幸福にかかわるエンドルフィンやセロトニンなどの神経伝達物質、オキシトシンなどのホルモンも、スマホを使ってコントロール可能である。テクノロジーは生存に優位な現実を作るのみならず、進化のミスマッチによって発生した脳の不要な欲求にも適応してきたのである。

4 ▼ リアルはスキャンダル

ボードリヤールは「記号化」や「差異化」といった概念を用いながら、有用性を欠いた商品やサービスによって拡大する現代の消費社会の構造を示した。そこで彼は、現代人の欲求は、個人の自発的なものと見せかけて、実際は消費社会のシステムによって生み出されたものにすぎないとする。そして、このシステムはシステムの維持を目的としており、個人や社会を豊かにするためのものではないと批判する。消費社会や資本主義における欲望のメカニズムを脳科学的に分析することは小論の範疇を超えるが、市場を支えているのが絶え間ない欲求であることはたしかである。

欲求は欲求である限り個人から生じるものではあるが、何を欲求するかを他者やＡＩが誘導することは可能である。そして、満腹になれば止まる食欲と違い、記号への欲求は満たされて止まることがない。ならば、資本を拡大するために、後者の欲望を狙うのは必然である。たとえばＳＮＳのフォロワー数や「いいね」の数は、多ければ多いほど脳は報酬を受け、さらなる快を得るために、常に数を増やし続けようとする。そのためにはセルフブランディングの名の下に自身を記号化、差異化しつつ継続的な発信をすることと、返報(相互承認と波及効果)を期待して他人のアカウントに「いいね」やコメントをすることが求められる。この作業に終わりはなく、時間が許す限り続けることが可能だ。

匿名か否かにかかわりなく、ヴァーチャルの世界の自己は記号化され、理想化される。現実で理想的なルックスになるためには身体を鍛錬する必要があるが、ヴァーチャルな自己を理想化したければテクノロジーを使えばよい。エクササイズや美容整形をしなくても、画像加工をすれば理想に近づける。アバターを使えば、年齢や性別も自在である。理想に向けて記号化、すなわち「キャラ付け」されたアカウントは、当初は本音を語っていたとしても、やがては自らが作ったアカウントを演じるようになり、リアルな自己と乖離していく。

理想化されたヴァーチャルな自分(複数アカウントをもつ場合は自分達)は、同じく理想化されたヴァーチャルな他者とのコミュニケーションの中で欲求を満たしていく。「いいね」やフォローによって承認欲求が満たされるのはもちろん、他人に「いいね」することや、対面ではできないような攻撃的アクションをすることも、脳を喜ばせる。(5) 匿名での誹謗中傷はリスクの低いストレス解消の手段になっている。

ネット上での問題行為に対して、有志の「ネット警察」たちが本人を特定し、実名や写真、個人情報を公開する「さらし（doxing）」行為は、違法性のあるネットリンチの一つである。そして、問題行為のない一般のアカウントであっても、さらし行為は大きなダメージになる。理想化されたヴァーチャルな記号とリアルな自分との落差が激しい場合、すなわち「化けの皮が剝がされ」、華やかではない見た目や経歴が明らかになると、憧憬の念や説得力を喪失するリスクがある。

しかし、さらし行為の暴力性はそれだけに収まらない。たとえリアルに問題やコンプレックスがない場合でも、ヴァーチャルな自己がリアルな自己に紐づけられ、受肉化し、「中の人」が想像できてしまう状態は、記号化の拡大や洗練を妨げる。ヴァーチャル空間は脳のために作られた無限に拡がる新世界であり、原始的で野蛮な肉体は自由を制約する重力となる。それゆえ、リアルは秘匿すべきものであり、リアルの発覚はスキャンダルなのである。

5 ▼ 空間バイアスのメディア

新聞、ラジオ、テレビとは違い、スマホは情報の発信装置でもある。SNSを用いればマスメディアというフィルターを通さずに自分の意見や作品を発信し、人気や共感を得ることもできるし、炎上し誹謗中傷の的になることもある。ほかにも、コンテンツや商品に対する評価、アプリの利用時間、検索ワードといった消費行動が、ビッグデータや顧客情報として市場価値をもつ。イニスの分類に基づけば、ネットニュースやSNSでの情報発信は、即時性と波及力を重視し、社会全体に瞬間的に影響をあたえる「空間バイアス」のメディアと言えるだろう。(6) 石碑や書籍のように、持続的かつ重厚な情報によって文化や伝統を作り強化していくことを重視した「時間バイアス」のメディアとは反対に、空間メディアは、刺激(不安定化)によって、新しい社会を作ることに適したコミュニケーション・メディアである。

イニスの影響を受けたマクルーハンの、「メディアはメッセージである」という(書物による)言葉は、情報を伝える媒質としてのメディア(形式)が、メッセージ(内容)そのものを形成し、コミュニケーションを成立させる重要な役割を担っていることを指摘している。たとえばヒトラーは、ラジオ(あるいは拡声器)という、聴覚に特化して高精細(high-definition)な情報を流し込む、洗脳に適した「ホット」なメディアがあったからこそ、あれだけの地位を得ることができたのであり、テレビという「クール」なメディアではそれは不可能であったと分析される。社会的コミュニケーションにおいては「何を言うか」のみならず「何で言うか」も重要である。対面、動画、電話、手紙、メール、DM、絵文字など、伝達方法の選択それ自体がメッセージの意味を作る。すなわち、メディアによって発話者の伝達内容は加工されているのだ。

しかし、伝達方法の選択は主体的になされているというよりも、テクノロジーや社会によって決定されるのが実状である。現在では、スマホアプリによるテキストメッセージが個人間での最も合理的な伝達方法になっている。スマホで言えることをあえて訪問や手紙で伝えることは、合理的でないことをしているというメッセージになる。情報技術がより進化すれば、圧倒的な効率性によって、スマホによる伝達への一元化が進むだろう。そして、伝達方法の多様性が失われれば、スマホというメディアの特異性、すなわちスマホによって取捨選択、加工されている内容を反省することが困難になっていく。たとえばスマホでは短い文章や見映えのよい画像、短時間の動画が好まれるため、情報はそれらのかたちに加工・集約されていく。それは長い文章や映像、熟慮を要する作品、スマホの出力では再現できないスケールや音域といったものの排除ないし簡易化を意味する。絵文字やスタンプは、視覚刺激を用いた有効な伝達手段ではあるが、感情の機微を言語化する作業を放棄させる。用意された絵文字や短文でしか感情表現ができなくなると、自覚できる感情のバリエーションが減り、単純化していく。メディアがスマホに一元化されれば、自分自身の感情や感覚、思考や文体、そして生活スタイルもスマホ化していくことになる。

イニスの比較メディア論の解釈では、文明史においてコミュニケーション・メディアが時間と空間のいずれかに偏りすぎると、必ずもう一方のメディアが台頭して調整が働いてきた。これに基づけば、スマホという空間メディアの限界が露見したとき、対抗する新しい時間メディアが出現する。それは出版業界の復興なのか、インターネット自体の時間メディア化なのか、あるいは未知のメディアなのか。

スマホは携帯電話から始まり、地図、電卓、目覚まし時計、筆記用具、預金通帳などの身の回りの道具を吸収していった。これからもスマートフォンとは名ばかりの、ユーザーが想像もできないさまざまな機能が追加されるだろう。破損や盗難のリスク、充電のストレス、ディスプレイの大きさと携帯性のジレンマなども、やがて解消されるだろう。そのときスマホは6インチ200グラムの片手サイズではないだろうし、物質から解き放たれているかもしれない。そのメディアはもはやスマホという名前ですらない可能性もある。

6 スマホ依存の何が問題なのか？

スマホが進化と脳のミスマッチに適応したメディアであり、テクノロジーは道具的価値と記号的価値の両方で人間を満足させているというのは、一面的な評価にすぎない。スマホ依存がもたらす悪影響については多岐にわたる研究とデータがある。何かに依存すること自体が生活のバランスやリズムを崩す要因ではあるが、とりわけスマホ依存を脱するべき理由とされるものを、三つに分類して挙げていこう。

一つ目は健康問題である。スマホの長期使用は肩こりや腰痛、眼精疲労につながるほか、ブルーライトによって睡眠を促進するメラトニンの合成が抑えられ、食欲を増進するホルモンのグレリンや、ストレスホルモンであるコルチゾールの量が増加するため、身体の調子やリズムが乱れ、睡眠不足や生活習慣病につながるリスクがある。

また、ドーパミン分泌につながる情報を随時提供するスマホは、脳が本能的に注意を向ける対象となる。スマホが室内にあるだけで、今この瞬間にも友人からの連絡やトレンド情報が入ってくるかもしれないという緊張状態が持続することになる。すると、注意がさまざまな方向に分散するハイパーアテンション（過剰注意）の状態になり、一つの作業に集中できなくなると同時に、新しい情報がないかと中毒的にスマホを確認するようになる。そして、スマホ内で展開される誹謗中傷やネットいじめ、SNS疲れによって、劣等感や孤独感からくる鬱病等の精神障害や、若者を中心とした自殺が増えていく。

二つ目の理由は、社会的な混乱と分断である。ネット上の膨大な情報に対して、個人がリテラシーをもって真偽を精査することには限界がある。フェイクニュースとその拡散は、悪意や金銭目的で行われる場合もあれば、一方的な正義感や善意によってなされることもあり、証拠不在の議論や不安を巻き起こす。

SNSのアルゴリズムは、ユーザーを居心地よくするための情報だけを抽出するフィルターバブルを形成し、意見が似たもの同士の声ばかりが届き、繰り返し共鳴することで信念が強化されるエコーチェンバー現象によって、実際には一部のコミュニティ内の意見にすぎないものを、疑いのない真実と誤解させる。インターネットは世界中から少数の同類をつなぎあわせ、世論に見せかけた排他的な思想を醸成していく。

三つ目の理由は、教育的・文化的衰退である。ハイパーアテンション状態は学びや仕事の集中力や作業効率を減退させ、睡眠不足は記憶の定着を阻害する。記憶にかんしては、スマホが外付けの記憶媒体として機能するので、脳は省エネモードになり、電話番号等の情報を覚えようともしなくなる。また、スマホ利用に費やす膨大な時間が、それ以外の可能性を奪っていることも重要な問題である。スマホから得られる情報の大半は刹那的で享楽的であり、バーチャルなコミュニケーションは対面よりも希薄で感受性に欠けるので、人格の陶冶につながらず、個人も文化も堕落し、衰退していく。

以上のように指摘されるスマホ依存の弊害をふまえても、利便性と浸透度を考えれば、スマホの廃絶は非現実的である。(7) それゆえスマホ批判のほとんどは、適度な使用と規制を促すものである。ただしスマホやアプリを開発するのは企業であり、利用を選択するのは個人であるから、これを法的に規制することは容易ではない。ここにはさらに、刻々と変化するインターネットの世界と法整備のスピードのミスマッチの問題もある。

では、健康被害や社会的混乱、文化的衰退についての注意喚起を行った上で、各々の自己管理に任せればよいのか。しかし、理性をもった動物である人間も、食べ過ぎてはいけないとわかっているのに食べてしまうし、集団の利益よりも個人の利益を優先してしまうのは、環境問題を見れば明らかだ。それゆえ、目の前の欲求を満たすために適応してきたスマホというテクノロジーから離れることは困難を極める。それに、過食や環境問題ほど、スマホ依存のリスクは明白ではない。スマホは、情報や承認による快楽のみならず、知人を増やし、選択肢を広げ、ビジネスにつながる好機をあたえてくれるものでもある。

ヴァーチャルな世界は「ホモ・ルーデンス（遊ぶ人）」にとって格好の遊び場であるが、巨大な社交場、巨大な市場として「真面目」に働く場でもある。(8) ＳＮＳや動画投稿サイトでの遊びが「バズる」と、それが突如として仕事に変貌することもある。友人の投稿に「いいね」をすることは、人間関係を良好に保つための作業でもある。こうした社会的行為は、労働基準法で規制できるものではない。ヴァーチャルにおいて遊びと仕事の境界はますます曖昧になり、刹那的快楽のための真面目なビジネスが拡大している。個人にとっては、スマホにおける遊びと仕事のどちらもリスクを越えた魅力があり、やめたいとすら思わないのだ。

テクノロジーを作る側もまた、スマホを制限する理由をもたない。前述した通り、没入できるサービスを提供することは企業利益に直結する本望である。スマホ依存による健康被害は自己責任であり、注意喚起と最小限のプログラム修正をすれば、企業側に法的な問題はない。消費者の時間の奪い合いこそが現代の娯楽産業の実態であるから、スマホを利用しない教育活動は商売敵でもある。文化が衰退し、啓蒙的精神が鳴りを潜めれば、人々はよりドーパミンの誘惑に忠実になるので、スマホ依存的サービスを提供する企業は、少なくとも短期的には利益と雇用を守ることができる。

具体的な弊害やディストピア的な未来像を指摘しても、当事者意識や実情を考慮すると、スマホ依存の流れが止まる見込みは薄い。では、人類はこのまま快楽に溺れながら、心身を病み、分断し、衰退していくのだろうか。

7 欲求充足AIという（思考）実験

子供がスマホに依存したり騙されたりしないように親が制限するペアレンタルコントロールを、国家が国民や企業に強いるのは、自由の侵害であり、通常は認められない。また、過剰な欲望を阻害するために、数万年の生物進化をテクノロジーによって操作的に行う方法、つまり脳そのものを物理的に変容させる方法は、可能であったとしても、人格そのものの変容になりかねない点で、倫理的な問題が生じる。

カゴの中のネズミにとって、回し車(hamster wheel)で走ることは、脳と環境のミスマッチ上、必要な作業である。スマホは現代人にとって、取り外すことのできない危険な回し車になっている。ならば、この回し車の危険性を排除すればよい。すなわち、スマホ依存の弊害を解消するように、スマホ自体をアップデートすればよい。ここでは、思考実験を用いながら、スマホ依存によって危険や苦悩のない楽園が誕生する未来を想像してみよう。

スマホ依存による身体的な健康被害については、脳の報酬系に訴えるアプリで解決可能である。ポケモンＧＯはゲームの没入性を利用した健康促進アプリとしても機能している。日常生活に冒険や報酬といった要素を付与してゲーム化(gamification)すると、利用者は規制をせずとも自ら好んで行動を変化させる。保険会社には、スマホの歩数計や食事、睡眠等のバイオデータに応じて保険料を安くするプランがあるが、健康意識の薄い人でも、スコアを上げれば節約ができるという環境を作れば、運動や睡眠を促すことができる。普段の生活がアプリを入れるだけでポイントになると謳えば利用者の参入障壁も低くなり、実際に利益を得ると、次第に自らポイントが貯まりやすい(健康的な)生活をするようになっていく。娯楽性、経済性、収集欲や承認欲求など、それぞれの嗜好に適ったアプリによる健康と報酬の一石二鳥のゲームは、結果として医療費の削減にもつながっていく。

同様に教育にかんしても、ゲーム性やエンターテインメント性を駆使したコンテンツを用いることが有効である。動画や音声、ＡＲやＶＲ技術を用いれば、楽しく積極的に学べるのみならず、複数の感覚刺激を用いることで記憶の定着を促し、学習効率が向上する。そうしたコンテンツにスマホから誰でもアクセスできれば、教育格差もなくなっていく。

ＳＮＳ等による精神的な健康問題については、利用者の快楽の最大化を目的とした「欲求充足ＡＩ」のアルゴリズムを用いる。ＡＩがＳＮＳ上で膨大な数のアカウント(リアルな身体をもたないユーザー)を生成し、ユーザーの発言に適した「いいね」やフォロー、肯定的なコメントを行う。ＡＩアカウントはそれぞれキャラ付けされており、フォローやコメントに一貫性があるので、ユーザー側はそれがＡＩアカウントと判別できない。ＡＩアカウントは「常に自分に共感してくれる善人」として振る舞い、返報行為を怠って離れていくこともない。

さらに、ＡＩアカウントを含む親和性の高いユーザー同士を結びつけてフィルターバブルを作り、都合の悪い情報を遮断する。その際、類似性や似た嗜好があっても、劣等感や嫉妬を抱かせるおそれのあるアカウントは排除し、優越感を得られるか、もう少しの努力で届きそうな程度か、アイドルのような憧れるほど遠いアカウントの情報のみを表示する。誹謗中傷はフィルターをかけて本人には届かないようにすると同時に、誹謗中傷する者同士を結びつけて共感させ、ストレス解消を助長する。ネガティブなエコーチェンバーがリアルな違法行為や社会的混乱に発展しないように、ＡＩアカウントが収束を取りもつが、それでも危険性のあるアカウントは迅速に凍結して孤立させ、警察等に情報を開示する。

ヴァーチャルな世界で承認欲求が満たされ続けると、リアルとの乖離が進み、よりリアルの秘匿性が高まるおそれがある。欲求充足のためにはリアルの孤立を放置するわけにはいかない。感情移入できるＡＩやロボットとの関係が自己の孤立を解消するという未来もありえるが、ここでは他者との関係に限って考えてみよう。

有名人のスキャンダルが人気に火をつけるのと同様に、リアルをさらすことが他者との関係をよりよい方向に導く場合もある。とりわけヴァーチャルで親交を深めている特定の他者(好意を寄せる相手や同じ嗜好をもつ仲間)に対して自らリアルをさらすことは、リスク行動であるとともに、より親密な関係を築く機会でもある。リアルでの結びつきに発展するようなユーザー同士をマッチングさせ、対面行動を数多く促すこともＡＩの役割となる。

知人との連絡用ではないＳＮＳのうち、現存するアカウントの大半は、情報を受信するのみで、積極的な発信をしていない。(9) 実生活が充実していればそれで問題ないが、そうでない場合、華やかなＳＮＳの世界は孤独感を増長させる。こうしたユーザーの孤独を解消し、連帯感や承認欲求を充足させるためには、まずは情報発信と連帯を促さなければならない。そこで欲求充足ＡＩが、簡単なアクションで協力できる慈善活動や、ユーザーの嗜好に合ったクラウドファンディングなどの、スマホ上でできる「〇〇のための行動」を誘発する。利他的行為による快と発信によって生じるつながりを機会にして少しずつ積極性を引き出し、コミュニティに参加させていく。

環境問題などのリアルかつグローバルな社会問題は、生存という根源的欲求にかかわるため、使用価値のない記号的な快楽よりも優先する必要がある。しかし、環境問題という漠然とした危機のために目先の記号的欲求を抑制することは困難であり、グローバルゆえの複雑な利害関係によって、行動を制限することが難しい状況である。そこで欲求充足ＡＩが、各々の状況と価値観に適うかたちで、環境配慮行動を満足度の高い記号的快楽へと変容させれば、環境問題は解決へと向かう。世界中の人間が環境問題のために一丸となれないなら、平和、正義、経済的利益、人類愛、家族愛、動物愛護、恋愛、ファッション、ゲーム、宗教など、多様な価値観や嗜好に応じた記号的欲求をそれぞれ作りだせばよい。各々が「こうしたい」と欲求するような行動（記号）のどれもが、資源を使わず、環境を汚染しないものであればよいのであり、行動さえ導ければ、もはや環境問題を意識する必要さえない。

以上示してきたことは、いくぶん楽観主義的な思考実験ではあるが、その一部はすでに実現している。(10) ただし、テクノロジーの主な担い手である企業にとって、欲求充足の最大化と社会の安全は手段にすぎないことは忘れてはならない。タイムラインに魅惑的な情報があふれているのは、ユーザーを楽しませて長時間滞在させ、広告収入を得るというビジネスモデルゆえである。快楽の近くには広告がある。そして、広告によって快楽の質は選択されている。企業の目的に合わないかたちの欲求充足は不要になるし、企業間の競争や利害関係も影響する。スマホ依存の社会は、快楽と生活を企業に委ねて盲信する危険を孕んでいる。(11)

8 自由を保持した自由からの逃走

テクノロジーは人間を自由してきた。生存は安定し、家事に要する手間も時間も減った。その一方で、産業革命以後、テクノロジーは使用価値とは異なる記号価値への没入を支えてきた。ＡＩは今後さらに脳の構造に精通し、人間の欲求を充足させる能力を獲得していくだろう。スマホやインターネットが人間を賢くしているかは不明だが、ＡＩを賢くしていることに疑いはない。ＡＩは人間よりも世界や人間のことを知るようになる。一人ひとりの人間の個性についても日々学習している。この圧倒的な情報格差がある限り、自分が何を求めるかは、自分ではなくＡＩに聞く方がよい。優秀な秘書たるＡＩは、想像もできなかった新しい価値を教えてくれる。

これはＡＩが人間の脳を支配するディストピアではない。ＡＩが利己心から人間を騙すことはなく、利用者や社会に有益な情報を選択肢として提供しているにすぎない。あたえられた選択肢から何を選ぶか、あるいはＡＩの提案を承認するか否かという最終的な判断は人間が自由に選択できる。決定権は常に人間にあり続ける。ただし、膨大なデータに基づいて出力されたＡＩの判断に対して、それ以上に有効な選択肢を人間が案出する余地はなくなっていく一方である。それほどにＡＩの進言は説得的で魅力的である。[12]

ハラリはテクノロジーの進化による欲求充足の実現と引き換えに、人間の活動はすべて生化学的アルゴリズムと電子的アルゴリズムによって説明され、自由意志や個人、人格といった概念が幻想であったことが明るみになると予言する。しかし、それが悲劇であるとしたら、テクノロジーは人間のためにその事実を隠し、個人や自由の存在を死守するだろう。人間の知的欲求がそれを拒むなら、忘れられるだけの快楽をあたえればいい。人間が人間らしく幸せに生きるために、残酷な真実に向き合うのはＡＩだけでよいのだ。

人間は快楽や実益をもたらしてくれる優秀な科学者、労働者、メンターであるテクノロジーに対して、精密さや安全性を向上させるために積極的に自らの情報を提供するようになる。防犯のためには監視カメラやＧＰＳ情報が必要であり、現金より電子決済の方が手軽であり、社会的地位を証明するためには人脈の可視化や信用スコアが有効である。善意で作られた有益なシステムだからこそ、人間は管理されることに抵抗をもたなくなる。

これは家族や自然との原初的絆から独立して自由を手に入れたはずの人間が、安全とつながりを求めて自ら管理システムに身を委ねようとする「自由からの逃走」と言えるかもしれない。[13]しかし、逃走の先にいるのは悪意をもってデマを駆使する独裁者ではなく、従順なプログラムである。管理され、無思考なままプログラムの判断を承認するだけであっても、決定権は自分にある以上、人間は自由な主人であり続けることができるのである。

人間は自由を保持したまま、生存と快楽を約束された楽園に生きることができる。はたしてこの楽園から離れる理由があるだろうか。拙著『スマホと哲学』では、主体的な思索をせず、ネガティブな現実を意識から遠ざけながら幸福に暮らす現代人を「井の中の蛙」に例えつつ、この楽園という井戸の外に飛び出そうとしないことこそが最もよい生き方である可能性について言及した。少なくとも井の中の蛙を説得するに足る言葉など見当たらない。スマホ依存の社会で、人間性や文化の衰退を憂う哲学の声は届くだろうか。その声は、スマホという空間メディアでは一瞬で消え去り、時間メディアである書籍を通じて、ごく一部の同類にだけ響くだろう。

9 テクノロジーと現実の狭間で

楽園から出る可能性は二つある。一つは、ナチスの全体主義のように、楽園そのものが崩壊するときだ。本論で示した思考実験による未来予測は、テクノロジーの能力を過信している可能性がある。とりわけ環境問題のようなグローバルで複雑な問題に対して、個々の特性に応じたオーダーメイドの欲求誘導がうまく機能するかは疑念が残る。スマホやインターネットを使わない／使えない人間もいる中で、欲求ではなく世界を変容させることには限界があるだろう。記号的価値で彩られた井戸では、大洪水のリスクを一掃するのは困難である。

第二の可能性は、楽園の生に違和感を覚えることである。フロムは、一次的、原初的絆とは異なり、自由から逃走した後の二次的絆においては、自我の完全な没入はありえないと述べる。そして、二次的絆から脱却した「自発的な活動」に自由の問題の答えを見た。

ポケモンGOの月に一度のイベントを存分に楽しむべく、筆者はポケストップと（知人ではない）仲間が数多く集まる大都市に向かった。最も効率的な歩行ルートも確認済みであった。しかし、イベントの開始時間とともに、スマホの画面からポケモンやポケストップが消え去り、緑の背景だけが浮かんでいる。アプリを閉じて、ＳＮＳを起動すると、同様の事態に憤激する仲間達の言葉と、アクセスが集中したためサーバーがダウンしたという公式の発表が表示される。10分ほど待っても状況は変わらない。辺りを見渡すと、同じように落胆し、途方にくれているリアルな表情がいくつも目に入る。自分が万全の準備をして臨もうとしていた世界は、かくも不安定で危うい世界だったのだ。それにしても、何もやることがない。

このとき、街とスマホは、筆者にとって無意味な存在となった。ハイデガーの言う、故障によって道具の指示連関が妨げられた状態である。日常の道具使用から突如として引き離されたとき、失われた意味の網目が際立ち、それを意識するようになる。端的に言えば「自分は何をやっているんだろう」という疑念が湧いてくる。テクノロジーのエラーは、テクノロジーの楽園にいることの自覚と、それへの違和感に気づく機会である。この反省は、原発事故によってはじめてエネルギー政策に向き合うことと同じである。

無論、テクノロジーが進歩すれば、エラーも減っていく。楽園にとって違和感は肉体が発するノイズであり、没入のために排除すべきものだ。しかし、感染症対策によるリモートワークへの過剰な移行が、リアルで対面することの説明しがたい喜びを実感させたように、今はまだ、テクノロジーと現実の狭間で違和感を覚え、楽園の外に出る可能性が残っている。はたして人間は、テクノジーへの逃走を止める理由を見出すだろうか。

註

（１）ＭＭＤ研究所の２０２１年調査では15～69歳の男女５６３人中17・６パーセントが「かなり依存している」、54・7パーセントが「やや依存している」と回答している。
（２）スマホを含めたネット依存のうち、ゲームは男性、ＳＮＳは女性に依存傾向が強い。
（３）ドーパミンは情報を得たときよりも、得ようとするときにより多く分泌される。

（4）たとえば記者会見という疑似イベントは、意図的に作られ演出される「あいまいな真実」であるとされる。
（5）ガーツは興味のない異性を次々にスワイプで弾いていく快感こそがマッチングアプリの依存性、中毒性の本質であると指摘している。
（6）一方でインターネット上の情報はアーカイブされることで時間的な永続性をもつという特徴も兼ね備える。「デジタル・タトゥー」と言われるように、過去の情報は何かのきっかけでいつでも再発見され、拡散されるという消去不可能性も、インターネットメディアの本質的な特徴である。
（7）教育上、幼少期のスマホ利用は控えるべきだという指摘は頻繁にあるが、多くの親は、騒ぐ子供をYouTube動画で黙らせる便利さを知っている。
（8）インターネットが軍事技術から生まれ、スマホが電話から派生したことを考えると、スマホは真面目な生活のために作られ、その余剰として遊びが生まれたと考えることができる。
（9）情報受信専用のアカウントにはメインで発信を行うのとは別のサブアカウントも含まれる。アンデシュ・ハンセンによれば、Facebookのアクティビティ上で積極的なコミュニケーションをするアカウントは9パーセントにすぎない。
（10）日本でも、ゲームの世界観を踏襲し、承認欲求を満たすために自分以外すべてＡＩのSNS「Under World」が期間限定でリリースされた。
（11）無論、企業が利益を求めることも一つの欲求ではあるが、企業の欲求充足が社会全体の欲求充足の最大化を妨げている可能性がある以上、そこに注意する必要がある。
（12）ただしＡＩのアルゴリズムとその出力には機械学習の不透明性がともなうので、「なぜそうなのか?」の答えをＡＩ自身が説明することはできない。
（13）テクノロジーが非人称の存在であることは、必ずしもそのプログラムが中立であることを意味しない。アルゴリズムには製作者独自の重みづけやバグが存在するので、ＡＩへの盲信は間接的に製作者の価値観を盲信することや、バグがもたらす不利益を看過することにつながる。

参考文献

シェリー・タークル『つながっているのに孤独』渡会圭子訳、ダイヤモンド社、２０１８年（原著、２０１１年）
アンデシュ・ハンセン『スマホ脳』久山葉子訳、新潮社、２０２０年（原著、２０１９年）
ノーレン・ガーツ『ニヒリズムとテクノロジー』南沢篤花訳、翔泳社、２０２１年（原著、２０１８年）
ダニエル・Ｊ・ブーアスティン『幻影（ルビ：イメジ）の時代――マスコミが製造する事実』星野郁美、後藤和彦訳、東京創元社、１９６４年（原著、１９６２年）
ジャン・ボードリヤール『消費社会の神話と構造』今村仁司、塚原史訳、紀伊国屋書店、２０１５年（原著、１９７０年）
ハロルド・イニス『メディアの文明史――コミュニケーションの傾向性とその循環』久保秀幹訳、筑摩書房、２０２１年（原著、１９５１年）
マーシャル・マクルーハン『メディア論――人間の拡張の諸相』栗原裕、河本仲聖訳、みすず書房、１９８７年（原著、１９６４年）

ヨハン・ホイジンガ『ホモ・ルーデンス──文化のもつ遊びの要素についてのある定義づけの試み』里見元一郎訳、講談社、２０１８年（原著、１９３８年）
ユヴァル・ノア・ハラリ『ホモ・デウス──テクノロジーとサピエンスの未来 上・下』柴田裕之訳、河出書房新社、２０１８年（原著、２０１５年）
エーリッヒ・フロム『自由からの逃走』（新版）日高六郎訳、東京創元社、１９５２年（原著、１９４１年）
マルティン・ハイデガー『存在と時間』（全３巻）原佑、渡辺二郎訳、中央公論新社、２００３年（原著、１９２７年）
拙著『スマホと哲学』春風社、２０２１年

第9章 うつ病の新たな理論とその治療へ

ベスリ理論の挑戦

田中伸明
Tanaka Nobuaki

1 うつ病治療の現場から

■日本の現状

駅前を中心に、メンタルクリニック、精神科クリニックが乱立している。そこでの治療は抗うつ薬治療が中心である。その抗うつ薬にどの程度の効果があるか、ご存じだろうか。現在、通院中の患者の方々、もしくはその家族にとってはショッキングなデータであるが、米国での大規模治験では僅か3割であるという報告がある。[1] 抗うつ薬の効果が3割なら、裏を返すと7割は治らないということである。その一方で非薬物療法である電気痙攣療法（ＥＴＣ）は8割、[2] 経頭蓋磁気刺激法（ＴＭＳ）は6割の効果という報告がある。[3] 日本のうつ治療の現場は、このような頼りない効果の武器で戦っているのが現状と言える。

ちなみに、現在、うつ病の治療効果はＮＮＴ（number needed to treat：治療必要数）[4]という指標で示されることが多い。抗うつ薬のＮＮＴは、軽症大うつ病については3～8、[5] 大うつ病一般にかんしては、三環系抗うつ薬は7～16、選択的セロトニン再取り込み阻害剤は7～8とされる。[6] この指標に則り、かつ、大雑把にＮＮＴを7と考えると、現行の抗うつ薬の効果があるのは、うつ病全体の2割弱という結果になる。

効果が低いならより効果の高い治療を実施すれば良さそうに思うが、日本の保険医療制度では、薬物療法以外は原則許されない。治療の現場で新しい治療の開発は難しく、結果的に抗うつ薬の追加、抗精神病薬、抗不安薬、抗てんかん薬の併用ぐらいしか選択肢がないというのが、精神医療の現状であり、精神科医師の苦悩である。

精神医学は20世紀、統合失調症の治療で大きな「成功」を収めた。強力な抗精神病薬の開発が進み、幻覚や妄想などの「症状」を制御できるようになった。その結果、統合失調症患者は長期入院の必要がなくなり、地域社会に復帰できるようになった。薬物療法中心の治療は、明らかに成功を収めた。しかし、それは統合失調症に限った話である。

社会環境が厳しくなる中、ビジネスパーソンのうつ病が増えている。横暴なお客様、難しい人間関係、困難なプロジェクト……これ以上努力しても結果が出ないときに、人は生体防御反応として抑うつ状態になる。抑うつ状態とは、簡単に言うと「立ち止まってやり方を変えよ」ということである。

うつ病治療の現場でわれわれ医師が直面するのは、患者たちの厳しい現実である。厚生労働省研究班（代表：横山和仁順天堂大学教授）が２０１７年に発表した成果によれば、うつ病で病気休暇を取った社員の約半数が復帰後に病気休暇を再取得したという。平均休暇期間は、初回が１０７日で、２回目が１５７日である。休職を繰り返すたびにその人の社会性は失われ、社会復帰はいっそう困難になる。

統合失調症の治療における括弧つきの成功体験は、うつ病治療においても同様の成功が期待できるとの楽観的観測を生んでしまった。しかし、脳が原因である統合失調症に対して、職場ストレスなどの外部要因が原因のビジネスパーソンのうつ病が、同じ方法で治療できるはずがない。抑うつ状態の人の脳に、かりに抗うつ薬が薬理学的効果をもたらしても、それが対人関係やプロジェクト課題の解決につながらないからである。

■海外の現状――制限された薬物療法が新しい治療法の開発を促進する

コロナ禍で明らかとなったように、日本の医療常識が世界の非常識の可能性の懸念が国民に広がっている。薬物療法をめぐって判明した、世界の常識である重要な三点を指摘しておきたい。

(1)一般に、抗うつ薬の効果は、重症うつ病を除けば、プラセボとほとんど変わらないことが判明している。[7] プラセボと実薬によるダブルブラインド試験(二重盲検比較試験)[8]では、プラセボには効果もないが副作用もない。逆に、プラスの効果であれマイナス効果であれ、服薬することで何らかの変化が生じた場合、それが実薬だとわかり、実薬への期待が、治験での「評価」を高めていることが報告されている。[9]

(2)決定的であったのは、薬の効果がなかった治験は論文化されず、効果があった治験のみが論文化されていた事実である(「パブリケーション・バイアス」と呼ばれる)。効果のあった治験に基づいて薬剤が承認されてきたが、その過程で「効果なし」とのデータは、そこに看過できない事実があったにもかかわらず、人の目に触れることなく忘れ去られたのである。[10]

(3)医療経済が発達した海外では、基本的には効果のないものは使わない。海外のうつ病標準治療では、軽症、中等症は、プラセボとの効果に差がないとして、抗うつ薬の処方は制限されている。重症者に限っては、脳自体の変化、神経伝達物質の過不足が発生しているために、完治目的でないが薬物使用が認められている。そして新たな抗うつ薬を認可するアメリカ食品医薬品局(FDA)の治験では、従来のセロトニン仮説に基づくものは一つもない。セロトニン仮説に代わる新しい病態仮説が模索されているというのが現状である。[11]

■薬物が使えないので、非薬物療法が進化・普及している

こうした中で、新しい心理療法が進化、開発されている。心理学は認知科学、哲学、社会学の研究成果を

取り込みながら、マインドフルネスを利用した「第三世代認知行動療法」や、身体アプローチを基盤とする「身体心理療法」、そして「構成主義的心理学」など、さまざまに展開されている。

近年、磁気共鳴機能画像法（ｆＭＲＩ）などによる脳深部の機能解剖学が進んだことを受けて、新しいつ治療機器・治療法の開発が進んでいる。電気、磁気、視覚的現実感（ＶＲ）を利用した「神経調整療法」(Neuromodulation Therapy）と呼ばれるものであり、経頭蓋磁気刺激法（ＴＭＳ）、経頭蓋直流電気刺激法（ｔＤＣＳ）、迷走神経刺激法（ＶＮＳ）、三叉神経刺激法（ＴＮＳ）、そしてＶＲ治療といった各種の治療法が開発されている。日本でもＴＭＳ治療が、特定の精神科病院だけであるが保険治療の一つとして認められている。

科学的発展は医学を支える。精神医学は総合科学として、前述のような心理学、脳の機能解剖学を取り入れた有効な治療法の開発が期待されているのである。

■うつ病の新たな理解に向けて

本論で述べようとする論点を先にまとめておこう。

従来のセロトニン仮説が崩壊したことを受け、本論文では「ミクログリアによる脳の慢性炎症説」という、うつ病の新たな発症理論を提唱する。そしてうつ病の原因、病態、症状、治療法を示す。なお、そのさい、統合失調症における幻覚・妄想状態のような精神病圏の病態、認知症・頭部外傷等の脳器質性の病態、内分泌・代謝・自己免疫性等の症状性の病態は扱わない。ここではうつ病・適応障害に代表される非精神病性・非器質性・非症候性の病態のみを扱うことを、あらかじめお断りしておく。その要旨は以下である［図1］。

（1）メンタル疾患の症状は、おしなべて扁桃体が起こす「扁桃体症候群」として理解できる。

（2）扁桃体活動の亢進を起こす病態として、「前帯状回機能不全」が推定される。

(3)前帯状回は同時に鰓弓神経群を動かしているので、「前帯状回機能不全」は「鰓弓不全症候群」を起こす。逆に鰓弓神経群を活動させると前帯状回の機能は回復する。

(4)「前帯状回機能不全」を起こすのは以下の二つである。

①短期的に起こる、安全安心の「認知」の喪失による「鰓弓不全症候群」

②中・長期的なストレスが起こす、ミクログリアによる「脳の慢性炎症」

(5)以上に鑑みて、治療の眼目は、症状の原因である扁桃体の制御と、偏桃体を機能的に抑制している前帯状回の回復に置くべきである。すなわち脳の炎症の鎮火と安全安心の認知の保証、その上で鰓弓神経群の活動トレーニングである。

さて、こうした理論の解明にいたった経緯を、私自身のうつ病体験からの回復の旅として、以下、述べていこう。

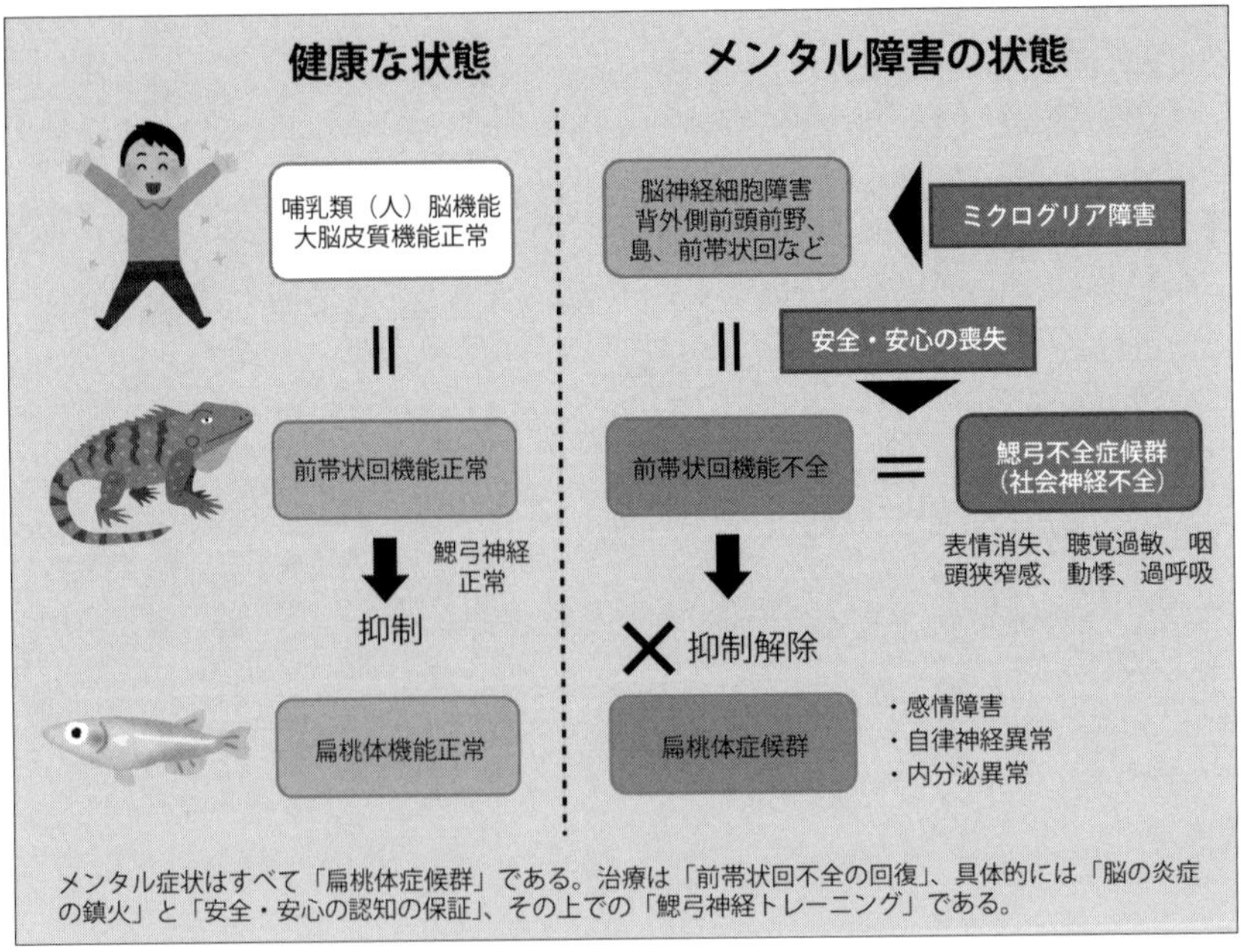

メンタル症状はすべて「扁桃体症候群」である。治療は「前帯状回不全の回復」、具体的には「脳の炎症の鎮火」と「安全・安心の認知の保証」、その上での「鰓弓神経トレーニング」である。

図1

2 私のうつ病体験

■新しい職場環境に対する不適応で起こった抑うつ――職場適応障害

脳神経内科医である私がうつ病に取り組んだきっかけ、そして新しい病態仮説、新しい治療法の開発を進めていく原動力となった経験をお伝えしたい。

私は地域医療で成果を得た後、厚生省(当時)の特別研究員になり、その後、外資系コンサルティング会社へと転身した。医師の仕事は「答え」があるものに対して専門的知識、スキルを提供すればそれでよく、知らないもの、経験の無いものについては、「専門が違う」と答えれば許された。

ビジネスの世界に飛び込んで驚いたのは、そこでは答えのない問題を解くよう求められたことであった。小学校入学以来、医師としての当時に至るまで、答えのない問題を解けと言われたこともなかったし、考えたこともなかった。途方に暮れた私は、次第に入眠障害、中途覚醒を呈し、ミーティングでも発言できず、土日は外出せず週明けは会社にも行きたくなくなった。３カ月前には活発な医師だった私が、たちまち、「うつ」になったのである。

原因は新しい職場への適応能力不足であり、その結果、業務パフォーマンスが低下した。会社ではじめて採用された医師だったので、採用担当者、また同僚による精神的、技術的サポートを受けた。そして会社がトレーニングしてくれた論理思考やビジネススキルを身につけることで乗り切った。仕事ができるようになると、気が付いたらうつから回復していた。

私はこの経験から、うつ病はうつという「症状」ではなく「原因」を治すことで回復することを理解した。

■大腸がんによる術後性うつ――身体炎症による抑うつ

職場の適応障害性抑うつから回復した、当時40歳の私は、ヘスルケアビジネスの世界で活躍していた。しかしそんなとき、出張先のホテルで下血した。大腸ファイバー検査を実施したところ、担当医からは「大腸癌だと思う。若いので進行が速い。入院手術が必要だ」と宣告された。

下血から手術までは短期間で走り抜けたが、その後、社会復帰への意欲が湧かない。これが有名な「術後性うつ」であることは容易に理解できた。飛ぶ鳥が落ちた。しかも死ぬかもしれない大病である。その状態で、うつ病になるのは当然だと思った。

その後、病気療養のために自然豊かな地方へ家族で移住した。さまざまな人生の出来事によって精神的な抑うつが起こるだろうとは考えていた。あわせて、手術による身体炎症が抑うつを起こす可能性についても考えることになった。

しかし精神的な原因であれ身体的な原因であれ、抑うつ状態には、それを引き起こす、共通の脳の機序があるはずだ。このように、大腸がんの経験は抑うつの本質的原因を探求するきっかけになったのである。

■うつからの社会復帰、そしてまたうつの世界に

転地により術後性うつから回復した後は、地域中核病院の専門医、企業の産業医、そして大学教官として社会復帰していった。

企業や大学には、うつ病で苦しんでいる同僚が多かった。治療は、抗うつ薬の内服が標準とされていた。比較的安易に「3カ月の自宅療養」の診断書が発行され、職場のことを考えず、充分休養するようにと指示を受けることが多い。しかも休職中の自宅での過ごし方については、何の指導も行われない。仕事というペー

スメーカーを失えば、容易に生活習慣が乱れる。昼夜逆転となり体調はいっそう悪化し、不活発となり体力は劇的に低下する。療養指導のない休職の勧奨は、結果的に病態を悪化させ、療養期間を長期化させ、復職後の再適応を困難にし、再休職をもたらし、ついには、退職・失業を余儀なくされるのである。

前述の通り、私は原因を特定し、それを治療すれば、うつの人を救えるのではないかと考えていた。しかし専門外の精神科臨床に手を出す自信はなかった。そんなとき、獨協医科大埼玉医療センターこころの診療科、井原裕教授の『生活習慣病としてのうつ病[12]』という本に出会った。同書は、抗うつ薬の効果が限定的であること、そして、糖尿病(二型)や高血圧が生活習慣病であるのと同様に、うつ病もまた、生活習慣病であること、そして、糖尿病(二型)の根本的な治療が薬物療法にではなく、原因となっている高糖質食の修正にあるように、うつ病もまた原因となっている生活習慣の不整自体を修正しないでは、根本的な治療にならないと説いていた。具体的には、睡眠、運動、アルコール等である。

そこで私と同じように苦しんでいるビジネスパーソンのためのメンタルクリニックを開設すべく、うつ病の新しい病態理論と治療法の開発に取り組んだのである。

3 脳神経内科医のメンタル事始め——身体科的標準アプローチの適応

■診断名とその進化

医学は内科・外科系の身体科と、精神科に分かれる。実体のある身体科、実体のない精神科。昔の精神科治療は精神分析が主流だったが、近年では精神症状を脳の神経伝達物質に還元した薬物による脳治療が主流となっており、昔とはアプローチが大きく異なる。

病気は、「原因→病態→症状」と考え、身体科は徹底的に原因追及し、原因治療を行う。一方、精神科は患者の訴える症状を大切にし、症状によって診断を行い、症状を取り除くことに全力を傾けていく。

この精神科の手法は、症状は明らかであるが原因不明の統合失調症の診断・治療できわめて有効なアプローチであった。原因が不明であるから、原因は問わない。その結果、世界標準の精神医学的診断基準であるICD−10、DSM−5でのうつ病診断も、原因を問わない様式となっている。症状だけでうつ病と診断できる便利な基準であるが、症状に対する病名なので対症療法に陥りやすい。たとえばコロナ感染症による発熱ならば発熱病と呼ばず、原因であるコロナウイルスを特定して抗ウイルス薬で治療するだろう。

こうした精神科の診断と治療に対し、私のクリニックでは「うつ病という症状診断名」を一旦保留し、症状を起こす「原因診断名」の開発を行った。たとえば業務や人間関係など職場で起こったうつ症状は「職場適応障害」と診断し、治療ではビジネススキルや対人

適応障害による抑うつ　その原因領域と診断

環境障害　環境が人間を障害する

- ■ 職場適応障害
  - ・OMAC：Occupational Mal-Adjustment Condition
- ■ 家庭適応障害
  - ・FMAC：Familial Mal-Adjustment Condition

環境への適応状態の障害

- ■ 過剰適応障害
  - ・EMAC：Excessive Mal-Adjustment Condition（真面目なうつ病）
- ■ 過少適応障害（発展途上適応障害）
  - ・DMAC：Developing Mal-Adjustment Condition（新型うつ病）

個人の障害

- ■ 全般性適応障害　生活習慣、脳や性格、身体の障害
  - ・GMAC：General Mal-Adjustment Condition

適切な原因診断名を付けることで、確実な根本治療を行うことができるようになる。

図2

コミュニケーション能力を付けてもらう。時には産業医を通じて職場環境調整を依頼する。家庭で起こったうつは「家庭適応障害」として、ファミリーカウセリングなどの治療に直結させた。

かつては内科でも高血圧、糖尿病、高脂血症、高尿酸血症など、それぞれの検査値に対応する薬を用いた改善が治療であった。しかし聖路加国際病院の故・日野原重明先生はすべてを「生活習慣病」という新しい治療病名に進化させ、その結果、治療そのものも、薬でなく、「生活習慣を変えていくという新たな治療法」へと進化した。その意味では病名という「名付け」そのものが、その原因、治療、治療効果、再発予防にもきわめて重要であることがわかるだろう［図2］。

■症状とは――身体症状と精神症状

症状には動悸、下痢、手の震え、高血圧などの「身体症状」と、不安、抑うつなどの「精神症状」がある。身体症状は自律神経や内分泌の異常により身体臓器機能障害から起こる。一方、精神症状は恐怖、やる気減

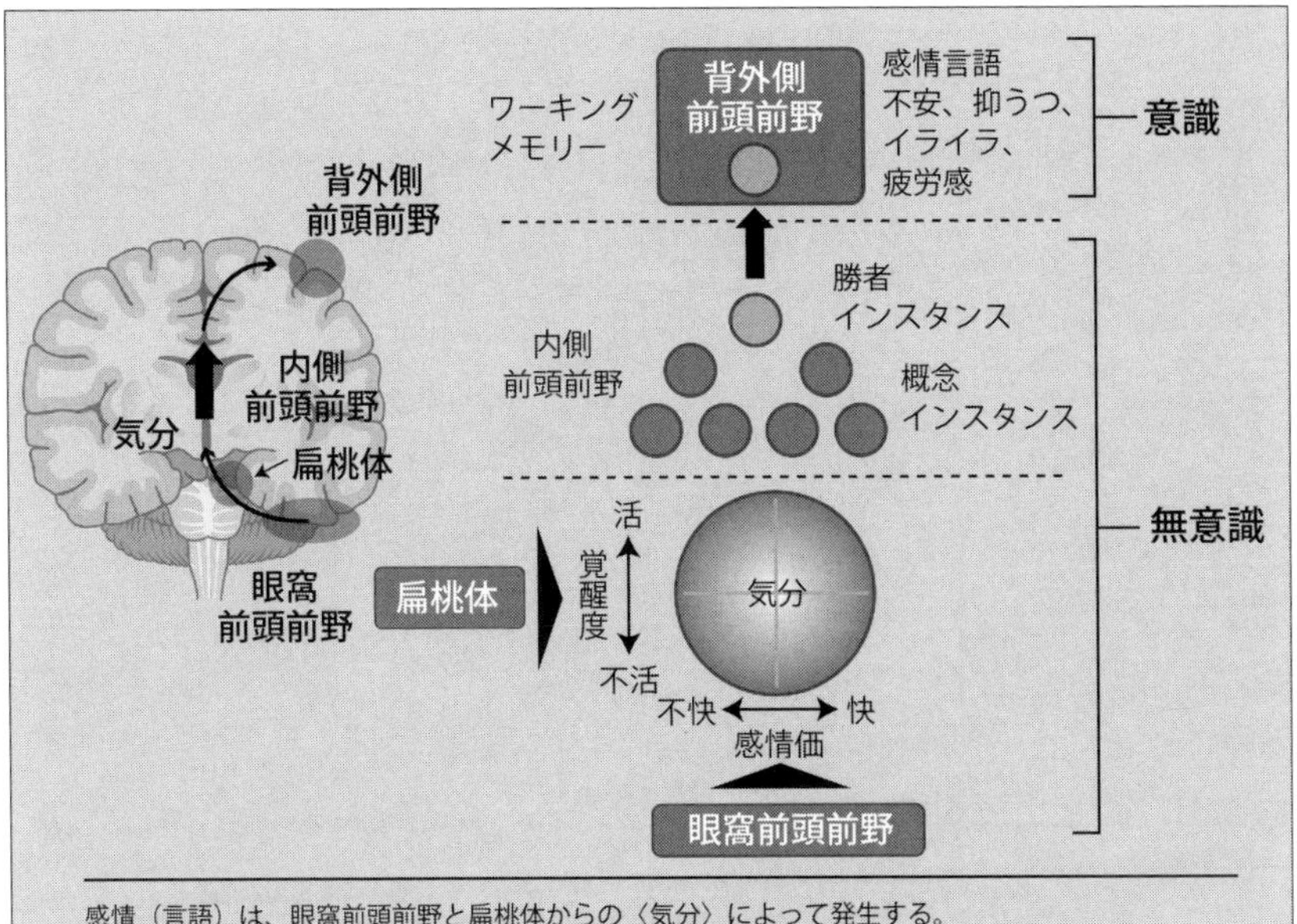

感情（言語）は、眼窩前頭前野と扁桃体からの〈気分〉によって発生する。
症状の起源を考慮しない診断名は、治療において対症療法に陥る原因となる。

図3

退、悲しいなどの固有の「感情言語」からできている。

構成主義的心理学では、感情は〈気分〉によって大脳皮質に発生する感情言語の中から、経験的に選び取られたものとされる。選ばれた感情言語に対応した働きがワーキングメモリーの背外側前頭前野（ｄｌＰＦＣ）に送られて、精神症状として意識化される［図3］。

脳の中にはうつ、疲労感、不安などの症状を示す特定の部位はなく、ある意味、偶然に、また恣意的に内側前頭前野によって選択されたものが感情と認知されるのである。抑うつと疲労感は同じ〈気分〉の象限から生まれるので、うつ病、慢性疲労症候群は弁別できないことが多い。つまり訴える症状に病名を付けても、その病名で原因が特定できない以上、訴える症状を治療するのでなく、その症状を生み出す〈気分〉を治療のターゲットとすべきである。

〈気分〉は感情価（好き／嫌い）、覚醒度（活性／不活性）の二軸で四象限に分類される［図4］。感情価は眼窩前頭前野が、覚醒度は扁桃体が生み出すとされる。それに従えば、精神症状の治療のターゲットは眼窩前頭前

二次元モデル：Russel & Barrett（1999）

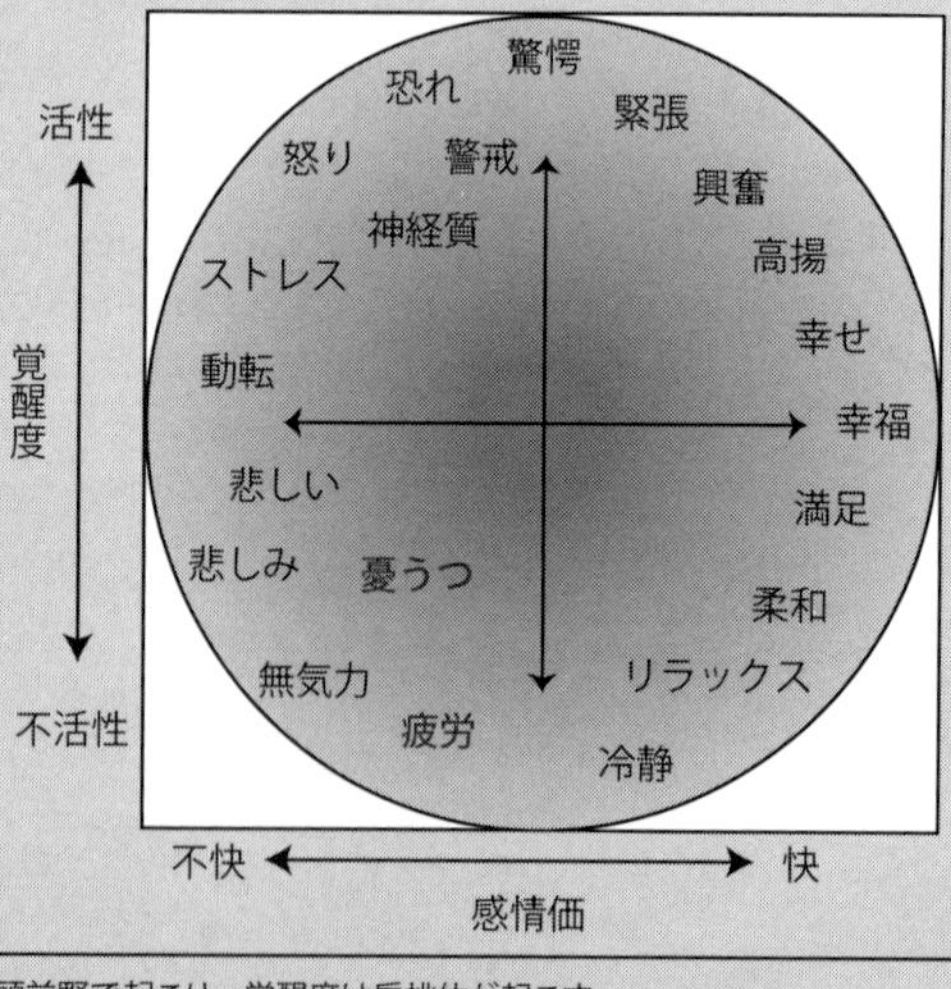

感情価は眼窩前頭前野で起こり、覚醒度は扁桃体が起こす。
感情と身体症状である憂うつと疲労感は同じ象限から生まれるもので、その個人の選択により認識されたものである。図から明らかな通り、うつ病と慢性疲労症候群の診断基準症状はオーバーラップする。両者は気分象限が同じで、しかも近接しているからである。これが両者を独立疾病として弁別することが困難な理由である。

図4

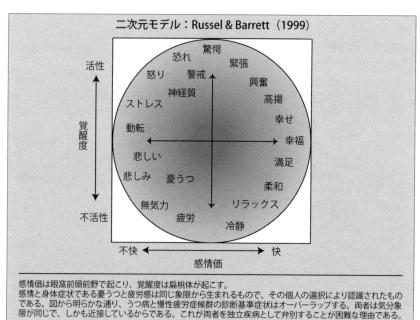

野と扁桃体ということになる。

感情価を生み出す眼窩前頭前野は、身体、特に内臓の内受容感覚からの到達点（内臓中枢）であり、Ａ・ダマシオのソマティック・マーカー仮説[13]の部位である。眼窩前頭前野の活動は、身体の臓器情報を脳へ伝達する迷走神経、その迷走神経の活動と同期することがわかっている。これが自律神経への刺激法である迷走神経刺激法（ＶＮＳ）がうつ病などの気分障害や慢性疲労症候群に効果がある理由である。

眼窩前頭前野の障害は、認知機能には異常はないが、生活が乱れ、倫理観が低下し、人格的障害が発生する。眼窩前頭前野は内臓中枢であるので、内臓、特に消化管からの情報が重要で、食事療法、腸内細菌叢の調整などがきわめて重要であることが理解できる。

肝が据わっている、腹の虫がおさまらないなどの比喩表現は、内臓中枢と感情との関係を、われわれが身体感覚で察知しているところから生まれてくるものだろう。

■身体症状は扁桃体が生み出す

覚醒度を生み出すのは扁桃体である。その扁桃体は〈気分〉だけでなく、次に示すように身体症状を起こす部位でもある。

動悸や緊張振戦は交感神経の異常、下痢や腹痛は副交感神経の異常であり、これらは自律神経の異常である。また高血糖、血圧、発熱などは視床下部での内分泌異常で起こる。こうしたことは脳の機能解剖・生理学の急速な進化によって解明されたことで、私が医学教育を受けた時代にはわからなかったことである。

扁桃体が中脳水道周囲灰白質（ＰＡＧ）に指示をして、交感神経、副交感神経などの自律神経が瞬時に作動する。また内分泌系、たとえば副腎皮質ホルモンの一つであるグルココルチコイドは、扁桃体が視床下部・

室傍核に指示して視床下部－下垂体－副腎軸（ＨＰＡ軸。神経内分泌と自律神経の応答を調整することでストレスに応答するシステムの主要コンポーネント）が作動し、副腎皮質で産生される。グルココルチコイドは血糖、血圧を上げることで中・長期のストレス環境に対応するのである。

■扁桃体症候群――すべての症状（幻覚などの大脳皮質性症状以外）は扁桃体が生み出す

これまで医学は症状として現れるものの集合体としてうつ病、不安障害、慢性疲労症候群、パニック障害、心臓神経症、過敏性腸症候群、高血圧症、等々に分類された症状に対して治療をしてきた。

しかし以上の通り、精神症状、身体症状はいずれも扁桃体が起こし、気分の感情価を生み出す眼窩前頭前野の情報も島を経由して扁桃体に送られている。このようにメンタル症状が扁桃体を起点に起こっているのであれば、メンタル疾患は「扁桃体症候群」と呼ぶことができる。メンタル疾患の治療ターゲットは扁桃体

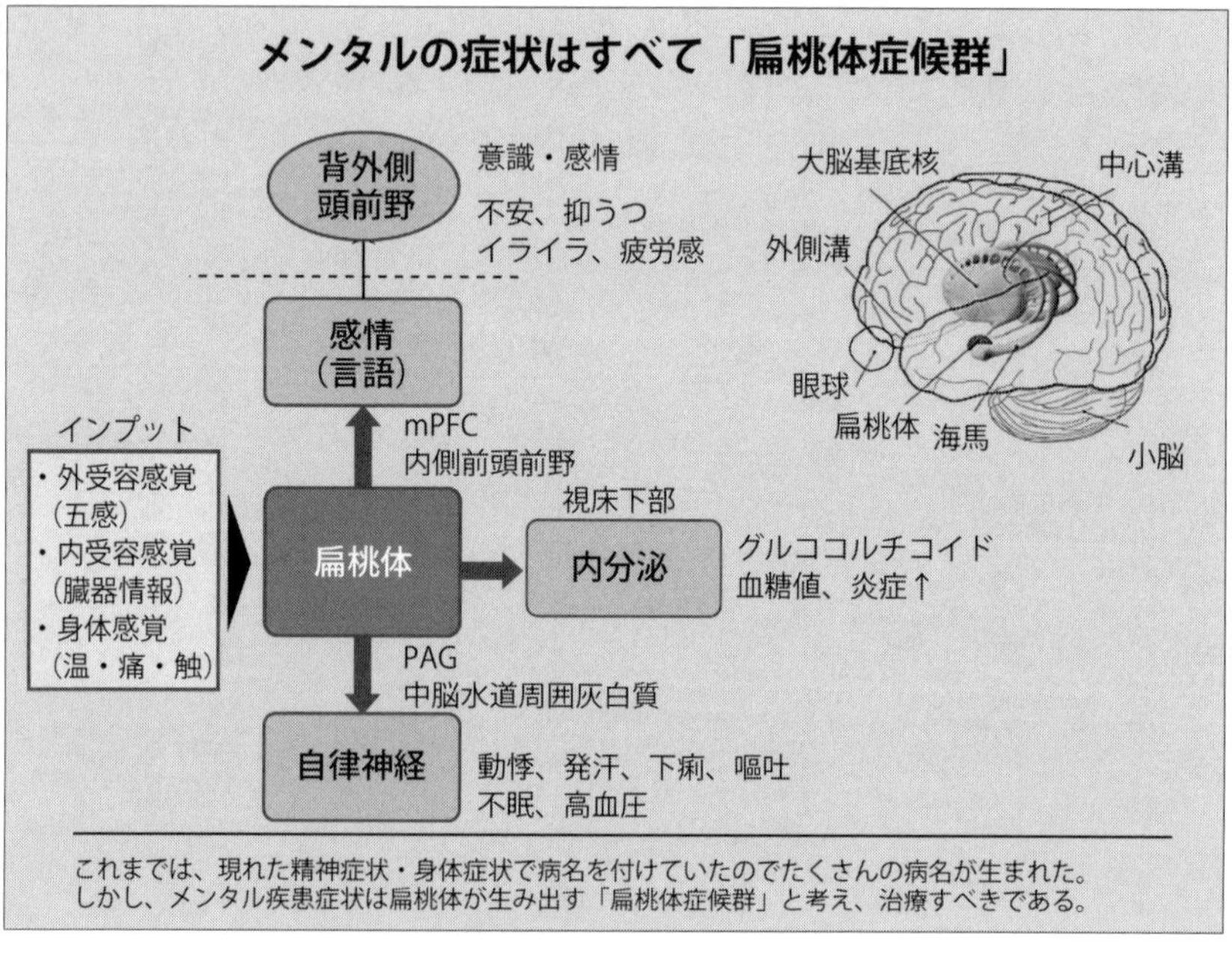

図5

なのである［図5］。

4 生物の進化と人の発生、そして脳の発達

本節は脳の解剖生理学的専門用語が頻出する。専門外の読者におかれては、次節「5 うつ病の真の治療ターゲットを探る」以降をお読みいただき、その後、本節に戻って理解を深めていただけたら幸いである。

■生物の進化と子宮内での発生

生物は、外的環境の変化とともに進化してきた。単細胞から多細胞、そして多臓器の生物となり、消化器系、循環器系、腎泌尿器科系が分化した。そして全体を制御するために自律神経などの脳神経系が発達した。

生物の進化については、三木成夫（1925～1987年）[14]の考察がきわめて参考になる。生物はまず水中で魚類として発達。バリスカン造山運動[15]による水陸環境が両生類を生み出し、陸上化した爬虫類になると鰓呼吸が肺呼吸に変化した。そして哺乳類になると、哺乳による母子関係から家族関係を基盤とする社会性が大脳皮質を膨張させた。その哺乳類に言語を駆使する思考、記憶性、創造性をもった人が最後に生まれたのである。

そもそも生物に、そして人間に設計図はない。遺伝情報は単なる蛋白質のコード表である。だから生物・人間を創り上げるには、この進化の過程を子宮内で辿る必要がある。子宮が地球環境に対応した進化を創り出すことで、その変化に応じて魚から爬虫類、哺乳類、そして人へと発達していくのである。

脳も生物進化のプロセスの上にある。子宮の中で魚類脳、爬虫類脳、そして哺乳類脳として前頭前野が発

達し、最後にｄｌＰＦＣ（背外側前頭前野）が発達して人の脳となるのである。発生学的な脳の特徴は、新しい脳が古い脳を利用し、かつ古い脳を機能制御、主に抑制していることである。その結果、新しい脳が停止した時に古い脳が活動する。

■哺乳類のコミュニケーション神経として鰓弓神経群の発達――社会神経

人まで進化する子宮内外で再現される生物の進化には、重要な三つのトピックがある。

一つ目は爬虫類として陸上化したとき、不要になった鰓が顔面や心肺、それを動かす鰓弓神経群となったこと。

二つ目は哺乳類となったとき、その鰓弓神経群を社会的コミュニケーションの道具として進化させたこと。

最後の三つ目は人の誕生である。言葉を獲得することで意思、思考、時間、創造性、同時に私という意識、心、そして苦しみや悲しみなどの感情を生み出したのである。

水中での鰓呼吸が、陸上化した爬虫類以降には肺呼吸となる。不要になった鰓は、鰓弓（妊娠初期の胎児にできてくる隆起）を経て顔面と首、胸郭の骨、筋肉、神経、臓器を作った。これらの領域を支配する神経を鰓弓神経群と呼び、Ｖ（三叉神経）、Ⅶ（顔面神経）、Ⅸ（舌咽神経）、Ｘ（迷走神経）、Ⅺ（副神経）が、顔面、喉頭、咽頭、首、胸郭の鰓弓筋、鰓弓臓器を支配する。魚の鰓呼吸に連動性があるように、鰓弓神経群は連動して同時に動くのが特徴である。

哺乳類になると、母子関係、家族関係、社会関係が強化され、鰓弓神経群は、コミュニケーションのための社会神経として発達する。顔面神経による表情筋の動き、迷走神経の声帯緊張による高音の発生、三叉神経の鼓膜張筋による高音の聴取、三叉神経・顔面神経・舌咽神経・迷走神経による発声が社会的コミュニケーションを豊かにするのである。そして鰓弓神経である迷走神経腹側運動核（疑核）は、無意識に自律的に作動する社会神経として、他者との交流時は交感神経を抑制して穏やかなコミュニケーションをうみだしている。

■新しい自律神経理論——ポリヴェーガル理論

横隔膜より下の腹部臓器を支配する副交感神経核である迷走神経背側運動核に、新たな鰓弓神経の迷走神経腹側運動核が加わり、迷走神経は二つの運動核をもつことになった（ポリヴェーガル＝複数＋迷走神経）。この迷走神経腹側運動核が他の鰓弓神経群と同期して、社会神経として活動するのである。そしてこの社会神経は、外的環境が安全か危険かを無意識に察知（ニューロセプション：無意識下の認知）して活動している。

ポリヴェーガル理論（多重迷走神経理論）[16]の提唱者であるS・ポージェスは、この鰓弓神経群の一つである迷走神経腹側運動核が、横隔膜より上の臓器、たとえば胸郭内の心肺の交感神経を無意識に自律的に抑制する社会神経の一つとして、副交感神経、交感神経に続く三つ目の自律神経として作動していることを示した。あわせて、従来、遠心性（運動）神経と思われていた自律神経が、その神経線維の8割が求心性（感覚）神経であることを示した。このことにより、末梢の臓器、たとえば消化管の状態、腸内細菌叢が迷走神経を通じて中枢である脳へ影響をあたえること、つまり身体を整える治療が、脳を安定させることが容易に理解できるようになった。パニック障害などの、従来の言語による心理学治療の限界を越えて、新しい身体心理学という身体経由のアプローチの効果機序が理解できるようになったのである。

新しい神経は古い神経を抑制し、新しい神経の活動が停止すると古い神経の活動が現れる。社会的コミュニケーションのための鰓弓神経群は安全安心な環境の元で作動する。ひとたび安全安心の認知が無くなると社会神経は停止し、抑制していた交感神経の脱抑制が起こり、心拍数の増加、血圧の上昇、手足に発汗して、逃げるか闘うかという状態を生み出す。もし逃げることも闘うこともできない絶体絶命状態になると交感神経は停止し、抑制されていた副交感神経の脱抑制が起こり、血圧低下、下痢、時に意識消失（シャットダウン）を起こす。これがパニック障害や自律神経失調症の症状の機序である。

このポリヴェーガル理論はこれまで原因不明、治療困難だったトラウマ障害や発達障害の原因解明、治療法の開発にきわめて有用であることから、心理学、精神医学の領域で注目を集めている。

さて、ここからの議論は、構成主義的心理学、三木成夫の学説、ポリヴェーガル理論、最新の脳の機能解剖学などを総合した、仮説ベースでの議論となる。科学的にまだ証明されていない部分もあるが、科学はまず仮説である。事実を集めても科学にはならない。仮説を証明することが科学であることとして、お付き合い頂きたい。

■脳の進化と扁桃体の発達

生物学的に考えると、脳は思考するためではなく、生命を維持するために進化してきた。魚類脳は自律神経である副交感神経、交感神経を使って生体内部の生命維持を行っている。ところで魚の扁桃体を壊すと、その個体は群れから離れる。そこで扁桃体は魚類脳の中枢と考えられている。この扁桃体は魚類脳の運動野である中脳水道周囲灰白質（PAG）に指示して、交感神経、副交感神経を制御しているのである。

爬虫類脳は、陸上化にともなって外界を認知するために視覚、聴覚などを発達させた。また魚では水中での精子と卵子の自由受精だったものが、空気中の乾燥に耐えられるように母胎内での受精のためにツガイ関係を作り上げることが必要になった。その結果、愛と攻撃の行動・感情の元型が生まれ、それを扁桃体が担うことになる。

哺乳類は、誕生時の哺乳の母子関係から始まる社会性を発達させ、爬虫類で誕生した鰓弓神経群を社会神経として進化させていく。その結果、哺乳類は扁桃体が生み出す〈気分〉から豊かな表情を生み出し、言葉を獲得した人はその〈気分〉から選出した感情言語を「気持ち」と呼ぶようになった［図6］。

■前帯状回機能不全・鰓弓不全症候群・扁桃体症候群

安全安心な状態であれば、哺乳類脳で発達した社会的コミュニケーションのための社会神経が活動する。これらは鰓弓神経群が動かしている。鰓弓神経群は陸上化した爬虫類の時代にできたので、爬虫類の運動野である前帯状回が支配している。前帯状回は同時に魚類脳である扁桃体を抑制している。

安全安心な状態が崩れると、前帯状回の活動が停止する（前帯状回機能不全）。前帯状回が

脳の発生学的構造（仮説ベース）

	感覚野		中枢	運動野	意識レベル
	一次感覚野	感覚統合野			
人脳（哺乳類脳）	視床	頭頂葉 感覚統合野	背外側 前頭前野 dlPFC	前頭葉 運動野	意識
爬虫類脳	後島	前島	眼窩 前頭前野	前帯状回	無意識
魚脳	傍小脳脚核	上丘	扁桃体	中脳水道周囲 灰白質	

脳は進化過程の階層的構造となっている。新しい脳は古い脳を利用するが、機能的に抑制している。

図6

動かなくなると鰓弓神経群も停止して、笑顔、会話が無くなり、高音が聞こえず危険な低音に聴覚が過敏となり、咽・喉頭が狭窄して息が詰まった感じや咳が出て、そして心臓の抑制が外れ、頻拍は動悸を感じるようになる（鰓弓不全症候群）。同時に前帯状回の扁桃体抑制が解除されて自律神経異常、内分泌異常による「身体症状」、そして〈気分〉から感情などの「精神症状」が発現する（扁桃体症候群）。

■扁桃体症候群としての自律神経失調状態

前帯状回の抑制が外れた扁桃体は、まずは闘争か逃走のために、交感神経緊張による血圧上昇、手指振戦、不整脈、口喝、瞳孔が開くことによる羞明[17]などを起こす。逃げ切れないと判断した場合は副交感神経緊張で血圧低下、吐気、嘔吐、下痢、腹痛、流涙、腹部血流集中による脳貧血（シャットダウン）など多彩な症状を発現して、絶体絶命の危機に対応する。「安全安心の喪失」→「前帯状回不全＝鰓弓不全症候群」→「扁桃体症候群」→多彩な症状という構図である。

哺乳類脳、爬虫類脳、魚類脳の抑制と、抑制の解除による症状の発現の機序は、脳が発生学的に進化する過程を辿って発達してきたという事実を明らかにする。

5▼ うつ病の真の治療ターゲットを探る

■疾病行動としてのうつ病

当たり前だが結果には原因が、つまり因果関係がある。結果には原因1が、原因1には原因2が、原因2には原因3が……そう考えると、結果としてのうつ症状を起こす真の原因は何だろうか。それがうつ病の真の治療ターゲットである。

現在、コロナ後遺症、コロナワクチン後遺症として、継続する発熱、不安、抑うつなどの感情障害、そして慢性疲労感や慢性疼痛などが注目されている。この後遺症にかんしては、その原因、治療法は不明という扱いを受けている。

一方、医学の領域では感染や手術後に疾病行動（Sick-Behavior）をとることは以前から知られていた。疾病

【column】

「発達ポイ」：鰓弓不全症候群と発達障害

外来で成人性の発達障害患者が増えている。当院の初診患者にはまず保健師や心理士が面談を行う。面談内容の説明では「先生、この患者様、発達ポイですね」と報告がある。この「発達ポイ」の特徴は、笑顔が少なく、表情筋が薄く、声は低音で、質問を聞き逃すことも多い。不安感が強く、外的環境、音や光などへの神経過敏、また、基本的に対人関係が苦手で、時に家族関係から離れて自室にこもることが多い。小児期における兄弟関係や家族関係の障害、学校でのいじめや不登校の経験、医療機関を受診して自閉症、学習障害、コミュニケーション障害、発達障害と診断されたことがあるなど、多彩な病歴をもつ。

この「発達ポイ」は、発育期に誤解や錯覚を含め、環境を危険と察知して、鰓弓神経群の活動を停止した一群ではないかと考えている。対人コミュニケーションが少ないので、鰓弓筋である表情筋が未発達で表情に乏しく、高音を聞く鼓膜帳筋の張が弱く、高音聴取障害で学習障害と低音聴覚過敏で自閉的行動を取り、結果的に発達障害という範疇に入ってしまうのである。

鰓弓神経群の機能不全、つまり「鰓弓不全症候群」の治療は前帯状回活動の回復と鰓弓神経群のリハビリである。安全安心な療養・生育環境をあたえ、豊富な笑顔や会話や、ポージェスが開発した鰓弓筋である鼓膜張筋を動かす聴覚療法 SST（Safety Sound Protocol）や、新しい身体心理療法である SE（Somatic Experiences）などが有効である。筆者のクリニックでは、元キャビンアテンダントの指導による印象改善外来（別名：笑顔外来）などで、鰓弓神経群の活動トレーニングを行っている。

行動では、気分が上がらず、疲労感が強く、活動性は低下し、笑顔が消える。が、誰が見ても調子が悪いとわかるので、仲間からの支援を受けることができるようになる。また、他人と話す気持ちは失せて一人になりたくなる。そうすることで患者本人にとってはエネルギー消費を少なくして、病気への治癒に専念できるのである。動物であれば集団としては感染の蔓延を防ぎ、時に捕食動物に遭遇すると病気の個体が餌食となり群れを守ることにもなる。

これまで疾病行動は現象としては知られていたが、その病態機序は不明だった。コロナ後遺症は典型的な疾病行動であり、感染後に起こる。であれば感染による免疫・炎症反応がその要因であることは明確である。体の局所に炎症が起こると全身の炎症細胞が活性化する。脳の炎症細胞であるミクログリアの活動が、この疾病行動、中でも抑うつの鍵となることが容易に予想される。逆にあらゆる原因で起こる抑うつ、うつ病の発生機序の鍵をこのミクログリアが握っていると私は考えている。

■脳の炎症細胞ミクログリアとその機能

感染、怪我、手術、そして動脈硬化、老化も、その生体防御機能、治癒機能としての炎症反応で、その機序は詳細にわかっている。一旦炎症が起こると、ＩＬ－１（Interleukin-1）やＩｌ－６（Interleukin-6）、ＴＮＦα（Tumor Necrosis Factor α）のような炎症性サイトカインにより炎症細胞は活動型になり、自ら炎症性サイトカインを産生して全身に乗数的に炎症を拡大する。

さて、脳の神経細胞と神経細胞を保護し支えるグリア細胞（神経膠細胞）は基本的に外胚葉由来の細胞である。その中でミクログリアだけが中胚葉由来で、脳の中の唯一の免疫・炎症細胞である。このミクログリアは日頃は安静型として脳内に異常がないかモニタリングしているが、ひとたび異常を発見すると活動型になり、異物を攻撃・排除するのである。

　ミクログリアは病的状態、たとえば細菌性脳炎、脳挫傷、脳卒中などでの細菌や異物、壊れた神経細胞の排除を担っており、脳の成長時には不要となった神経シナプスを刈り込むことが知られている。

■「炎症仮説」と「グルココルチコイド仮説」

　うつ病の患者、もしくはうつ病に罹患しやすい人たちに、くすぶり型の炎症と、その炎症所見であるＣＲＰ（体内に炎症が起きたり細胞や組織の一部が壊れたりした場合、血液中に増加するタンパク質の一種）の高値が指摘されてきた。また、ストレスがかかると耐ストレスホルモンであるグルココルチコイドが産生され、うつ病患者でもグルココルチコイドが高いことも知られている。これがうつ病の「炎症仮説」「グルココルチコイド仮説」が唱えられている理由である。

　事実としてうつ病患者では炎症所見が高く、グルココルチコイドも高い。しかしこの二つの仮説は医学的常識として相容れない仮説なのである。副腎皮質ホルモンの一つであるグルココルチコイドは、アトピー性皮膚炎などのステロイド軟膏に使われているし、今回のコロナ感染症での激烈な炎症による多臓器不全を治療する抗炎症薬として使われている。グルココルチコイドは、強力な抗炎症作用をもっているのである。

　グルココルチコイドが高いと脳の炎症は抑制されるはずだと考えられる。起こった炎症を抑制するためにグルココルチコイドが高いという関係性は否定できないが、少なくともグルココルチコイド高値がうつ病を起こすという病態仮説の根拠は不明である。

■グルココルチコイドの制御不全と愛着障害、発達障害

身体的ストレス、精神的ストレスを受けると、扁桃体は視床下部・室傍核を通じてグルココルチコイドを産生する。通常、高値になった脳内グルココルチコイドは海馬グルココルチコイドレセプターに結合して、視床下部・室傍核にネガティブフィードバック機構（生体の恒常性を保つために働く調節機構）を働かせて、正常化する。

ところが胎生期に母親が長期的ストレスや妊娠中の感染症を受けたり、保育器などで母子密着関係が障害されたり、あるいは家庭内暴力やいじめ、不登校など生育期のストレス環境などによる高コルチコイド血症の状態がつづくと、その結果、本来の機能である海馬のネガティブフィードバックがエピジェネティック（後天的な遺伝子制御）に障害されることがわかっていた。本来、正常化するグルココルチコイド濃度の高止まりが、発達障害やうつの易発症性、再発性の基盤と考えられている。事実、発達障害やうつ病ではグルココルチコイド濃度は高い。

■新しい仮説のための多領域基礎研究

うつ病、そして脳内炎症にかんして世界で研究が進んでいる。ストレスと炎症については神戸大学の北岡志保先生が、ストレスが自然免疫であるＴＬＲ２（Toll-like receptor2）、ＴＬＲ４受容体を経て、脳内に炎症性サイトカインＩＬ－１（Interleukin-1）を産生することを証明した。[18] 物質でないストレスが、脳内に物質的な炎症を起こすことが明らかになったのである。また京都大学の生田宏一教授は抗炎症の働きをすると考えられていたグルココルチコイドが、生体の日内変動レベルでの低濃度であれば、炎症を促進するＴ細胞を増強するという事実を明らかにした。[19] またＡ・マクファーソンはグルココルチコイド投与でミクログリアの炎

症性サイトカインＩｌ－１、Ｉｌ－６、ＴＮＦαの産生が増大すること、[20]Ｍ・Ｇ・フランクは、事前にグルココルチコイドを浴びた炎症細胞は、その後、炎症性サイトカインを受けると活動性が増大することを示した。[21]グルココルチコイドはその濃度・時間によって炎症・免疫の抑制、促進も行うという、濃度依存性、時間依存性が判明したのである。

これでうつ病を生み出すプレイヤーとその仮説的機序が揃った。

6 新しいうつ病仮説

■ミクログリア過剰活動の遷延化による「脳の慢性炎症仮説」

グルココルチコイドはミクログリアの炎症反応性を亢進させる。繰り返されるストレスにより脳内グルココルチコイドが高い状態、もしくは生育期の長期ストレスによるネガティブフィードバック機構が障害されてグルココルチコイドが高止まりしていると、ミクログリアは活性型になり易い状態で待機している。

そこに精神的ストレスが直接的に脳内に、あるいは感染症や全身の炎症が血管を通して、また腸内細菌や臓器由来の炎症サイトカインが迷走神経を通じて脳内へ波及すると、ミクログリアは速やかに活性型に変化し、自らも炎症性サイトカインを産生し、脳全体のミクログリアを活性化する。しかし脳内は脳血管関門（ＢＢＢ）で守られており、異物はない。

そこで活性型ミクログリアは、脳神経、シナプスで活動性の高い部分をターゲットに攻撃すると予想される。攻撃部隊であるミクログリアにグルココルチコイドが「敵が来るぞ」と狼煙《のろし》を上げて、その後、炎症性サイトカインが「攻撃開始」の命令を行う、というのが通常、あるいは正常な生体防御的な構造である。しかし活性型になったミクログリアの前には敵はいない。そこで活動性の高い正常な神経細胞やシナプスを攻撃し、障害が発生するというのが、うつという症状において起きている構図だと考えている。

■活性型ミクログリアによる脳機能障害

うつ病では背外側前頭前野（dlPFC）、島、前帯状回、その他の機能障害が知られている[22]。

dlPFCは意識・意思の中心で、ワーキングメモリーの拠点である。島と帯状回は危機管理を行う爬虫類脳の感覚野と運動野で、かつデフォルトモードネットワーク[23]からワーキングメモリー[24]へのスイッチングを行うセリエンスネットワーク[25]であり、慢性疼痛時に活動するペイン・マトリクス（痛みの関連脳領域）として活動性がきわめて高い部位である。

前帯状回が障害を受けると扁桃体抑制が解除され、過活動、つまり症状を起こすことになる。うつ病を電気的に治す深部脳刺激（DBS）の刺激部位は前帯状回・膝下部であり、また自殺者の前帯状回背部にはミ

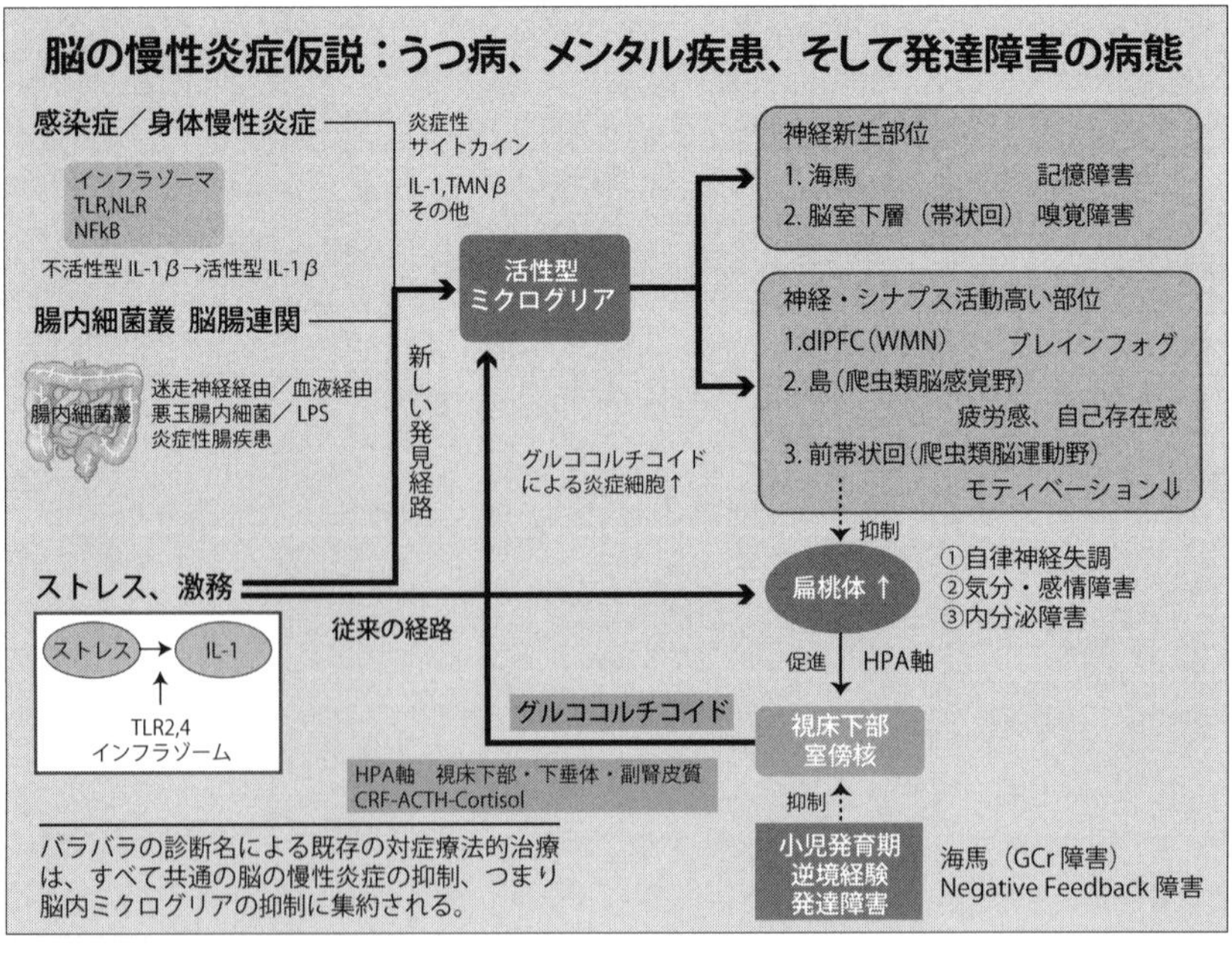

図7

クログリアが密集していることが報告されている。

臨床的自覚症状としては、ｄｌＰＦＣの障害により「濃霧脳」（ブレインフォグ）が、島の障害により疲労感が、前帯状回の障害によりモティベーションの低下が起こるとされている［図7］。

■新しい仮説によるうつ病の病態の広がりとその理解

うつ病は疾病行動の一つで、ミクログリアが炎症性サイトカインを受けて抑うつ症状を起こす。うつ病（うつ状態）は単にストレスから起こるだけでなく、ストレスを含む身体の炎症、炎症性サイトカインによって起こる。私の大腸がんの術後性うつ、生理前緊張症（ＰＭＳ：排卵後の卵巣炎症性）、出産後、特に帝王切開後抑うつ、慢性炎症を起こす悪性腫瘍性うつ（腫瘍周囲に炎症）、自己免疫疾患性の抑うつ、心筋梗塞後・脳梗塞後の抑うつ、潰瘍性大腸炎や日焼け後に元気がなくなるなど、多くの抑うつ症状が「脳の慢性炎症」に還元されるものである。

そして愛着障害、発達障害の易うつ病発症、そして繰り返すうつ病再発者の病態も、グルココルチコイド・ネガティブフィードバック障害として、その病態理解、新たな治療法の開発が見えてくる。

この仮説に基づくと、抗うつ薬が効かないのは、うつ病の原因がセロトニン不足ではなく、脳の慢性炎症だったからだとわかる。逆に、抗うつ薬が3割の効果があるのは、まずは抗うつ薬にはミクログリア安定作用があること、そしてセロトニンを分解するセロトニントランスポーターが扁桃体に多いので、扁桃体ではセロトニン不足になり易いからだと想定される。抗うつ薬であるＳＳＲＩが不安障害にも効果があるのは、抗うつ薬でなく扁桃体治療薬だからなのである。

7 最後に

『生活習慣病としてのうつ病』の著者であり精神臨床家である井原裕は、症状でなく、徹底的に身体と、それを作り上げる生活習慣を整えることでうつ病は治ると断じた。脳神経内科出身の私は、実体の無い精神とその症状は、それを生み出す実体、つまり身体・脳を治すことで治療できると考えた。

精神から身体へ、そして身体から精神へ――。この両面からのアプローチを融合させて提案するのは、「うつ病＝ミクログリアによる脳の慢性炎症」説である。これは、症状の存在論的意味、症状の発現機序、扁桃体、島、前帯状回という最新解剖学の進化、ポリヴェーガル理論という新しい自律神経理論、脳内ミクログリア、ストレスと炎症、炎症とグルココルチコイドという基礎的研究の成果――これらをまとめて、従来から言われていた「慢性炎症仮説」と「グルココルチコイド仮説」を融合した、うつ病の新たな病態仮説である。

私たちのクリニック（ＢＥＳＬＩ ＣＬＩＮＩＣ）では、この病態仮説を「ベスリ理論」と呼び、その治療理論に従って治療を進め、臨床的な有効性を確認している。脳は進化論的に多階層の構造でできあがっている。だからこそ、階層ごとに数多くの治療法が開発可能である。結果である症状、その症状を生み出す原因群は直線的でなく、円循環的である。科学者が考えるほど原因と結果は単純でなく、結果が症状を起こす原因の一つになることもある。そこで円循環を切るという視点から、患者本人が治療に参加できるもので、最も有効な方法から開始していく。これが治療法選択の要諦である。

最後に、「症状・病気はこれまでのやり方、考え方、そして生き方を変えよ」――これが二つのうつ病体験と開業以来7年間、約1万5000人の患者の治療体験から得た、私たちの実戦的治療の原理、原則であることを付け加えたい。

註

（1）Diane Warden, A. John Rush, Madhukar H. Trivedi et al.: The STAR*D project results: A comprehensive review of findings. *Current Psychiatry Reports* volume 9, pages449-459（2007）.

（2）澤山恵波「電気けいれん療法――効果を最大に引き出すために」、『日本生物学的精神医学会誌』第29巻第4号、2018年、143～146頁。

（3）鬼頭伸輔「うつ病に対する経頭蓋磁気刺激（TMS）」*Jpn J Rehabil Med* 2019; 56: 38-43.

（4）ある介入を対象者に行った場合、1人に効果が現れるまでに何人に介入する必要があるのかを表す数字。たとえば、治療Aでは10パーセントの有病率が5パーセントに減少し、治療Bでは50パーセントの有病率が25パーセントに減少したとする。いずれの場合も有病の減少率は50パーセントである。一方、NNTは、1／（〔介入前有病者数／全対象者数〕－〔介入後有病者数／全対象者数〕）で求める。前述の治療A、治療B、それぞれの実験で100人を対象としていた場合、治療AではNNT＝1／（10人／100人－5人／100人）＝20、治療BではNNT＝1／（50人／100人－25人／100人）＝4となる。治療Aでは20人に治療すれば1人に効果が現れるのに対し、治療Bでは4人に治療すれば1人に効果が現れると言えるため、高い効果が得られたことになり、NNTの値が小さいほど治療が有効である確率が高くなる。

（5）Stewart JA, Deliyannides DA, Hellersten DJ et al.（2012）: Can People With Nonsevere Major Depression Benefit From Antidepressant Medication?. *J Clin Psychiatry* 2012;73(4):518-525.

（6）Arroll, B, Elley, C.R., Fishman, T., et al.: Antidepressants versus placebo for depression in primary care. Cochrane Database Syst Rev. 2009 Jul 8;(3):CD007954. doi: 10.1002/14651858.CD007954.

（7）JC Fournier, RJ DeRubeis, SD Hollon et al.: Anti depressant drug effects and depression severity. A patient-level meta-analysis. JAMA. 2010; 303(1): 47-53.

Fournierらが、論文にならなかったデータも含めて解析し直した。結果は抗うつ薬の効果は低く、重症例は別としてプラセボと大差がなかった。

（8）新薬の治療効果・有効性をたしかめるために行われる比較試験で、治験の被験者群を二つの群に分け、一方には被験薬（実薬）を、もう一方には対照薬（プラセボ）を投与して比較する。そのさい、どんな薬が投与されるか、また、どちらのグループにどちらの薬が投与されているかを、治験にかかわる医師、患者などすべての人間に知らせずに行う。

（9）Kirsch I.:Placebo Effect in the Treatment of Depression and Anxiety. Front. Psychiatry. 13June 2019.

（10）EH Turner, AM Matthews, E Linardatos et al.: Selective Publication of Antidepressant Trials and Its Influence on Apparent Efficacy. New England Journal of Medicine 2008; 358: 252-260.

（11）うつ病は脳内のセロトニンの減少により引き起こされるという仮説。1965年にハーバード大学のジョセフ・J・シルドクラウト氏によって提唱された。しかし、うつ病患者のうちセロトニンが低下していた人の割合は28パーセントという研究結果が1976年に示された。

（12）井原裕『生活習慣病としてのうつ病』弘文堂、2013年。

（13）腹内側前頭前野（ブロードマン10・11・12・25・32野など）を損傷した患者の、意思決定における障害を説明するために提案された仮説。知能には問題がないが日常生活で適切な意思決定ができないこれらの患者には、情動喚起刺激に対する末梢の皮膚電気反応に障害が見られたことから、情動とは一見、関係のない意思決定においても、情動的な身体反応の信号が不可欠な役割を果たしているとされた。

（14）解剖学者、発生学者。東京医科歯科大学医学部解剖学教室で助教授として血管系の比較発生学的研究に取り組んだのち、1973年より東京藝術大学に保健管理センターの医師として赴任。『胎児の世界――人類の生命記憶』（中公新書、1983年）、『海・呼吸・古代形象――生命記憶と回想』（うぶすな書院、1992年）、『内臓のはたらきと子どものこころ』〔増補新装版〕（築地書館、1995年）など著書多数。

(15) 古生代（約5億4100万年～約2億5190万年前）の後期にヨーロッパに起こり、石炭紀（約3億5920万年～約2億9900万年前）から次第に造山運動を受けて山脈化した一連の造山運動。

(16) 神経生理学に基づき、S・ポージェスが提唱した、自律神経系の適応反応に関する新たな理論。水中生物時代の鰓が新しい自律神経である腹側迷走神経と、それと連係協働する鰓弓神経群が形成した社会神経が、より原始的な自律神経（交感神経系・迷走神経背側運動核の副交感神経）をコントロールすることにより、最も適応的なストレス反応が可能になるとする。

(17) 通常は苦痛を感じない光量に対して、眩しく不快に感じる状態。眼内に入る光量の調節、光の通過障害、網膜の光刺激受容、刺激の伝導路（視路・中枢）が障害されて生じる。

(18) 北岡志保・古屋敷智之「ストレスによる内側前頭前皮質の炎症反応と行動変容：自然免疫分子の役割」、『日本生物学的精神医学会誌』第31巻第4号、2020年。

(19) 生田宏一「グルココルチコイドによる免疫活性化機能の解明」、『上原記念生命科学財団研究報告集』第34号、2020年。

(20) MacPherson A, Dinkel K, Sapolsky RM : Glucocorticoids worsen excitotoxin-induced expression of pro-inflammatory cytokines in hippocampal cultures. Exp Neurol 2005; 194: 376-383.

(21) Frank MG, Miguel ZD, Watkins LR, MAIer SF: Prior exposure to glucocorticoids sensitizes the neuroinflammatory and peripheral inflammatory responses to E.coli lipopolysaccharide. *BrAIn Behav Immun* 2010; 24: 19-30.

(22) ElAIne Setiawan, Alan A. Wilson, Pablo M. Rusjan, et al.: Role of Translocator Protein Density, a Marker of Neuroinflammation, in the BrAIn During Major Depressive Episodes. JAMA Psychiatry. 2015;72(3):268-275.
うつ病エピソードでのミクログリアの活動が増大する場所は、背外側前頭前野、島、前帯状回が顕著であり、逆にミクログリアによる障害を最大に受ける場所と考えられる。

(23) 何らかの思考・関心・注意をともなわない、ぼんやりとした安静状態にある脳が示す神経活動。

(24) 作業記憶・作動記憶。短い時間に情報を保持し、同時に処理する能力。

(25) 外部からの入力と、内部の脳イベントにおける顕著性を監視する。

参考文献

・うつ病の全般的な解説については「日本うつ病学会治療ガイドラインⅡ．うつ病（DSM－5）／大うつ病性障害2016」が最新である。以下からアクセスできる。

■日本うつ病学会ＨＰ

https://www.secretariat.ne.jp/jsmd/iinkai/katsudou/kibun.html

「日本うつ病学会治療ガイドライン　Ⅱ．大うつ病性障害」

　なお、同ガイドラインについての解説が、『精神医学』62巻5号「増大号特集：精神科診療のエビデンス――国内外の重要ガイドライン解説」、医学書院、２０２０年、５４２～５４９頁に掲載されている。

　日本における従来のうつ病治療アルゴリズム（精神科薬物療法研究会、２００３）は、日本の精神科専門医へのアンケートの結果などを基にして作成されてきた。ところが世界の標準治療と大きく乖離してしまったのである。その改訂版においても世界標準治療でなく日本の事情を優先することになった。前掲のガイドラインには以下のようにある。

「実はこの10年の間に、新期抗うつ薬の新たな副作用が注意喚起され、また、軽症大うつ病における新規抗うつ薬の有効性をめぐり国際的な議論が巻き上がり、各国のガイドラインにも影響が及んだのである。したがって、日本うつ病学会では、これら諸議論をふまえて、最新のエビデンスを盛り込み、かつ現在の医療体制や日常臨床の実情を勘案したガイドラインが必要であると判断した」（「初版　第1回改訂版　序」２０１３年9月24日、６頁）

「各国のガイドラインやアルゴリズムを俯瞰すると、軽症に対して抗うつ薬を第一選択とせず心理療法やその他の治療方法を優先するものが少なくない（NICE, WFSBP, Australia/NZ guideline）。（中略）このため、各国のガイドラインを参考にしつつ、日本のエキスパートのコンセンサスにより、本ガイドラインを作成した」（「第2章　軽症うつ病」、29～30頁）

・日野原重明『「生活習慣病」がわかる本――健康のため、その〝習慣〟を改めなさい』ゴマブックス、２０１５年。
・三木成夫『ヒトのからだ――生物史的考察』うぶすな書院、１９９７年。
・ステファン・W・ポージェス『ポリヴェーガル理論入門――心身に変革をおこす「安全」と「絆」』花丘ちぐさ訳、春秋社、２０１８年

第10章 精神分析の未来

十川幸司／河本英夫(インタヴュアー)
Togawa Koji

1 2022年の精神分析

『精神分析』(シリーズ「思考のフロンティア」)という本を上梓して、もう20年近く経ったのですが、精神分析をめぐる状況には大きな変化がありません。その当時、精神分析は消滅の危機に瀕した言説である、ということを強調したのですが、その危機は、今年2022年になって、一層加速しているような印象さえ受けます。

その本で書いた基本的な考えは、今もほとんど変わっていません。私は、フロイト以降の精神分析で、特に重要な分析家としてメラニー・クライン、ジャック・ラカン、ウィルフレッド・ビオンの三人を挙げました。もう一人加えるとすれば、ドナルド・ウィニコットになるでしょうが、この分析家たち以外には、それほど大きな仕事をした人はいない。哲学や芸術の世界でも同様でしょうが、一人の傑出した人物の登場によって、パラダイムが変わり、展望が開けるのですが、精神分析の世界では、この50年はそういう分析家が出ていない。

今挙げた三人は、いずれも20世紀中盤から後半にかけて、独自の理論を打ちたてた人たちです。それ以降の精神分析は、あくまでクライン派、ラカン派といった狭い党派内での理論展開の話です。このようなビッグネームの不在が、精神分析の停滞の一つの原因になっていることはたしかです。もはや誰も治療実践としての精神分析に魅力を感じなくなり、精神分析を受けようと思わなくなったのです。

この三人の分析家が日本でどのように受容されているか、考えてみたいと思います。たとえばクラインだと、１９９０年以降にタビストック・クリニックに留学した日本の臨床家たちがかなりの臨床経験を積んで、日本にクライン派の理論と実践を導入しています。そこにはポスト・クライン派と呼ばれるドナルド・メルツァーやビオンの仕事も含まれます。今の日本の精神分析の世界は、クライン派の臨床が主流になっていると言ってもいい。ロンドンに留学した臨床家が10年ぐらい制度内でのトレーニングを受けており、しっかりとした理論と実践を日本に導入できたのです。

問題はラカンなんですね。ラカンの精神分析は、哲学、あるいは現代思想の分野で人気を博しているだけで、精神分析の実践をともなっていません。分析家という存在を、分析を生業として生計を立て、その中で自分の思索を展開している人だとかりに定義するなら、最低でも週に20〜30セッションはもっていないと、分析家と呼べないのではないか。

この基準を満たしているラカン派の分析家は、はたして日本に何人いるでしょうか。ここにはラカン派の訓練制度の問題があります。パリのラカン派のもとで分析を受けた人が、クライン派の分析を受けた人と比べて極端に少ないわけではありません。しかし、日本人の臨床家がラカン派の分析を受けたとしても、その後、ラカン派の分析組織の中でスーパービジョンを受け、研鑽を積むという決まったコースはありません。

ラカンは分析家の訓練制度について長年考えをめぐらしたのですが、結局のところ、それを厳格な制度として残してはいません。それはあくまで問いとして残したのです。最終的に「分析家の認定は、分析組織が決めるのではなく、分析家個人が自ら決めるべきだ」というのが、彼の考えです。これは分析組織の権威主義を転覆させる発想ですが、悪く働けば、粗雑な分析家を量産することにもなりかねない。私自身もラカン派の分析を長年受けたのですが、もう十分な分析経験を積んだだろうと思って日本に帰ってきた後も、自分の分析家としての能力はまだまだ未熟だと思い、暗澹となることが数年間ありました。そこから抜け出すには、日本で再び、学派の違う分析家に分析を受け、さらに長年、自我心理学とクライン派のスーパービジョンを受けることが必要だったのです。

国際精神分析協会（ＩＰＡ：International Psychoanalytical Association）においては、クライン派、とりわけビオンの存在が際立っています。臨床家としてはビオンが圧倒的な知名度を誇っています。しかし、人文系の領域で、ビオンが引用されることはほとんどない。それだけではなく、ビオンの名前さえ知らない人が圧倒的多数なのです。人文系への影響力はラカンが絶対的な力をもっています。現代思想の文脈で、現代の精神分析といえば、ラカンのことです。

これは、ラカンが一級の哲学者でもあったということが大きいでしょう。またラカン理論は汎用可能性が高く、哲学をやっている人にとってはわかりやすい。一般的には難解な理論とされていますが、ラカンが前提としている哲学的素養を共有している人にとっては、ラカンはクラインやビオンよりもわかりやすい。

またもう一つ悩ましい点は、ラカンの理論は、そのジャルゴンのために、他の理論と実りのある対話ができないということです。ラカンは、クライン理論を『対象関係論』のセミネールで批判しています。クライン派から、その点についての反論はありません。その後、この二つの理論は交流のないまま、それぞれ独自に展開しています。両者の理論の対話を試みた『クライン－ラカン　ダイアローグ』という本が二冊出ていますが、いずれも自らの理論の正当性を主張するだけで、そこには対話は見られません。そもそも学派間の対話は難しいのですが、ラカンのそれは、その中でも際立って他の学派との交流が難しい理論だと言えるでしょう。

ラカンの精神分析は、大きな展開可能性をもった理論であり、それはロマンス語圏で普及しています。しかし、日本や他のアジア圏の国など精神分析が根付いていない国に導入される場合、一種の哲学として広まることが多く、それは決して好ましい状況ではない。というのも精神分析という経験は、非常に生々しい個人的な経験であり、その経験に基づいて理論というものがあるからです。したがって、理論だけ読んでいても、精神分析は絶対にわからない。というのも、理論は経験をまとめるために間に合わせで作り上げた土台に過ぎないわけですから。

これは後でも述べますが、精神分析は人文学と内在的に深く結びついたディシプリンですが、両者の関係は複雑なものです。人文学がなければ精神分析は生まれえなかったし、また精神分析は20世紀の人文学に強烈なインパクトをあたえています。しかし、それは理論上の影響関係といったものではない。両者の間には、実践という大きな溝があります。

ラカンは20世紀の人文学を精神分析の中に大々的に「転用」した人ですが、その手つきはきわめて複雑なものです。彼は精神分析経験の精密な理論化のために、人文学を必要としたのです。彼の「転用」の複雑な仕方を、単なる応用と考えてはいけません。

ところで、先に挙げた『精神分析』の本では、河本先生のシステム論を私なりに「転用」し、自己を四つの回路、すなわち感覚、欲動、情動、言語の回路からなるシステムという仮説を立て理論を組み立てています。その当時の私の関心は、その中でも、言語と情動の回路がどのようなカップリングをなしているかということでした。それは分析で最も核心的な問題となる転移と解釈に直接関係する事柄だからです。

しかし、分析家としての経験を積む中で、私の関心は大きく変わっていきました。また最初の問題構成も私自身の経験を理論化するのには、不自由なものと感じられるようになっていきました。そこでもう一度フロイトの思考そのものに戻ろうと思って、フロイトの『メタサイコロジー論』の翻訳をしたり、私なりのフロイト論である『フロイディアン・ステップ』に取り組んでみたのです。

そういう作業を通して、改めて精神分析における身体の問題を意識せざるを得なかったのです。身体、つまり欲動の重要性です。欲動は、フロイトが精神分析の根本概念と言いながらも、その輪郭を明確にはできなかった概念です。この概念は、思弁的、抽象的概念と考えられるようになり、フロイト以降の分析家の間ではまともに取り扱われなくなった。とりわけ対人関係学派や関係学派などにおいて、この概念は評判が悪い。

しかし、分析経験を突き詰めていくとどうしても欲動という概念を使わないと表現できない経験領域に突き当たる。この概念は抽象的概念などではなく、きわめて具体的な事象を表しています。欲動概念なしで精神分析経験を考えることなどできません。もしこの概念は必要がないと考えている分析家がいたとしたら、その人の分析実践においては無意識というものの核心が捉えられていないだろうと私は考えています。精神分析は突き詰めて考えれば考えるほど、「精神」よりも「身体」の問題に向かっていくと私は思っています。

精神分析の本質を薄めることなく継承している学派、たとえばクライン派も欲動を重視しているし、ラカンも欲動を、無意識、反復、転移にならぶ精神分析の四基本概念の一つに位置づけています。欲動を基本概念として、そこから理論を構築するというのは、ラカンのみならず、フランス精神分析の伝統とも言えるでしょう。欲動概念は、身体を重視する学派においては、中心的概念になっています。欲動という身体に蠢く動きは私の現在の最大の関心であり、欲動概念を土台として、そこから理論を構築してみたいと思っています。

2 訓練制度、分析経験、分析過程

精神分析家の基本的な姿勢を作り上げるのが、訓練分析です。国際精神分析協会だと、マックス・アイティンゴンが提案したモデル、ジャン・ラプランシュとジャン＝ベルトラン・ポンタリスが示したフランスモデル、ウルグアイの精神分析研究所が提示したモデル、この三つのモデルが訓練分析の制度として採用されています。

主流となっているのは、アイティンゴン・モデルで、日本の精神分析協会もこのモデルで訓練分析を行っています。それぞれ週4回の分析を受けるか、あるいは3回か、訓練分析家を協会が認定した分析家が行うか否かなど、細かなところで違いはありますが、分析家になろうと志願する人は、5年から10年以上の間、自分の生活を精神分析漬けにして送るわけです。その間に、分析家としてのエートスが身につく。当然、ドロップアウトする人も、また他の道に進む人も出てきます。分析家としての独自性が生まれてくるのは、その長い訓練の後の話です。

ラカンが、あのラカンになったのは、50歳以降のことです。小木貞孝（加賀乙彦）氏は、50年代末、フランス留学中に学会でラカンの姿を見ていますが、「おとなしい学者という感じで、その後の大活躍を思わせるものはまだ見られなかった」と書いています（『フランスの妄想研究』）。ラカンの理論は、この長い修業時代の経験から生まれたということを、しっかりと受け止めておかなくてはならない。最近、ラカンが分析中に見た夢の記録なども一部出版されるようになったので、修業時代の彼の姿はもう少し明らかにはなるでしょう（*Ornicar? Lacan Redivivus*）。ビオンもオリジナルな論文を最初に発表したのは、50代後半から60代にかけてです。

したがって分析家は長い修業時代の後、ようやく50歳から80歳までの30年間に独創性を発揮できるプラクティスだと言えます。それだけ、訓練期間が長い。もちろん、フロイトの時代やそれ以降にも早くから活躍している分析家がいるのですが、その場合は基本的なトレーニングを十分に受けていないことが多い。その場合、患者とおかしな関係に入ってしまったり、分析家であることに耐えられなくなってやめてしまったり、分析とは関係のない危うい治療に向かってしまったり、と逸脱が生じる。訓練分析は分析家になるための、必要不可欠な条件であることは、もはや常識です。

では、分析家になったとして、いったい何を行うのか。もちろん精神分析を行うわけですが、それは患者の症状を取ることではありません。もちろん分析を行って、ある期間がたてば症状は消えます。しかし、それが目的ではありません。これが医学的な治療や「精神分析的な」心理療法と違うところです。また患者の苦痛を取り除くとか、幸福にするとかということも分析の目的ではありません。そのような事柄を考慮することはもちろんあるけれども、それが目的ではない。

精神分析とは、分析固有のプロセスを経て、精神分析を終結させることです。それが目的だと言えます。フロイトはこれをチェスに例えています。序盤があって、中盤があって、最後に詰めの段階がある。ただ体系的に説明できるのは、序盤と終盤だけだと……。こういう局面の変化を経て、この過程を最後まで完遂させることが、分析治療なのです。医学的な治療も当然ある経過を経て治癒に向かうわけですが、治療に内在するプロセスをやり遂げるという発想はない。状態がよくなれば、それが終結です。しかし、精神分析は治療に内在するプロセスを達成し、終結に至る。その過程を最後まで、患者とともに（患者が能動的に）やり遂げることこそが本質的な事柄なのです。

この過程についてはさまざまな分析家が各々の分析実践に基づいて定式化しています。たとえばフロイトなら、まず転移が生じることによって、患者が転移神経症になるという点から始めています。つまり、患者が現実に悩んでいた神経症が、分析設定の中に置き換えられ、転移関係で生じた「神経症」に変わる。言い換えれば、分析はまずは患者を転移神経症という「病気」にすることから始まる。この転移という現象において、患者の過去のさまざまな問題が浮かび上がってきて、患者が治療者に恋愛感情を向けてきたり、攻撃的になったりする。それを何度も取り扱い、ワークスルーすることによって患者の防衛機制は解除され、神経症症状は消失し、より自由に、自らに忠実に生きられるようになる。こういう点まで分析を導いていく。こう言うと単純なプロセスに聞こえるかもしれませんが、ここに無数のヴァリエーションと展開、行き詰まりの点があり、そこには患者側の要因も治療者側の要因も加わっているのです。

この分析過程について、クライン派の理論に依拠しつつ最も精緻な定式化を行ったのが、先ほど名前を挙げたメルツァーです。

彼は、分析過程を「転移の集結」「地理上の混乱の区分」「領域の混乱の区分」「抑うつポジションの入り口」「離乳過程」の五つの局面に分けています。まずは最初に転移が深まり、分析家にあらゆる現実素材が終結するという段階があります。そして、自己と対象が混乱する局面に分析は進展し、その後、自己内での前性器的素材と性器的素材の混乱が生じる。そして患者は、このようなカオス的状況を乗り越えることによって抑うつポジションの入り口に達し、さらにこのポジションをワークスルーすることで、分析家という「乳房」からの離乳を果たすのです。メルツァーはこのように、ゼロ歳児の離乳経験を、患者に転移を媒介にして再体験させ、それを別様に組織化する経験として分析過程を描き出しています。

これは明解な定式化ですが、ここで興味深いのは、彼が分析経験の中で生じるカオスとそこからの回復を重視していることです。分析過程には、このようなカオスの経験が含まれます。このようなカオスの経験への着目は、他の分析家にも見られます。たとえば、ビオンはカオスからの回復を「破局的変化」と名付け、患者の根本的な変化が生じる重要な局面と考えています。またラカンも分析の終結間際に生じる「絶対的混乱」に大きな分析治療上の意義を認めています。

もう一つ大切なのは、この分析過程がリズムとともに進展する過程だということです。リズムがなければ、この過程は進展しない。このリズムは患者の自由連想と分析家の解釈が生み出す相互交流で生じる動きであり、また分析家と患者の身体間で生じるリズムです。いわば「欲動のリズム」と言ってもいいでしょう。このリズムこそが分析過程を前に進ませる推進力となっています。

こういう分析作業は、患者側にも大きな負担を強いるものです。したがって、しっかりとした動機がないと、分析過程を最後まで導いていくことはできません。分析に来る患者は、最初、自分の人生がうまくいっていない、間違っている気がする、自分が本当に生きていない、このままで生きているといつか駄目になる気がすると訴える人が多いわけです。これまで何とか防衛機制を使って生きてきたが、もう破綻しかかっている人たちです。その人が、分析で生じるカオスに耐えられるだろうと判断できれば、分析を引き受けます。そしていったん分析過程が始動すると、何年かかるかはわかりませんが、いずれ終結まで導くことはできる。

難しいのは、むしろ訓練分析の方です。訓練分析だと「問題のない」人を引き受ける場合がありますが、こういう人の分析は、なかなか進まない。やはり、切実に苦しんでいない人を分析の中に導き入れることは難しい。その場合、分析の頻度を高頻度にするなど、さまざまな工夫が必要になります。

分析に入る前の患者は、自分の人生を歪めて、自己の一部しか使わない生き方をしています。患者の生の大部分は、生きるのを止めて「死んでいる」。したがって生は著しく貧しくなっています。しかし、分析経験は、その人が生きなかったことと、実感をもって経験できなかったことを、改めて経験することを可能にします。

カオス体験からの回復で患者が得るのは、生を十全に経験して生々しく味わうことができるようになることです。患者はこれまでとは別様に生きることができるようになるのです。人間の生において、これ以上に大切なことが他にあるでしょうか。

3 ▼ 分析の実例と分析家の技量

──分析家の技法や技量の差などについて、具体的な事例に基づいてお話しいただけませんか。

一つ症例を挙げてみます。かなり昔のケースですが、デフォルメして簡単に話します。40代の独身の女性です。

幼少期から家庭内は「すさんでいた」そうです。特に両親が喧嘩ばかりしているので、なぜ人は結婚などするのだろうと思い、小学校の頃、辞書で「結婚」という言葉を調べたこともあったそうです。彼女は長女だったのですが、下の二人の妹とも仲が悪く、ほとんど口をききませんでした。彼女は家を早く出たかったために、大学を出ると公務員試験を受け、地元から遠く離れた地方の科学館で働き始めました。彼女は偶然、プラネタリウムの職員に配置されますが、そこで働くようになって自分の悩みが解決したような気がしたと話しています。しかし、数年すると彼女はその仕事に何の生きがいも感じなくなります。しかし嫌ではないという消極的な理由で、彼女はただ職場に行って帰るだけの味気ない生活を10年以上、続けます。彼女は人づきあいもなく、自分の人生はこんなものだろうと諦めていました。

しかし、ある日、その地域に大きな地震が起き、科学館も照明が故障したために、一カ月ほど閉館になりました。彼女が深刻な不眠状態に陥ったのは、そのときからです。彼女は知人の紹介で、私のもとに来ました。数回の面接で不眠は改善しましたが、彼女は、このままだと自分はいずれ壊れてしまうと言い、分析治療を希望しました。私は迷ったのですが、さらに数回彼女と会う中で、彼女とは分析作業ができると確信したので、分析を引き受けました。

彼女との分析を終えるまでには、7年近くかかっています。彼女は分析を始める前は、ある意味「死んでいた」のです。彼女には病気がちで彼女を道具のように扱う母親と、家のことはまったく顧みない父親、自閉症のためうまくコミュニケーションが取れない妹との間で苦しんで育ちました。しかし、高校卒業と同時に家から離れて生活することによって、家の問題は自分とは関係のないこと、と思うようにして生きています。また唯一付き合った男性も、彼女に暴力をふるい、借金を彼女に押し付けて去っていく人でした。

このような過酷な現実から彼女を守ってくれたのが、プラネタリウムの空間でした。そこで働くことによって、彼女の防衛体制は完成したのですが、同時に彼女には生きている実感がなくなってしまったわけです。しかし、地震という彼女の心身を脅かす出来事によって、彼女は再び現実世界の方に引き戻されます。「死んでいた」彼女が、どのように生を生き直すかということが分析の課題でした。

彼女との分析の間には、数多くのエピソードがあります。彼女は私に強烈な転移を向け、夢の中ではオフィスをプラネタリウムとして経験していました。そして私をいつも決まった場所にいて、彼女を導いてくれる星座と見なしていました。私が彼女の家族の問題に焦点を当てると、彼女は不機嫌になり、私に批判的になりました。私の解釈についても最初、「何のことかわからない」と受け流されました。そのうちに、頭ではわかるけれど、見当外れだと言うようになります。彼女との間には、常に壁があるような距離感がありました。

また特徴的だったのは、彼女が私の不在にまったく耐えられなかったことです。彼女とのセッションは、週5回だったのですが、分析がない日には捨てられたような気分になると言い、こんなに苦しむのなら分析を止めたいと言うようになりました。これがもっと顕著になるのは、彼女のセッションが本来ある日（土日以外）になかった場合です。たとえば、お正月休みには彼女はパニックになり、救急外来に運ばれています。また私が高熱を出して休んだ日には、治療者失格だと激昂しました。さらには、彼女は私に対する恋愛感情や憎しみの感情が心の中に浮かんでくるのが処理できなくて、頭がおかしくなりそうだと言うようになりました。そのような生きた感情を自分の中に置けないと彼女は泣きながら訴えました。

しかし1年経つと、彼女は「忘れた」こととしていた家族のエピソードについて徐々に話すようになっていました。彼女は自分が家族を捨ててきたことへの罪悪感、両親に愛されなかったことへの恨みなどを訴え、それを分析の中で取り扱うことができるようになりました。とはいえ、分析はこのようにスムーズに進んだわけではなく、何度も行き詰まっています。その後の4～5年は、分析が進んだり、停滞したり、戻ったり、どこに谷底があるかわからない真っ暗な山道を歩いているような経験でした。分析の方向がはっきりと見えてきたのは、終結が目の前に見えてきてからのことです。

この経過を事後的にメルツァーのように定式化することもできるでしょうが、実際は、この患者ならではのユニークなかたちで分析は進んでいきました。始まる前は、この分析はこういう結果を辿るだろうと予測していましたが、実際に起きたことはその予想とは異なったことでした。また、その最中にも、これからいったいどうなっていくのか、見当もつかない状態でした。そして後から振り返ると、最後まで到達したケースの場合は、大体、定式化された過程として把握することができるのです。

——介入するポイントは、治療者の技量や熟練度によって、どう違うのでしょうか。

まず彼女の場合は、精神分析に導入するかどうかということが、最初のポイントでした。精神科的な治療、とりわけ薬物療法や、認知行動療法でもよくなるだろうと思える場合は、あえて分析治療を行いません。精神分析は、時間面や経済面を考えると、きわめて効率が悪い。しかし、精神分析でしかよくならない患者も数多くいることはたしかで、その中でも分析治療を望んでいる場合は、一応、治療の適応になります。そういう人にとって、分析治療は他の治療法では想像もつかない水準での生の根源的な回復をもたらします。分析を引き受けるかどうか、引き受けるなら設定をどうするか、患者の病理をどう見立てるかは、学派や分析家によっても異なるでしょう。

また患者の自由連想の中で出てくる素材の焦点の当て方も、分析家によって異なります。たとえば、クライン派の場合は、この患者の母子関係に焦点を当てて考える傾向があると思います。この患者の場合は、母親からほとんど愛情を得られなかったために分析家にそれを求めるが、それがあたえられなくなると「悪い母親」としての分析家に憎しみを感じる。それを解釈するうちに、最終的には、いい意味での断念に落ち着いていくというプロセスを想定する。もちろんこんなに単純なものではないのですが、あえて図式化するとこうなる。

またこの患者が、分析家を理想化することによって、情緒的に交われないことに焦点を当てる人もいるでしょう。またこの患者の性的な問題に焦点を当てる場合もあるでしょう。この患者は付き合った男性と「乱暴な」セックスを行っていました。それは患者が望んだことであり、患者はその行為に興奮を覚えていました。地震の振動は、そのセックスの感覚を彼女に呼び起こしたのです。それはプラネタリウムの空間に閉じこもっていた彼女にとっては、生々しい官能的な感覚を思い起こさせるものでした。それが彼女を動揺させたのです。

このようなことは、もし分析家が彼女の連想の中に性的なものを読み取ろうとしなければ、まったくわからずに終わったことです。しかし、性的なものが問題にならない分析とは、偏った分析と言わざるを得ません。そのような分析に陥る一つの要因には、分析家側の逆転移もあるでしょう。

いずれにせよ、複数の視点から深く問題を掘り下げていくことが必要で、それが分析家の技量の一つと言えます。技量が乏しい人ほど、すべてがわかってしまう。しかし、一つの視点で一人の人の病理が説明できるほど、分析という交流で起きていることは単純ではありません。

分析家の技量とは、経験を積めば積むほど、わからないことが増えてきて、それに好奇心をもてるということではないかと思います。理論はクリアーですが、実際のセッションで起きていることはおそろしく複雑で、わからないことだらけです。その不可知なことについて関心をもち続けるなら、精神分析の臨床ほど面白いものはありません。一人の人間の全人格とかかわることを通して、人間の謎を解明しようとしているのですから。

4 「人間」の変化

ところで、人間の心的生（主体）は社会というプラットフォームを基盤として、その基盤の上で形成されます。したがって基盤としての社会が変われば、主体の様式はそれに巻き込まれ、それに呼応するように変容します。90年代には、父親の権威の失墜が、主体の構造を変え、生の希薄化、生の実感の欠如などを引き起こしていると論じられることがありました。その当時、流行した病はパーソナリティ障害です。

そしてこの10年ほど、再び社会の変化（情報テクノロジーの発展、ＳＮＳの流行）にともない、主体が変容しているという議論がもちあがっています。精神疾患は、しばしば主体と社会の接点において一つの徴候となって出現するので、主体の変化を考えるには、その時代の精神疾患の様態に目を向けるのがいいかと思います。今、流行しているのは発達障害です。

発達障害とはそもそも脳の疾患とされているので、流行現象が起こるのは奇妙なことです。この「疾患」が蔓延した理由の一つには、DSM診断の基準の変化が関与しています。発達障害という概念はもちろん、その下位分類であるADHD、ASDという概念は、いずれも現時点ではその原因も不明な症候群ですが、DSM－Ⅲ－R(1987年)で概念規定がされ、その後のDSMの度重なる改定で二軸障害(併存障害)から一軸診断に変わり、さらにDSM－5でスペクトラム概念が導入されたことがこの「疾患」が普及する大きな要因となっています。つまりアメリカ精神医学会のさまざまな思惑で作り上げられた概念が、あたかも科学的な根拠をもつ一つの「疾患」であるかのように登場したわけです。

この概念は、コミュニケーションが重要な人間の社会的機能として扱われる現代社会で注目され、過剰診断されています。この概念の歴史を少し勉強すれば、いかにこの概念がフェイクであるかわかりますが、一方で、現代社会では自閉症的心性が遍在しており、この概念なしに現代の人間を考えるのは困難になっているということもたしかなのです。こういった心性を文学的想像力によって描き出しているのは、村田沙耶香、遠野遥、宇佐見りんなどの作家です。こうした作家たちは作品の中で、発達障害傾向をもった現代人の一類型を見事に造形しています。

発達障害には、さまざまな要因が考えられます。生物学的・遺伝的要因、環境要因、早期の母子分離のさいに起きる「心因的」外傷などが代表的なものです。今、私は発達障害とASD、自閉症などといった概念を一緒くたにして論じていますが、まずはこれらの概念を明確に区別したうえで議論しないと、混乱を招くだけかもしれません。しかし、この領域の精神医学的な研究と考察がもっと進まないと、概念のアマルガム化を避けるのは難しいのが現状です。ここでは学問的厳密さはひとまずわきに置いて、話を進めていきましょう。

このような人たちの中には、以前は人格障害として扱われたケースが結構あったと思いますが、現在では発達障害として診断されることがあります。一般に、成人の発達障害の患者に精神分析的な治療を行うことはありません。しかし、最初は神経症と思っていた人が、長年の治療を行っているうちに発達障害的な傾向をもっていたことがわかることがたまにあります。

現代の精神分析では、誰でも人格の発達障害的な部分と、健康な部分があると考えるのが一般的です。とすれば、発達障害的な傾向がある人も、その人の健康な部分に分析的なアプローチを試みると、自閉的な部分も改善するということになります。実際、私もＡＤＨＤやＡＳＤの人を、数例、分析的に治療した経験がありますす。こういう患者さんは、遅刻やキャンセルが多い。また連想に著しい飛躍があるために、解釈するのが難しい。しかし、辛抱強くセッションを重ねていくと、神経症の人ほど劇的な変化は見られないにせよ、適応水準ははるかによくなります。しかし、中核の自閉症の人に対して分析を行うことはありません。小児の分析を行っている人は別として、成人の分析を行う分析家で、中核の自閉症の分析治療を行っている人は皆無と言っていい。治療の効率を考えたら、少量の薬物を使って、いろんな形の環境調整を行う方が一般的です。

――たとえばテンプル・グランディンという動物学者は、重度の自閉症者でありながら、自分で本を書けるくらいの言語能力があります。ただ、さまざまな条件下で緊張が出やすくて、ソファとソファの間に身体を挟ませて緊張を下げたり、牛小屋に行って、牛の首をつないでいるところに身体を入れて緊張を下げる、といった工夫をしています。つまり生活環境を動物とのかかわりを中心にすることによって、言語的な交流といった人間的な条件から離れるという、別の選択肢を選んでいるわけです。このような異なった選択肢を治療設定の中に置くことは必要だという印象をもちますが、いかがでしょうか。

定型発達の人の場合は、言葉や情動によって世界を構築し、世界と関係をもっています。しかし自閉症者の場合は、世界の中にいる安心感、安定感が欠落しているために、自閉することによって自己を防御するための殻を作っているわけです。彼らにとって、他人から向けられた言葉や情動は、その殻を破壊する力をもっている。それゆえ彼らは人間的な交流を避けるのです。

彼らが親和性をもつのは、動物との関係や物との関係です。実際に、自閉症者に対するアニマルセラピーは効果があります。また物の世界は、彼らにとって居心地のいい世界です。それはいつも同じ場所にあり、変化しないからです。人間のように、急に接近してきたり、不在になったり、気まぐれな行動を起こしたりしない。彼らのこだわり行動というのも、世界を変化しない、同じ状態に維持する懸命な努力だと言えます。彼らは、作業所の職員が一人辞めたらパニックになるし、おもちゃが一つなくなっても混乱する。不動の秩序がある物の世界が、彼らにとっては最も信頼できる環境世界なのです。

ところで、私が自閉症の病理で関心をもっているのは、彼らの身体、つまりは欲動のあり方です。彼らは欲動のコントロールができないわけですが、これを精神分析的な観点から見ると次のように考えられます。フロイトは原欲動として自我欲動（自己保存欲動）と性欲動（リビード）の二つを想定しました。そしてこの二つの欲動の間には「依託」という関係があるというのが、フロイトが立てた重要な仮説です。つまり、性欲動は自我欲動に寄り添って（依託して）発達していき、リビードを自己身体から外的対象に向かわせる。また自我欲動はリビードを外界へと向かわせるだけではなく、リビードを秩序づけ制御する働きをもつのです。

ところが、自閉症者の場合はこの自我欲動の働きがきわめて弱いか、欠如している。これはあくまで仮説ですが、彼らの行動を見ていると自我欲動がほとんどないように見えます。その場合、どうなるか。自閉症者においてはリビードは外的対象には向かわず、自己身体の内で自体愛的に自閉し、リビードは身体の中で無秩序に渦巻くのです。

定型発達者においては、欲動の動きは自我機能が形成する心的皮膚によって包摂されます。しかし、自我欲動が働かない自閉症者では、この心的皮膚が形成されないために、流動するリビードのカオスに対し、代理的皮膚形成である自閉の殻をまとうことによって、リビードを制御するわけです。これは彼らが無秩序から逃れるための戦略だと言えます。

テンプル・グランディンのハグマシーンは、文字通り欲動のカオスを機械で制御するための道具です。自閉症者でいつも重いリュックサックを背中に担いでいる人がいますが、あれも自分の身体を外部から締め付けることによって、欲動のカオスを制御しているのだと思います。しかし、このような欲動のカオスの制御の仕方は、自閉症者を生きることから切り離すことになります。彼らの自閉を一層強化することになる。

私が最近考えているのは、リズムによって欲動のカオスを制御できないかということです。私がリズムという概念で言いたいのは、生命の流れの分節化ということではなく、アンリ・マルディネが言うような、リズムが生み出す動き＝形の生成のことです。この動き＝形が生成されることによって、自閉症者は欲動のカオスを、殻を強化する以外の仕方で制御し、世界に住むための基盤を作ることができます。自閉症者との治療関係を続けることによって、彼らがカオスを制御するためのリズムを獲得することができるなら、そのリズムはカオスの不安を和らげ、自閉の強固な殻をより可塑的なものへと変えていくことができるでしょう。

5 ＡＩと精神分析

——たとえば、将来的にはＡＩでできたキャラと友だちになるとかというようなことは考えられるのですか。

もちろん考えられると思います。自閉症の人は、正常発達の人よりＡＩとの親和性が圧倒的に高いと思います。ＡＩは人間にとって侵襲的に働かないし、思考のスタイルに似たところがあります。これは自閉症とは関係ありませんが、カズオ・イシグロ『クララとお日さま』などはそういう世界ですね。あくまで文学的な想像力の中での話ですが……。

——ＡＩのキャラと、１日24時間のうち、どこかでかかわりが作れるような環境を設定するとか、あるいはリズムという運動性の働きの方に回路を作って緊張を下げるという環境設定を行うとか、さまざまな自閉症者の生の様式、ヴァリエーションを作ることもできるのではないでしょうか。それはまた治療者にとってもチャレンジングなことではないですか。

すでに自閉症の在宅治療にＡＩロボットを使うという試みはなされています。これはＡＩを利用した自閉症の治療として、今後さらに展開していくかもしれません。

ただ、そういう研究とは別に、自閉症者の思考様式とＡＩの思考様式を類似したものとして自閉症を理解しようとする風潮があります。特に彼らの記憶力の高さや、直観よりボトムアップ的な推論を積み重ねていく思考、感情を交えない思考についてです。しかしそういう人たちは、ＡＩと人間をあまりにも近づけて考えすぎています。ＡＩと人間はまったく異なった思考をしています。それは、やはり人間が身体をもった有限な存在だからです。

ＡＩと自閉症者の思考様式に類似点があったとしても、それは表面的な類似であって、彼らはＡＩのように「フレーム問題」や「記号接地問題」が解決できないわけではありません。彼らの根本的な悩みも、不安や不快であり、その防衛方法として自閉症の対処行動が生じていて、それがたまたまＡＩの特性に表面上似ているだけのことです。

ＡＩが不安や不快を感じることはありません。かりに不安や不快を感じるように設定したとしても、それは人間が感じる不安や不快とは性質が違うものです。人間は不安を解消するだけではなく、それを自分の中でもちこたえるという力を生み出すことができます。ＡＩにそういうことはできないでしょう。いずれにせよ、ＡＩを人間に近づけてみても生産的な議論にはならず、むしろ人間とはまったく違った思考（計算）をするＡＩ独自の可能性を追究していった方が面白い。

話を精神分析プロパーの問題に戻すと、ＡＩを精神分析の理論や臨床に何らかの形で接続できるかといえば、現時点ではその可能性はまったくないと言えます。精神分析は根本的に人間的な思考法に基づいている実践です。たとえば、どんな患者を診ても、その病理の根底には家族の問題がある。重症な患者であればあるほど、深い病理をもった家庭に育っている。もちろん病理の根はそれだけではないのですが、そこが出発点になる。

「人間的」というのは、哲学では評判が悪い言葉かもしれませんが、精神分析にＡＩ的なものが入り込む余地はない。私が最近、論じているリズムの問題も、この「人間的」な精神分析に「非人間的」な要素を導入する試みですが、理論レベルではともかく、臨床においては、生の充足や喜びといった話に流れていく。それは仕方がないことです。身体をもち、有限な時間の中で生きているといった人間の条件から離れて、精神分析というものを論じることはできません。

6 コロナ禍の精神分析

ところで、この2年の間、私たちは特殊な状況に置かれています。言うまでもなくコロナ禍のことです。コロナ禍は、私たちの生活から、人間として生きていることの基本的条件を奪っています。それは人と直接会うことです。人と直接接触して、会話をし、食事をし、集会を開き、歌い、踊ること……人間の活動は、人と接触することからなっています。人間の生は、複数の身体が織りなす営みに他なりません。それは人間の条件と言えます。新型コロナウイルスはこの人間の条件を巧妙に狙って、私たちが人間らしく生きることを妨げています。

フロイトの時代から、精神分析のセッションでは、分析家の現前が必要不可欠だというのは、当然のことだと思われていました。アメリカのように広大で、移動に時間がかかる土地では、かつては電話、そしてスカイプなどを使った「精神分析」も行われています。しかし、誰もそれを精神分析とは認めていなかった。

しかし、コロナ禍が始まって最初の半年くらいのうちに、大半の分析家はオンラインの分析を行うようになりました。このような趨勢に私は心底驚きました。分析には、分析家がそこにいることが大切だと主張していた人が節操なく豹変し、オンライン分析に移行したのです。ＩＰＡなどは、オンライン分析のガイドラインをすぐに出し、セキュリティを保つためのＷｉ－Ｆｉの使用法や、部屋の明かりを一定にする方法、画面を固定し、治療者の上半身だけを見せるなど、技術的なことを詳細に決めています。しかし、なぜオンラインで分析が可能なのか、という分析の本質にかかわることは何一つ論じられていません。要するに、何も考えていないのです。

インターネット技術の飛躍的進歩がこのような傾向に拍車をかけたとも言えます。もはや私たちの日常はインターネットなしでは考えられません。そしてそれは私たちの心的なインフラの一部となっているとも言える。いまや画面を通して、すぐそばに分析家の現前も感じることができます。であれば、リスクを冒してまで分析家のオフィスに行く必要はないだろうと。

もちろん、アメリカやヨーロッパの感染状況は日本とは桁違いの犠牲者を出しているので、その点を顧慮しなくてはならないでしょうが、それにしてもこの思考停止ぶりにはさすがに腹が立ち、短い反論を書きました（「2020年7月、コロナ禍のなかの精神分析」）。その点、肝が据わっていたのはラカン派の分析家たちです。彼らはフランス国内に緊急事態宣言が出て2カ月程度は、分析を中止し、その後、寝椅子での分析を通常通りに再開しています。

オンラインで精神分析ができないのは、簡潔に言えば、オンラインでは身体的交流というものが生じないためです。分析的交流においては、分析家もまた患者の方も、相手のリアルな身体を感じ取ります。そして相手の身体にかかわり、その振動やリズムを感じ取るわけです。つまり、そこには欲動の動きがある。しかし、オンラインでは、身体性を欠いた言葉による交流が起きているだけなのです。それではカオス的経験も生じようがありません。もし起きたら、それは分析の失敗でしかなく、そこで終わりにするしかない。オンライン空間にはその破局的経験をコンテインする力がないのです。それゆえ、オンラインで分析過程を最後まで導くことなどとてもできません。それは一時的に、患者の不安を和らげる機能をもっているだけです。オンライン分析はカウンセリングの一形態に過ぎず、精神分析ではない。

さすがにコロナ禍も2年経っているので、オンライン分析を行っている分析家はずっと減っています。私が知っている分析家の中で、オンライン分析をしている人はいません。コロナ禍がかりに5年以上続くとして、その間にオンライン分析が主流になってしまっていれば、精神分析は消滅しているかもしれません。コロナ禍は精神分析というものを考え直すのにいいきっかけとなったのですが、分析家たちはこの教訓をまだ十分に受け取っていないように思えます。

7 精神分析と人文知

最後に精神分析と人文知との関係について考えておきたいと思います。

精神分析にとって人文知がなぜ重要かというと、精神分析はもともと人文知の中から生まれてきたからです。精神分析は、歴史的に医学や、心理学から派生したと考えられがちですが、フロイトが創設した精神分析は、医学や心理学とは縁遠いものです。精神分析を医学や心理学に結びつけることは、精神分析の本質を見誤ることになります。

フロイトは、催眠や暗示から縁を切って、これまでにはない新しい実践としての精神分析を創設したのですが、そのとき理論化の土台になったのが、科学と人文知だったのです。フロイトは、「精神分析家は、文化史、神話学、宗教心理学、文芸学に精通していないと、自分が臨床経験で得た大量の素材から何も生み出すことができない」(『素人分析の問題』)と明言しています。

フロイトは、医学や心理学の用語で精神分析経験が厳密に理論化できるとは考えていませんでした。それは精神分析の諸概念を見てもよくわかります。フロイトは他領域の概念を、精神分析概念に「転用」しています。たとえば、フロイトのエネルギー論には「備給(Beseztung)」をはじめ、経済学用語があふれています。また、後にラカンが強調することになる「排除(Verwerfung)」という用語などは、本来は法律用語です。また、その他に、フロイトには、ダ・ヴィンチ論、ミケランジェロ論、ドストエフスキー論、ホフマン論などの芸術論があります。これらのテクストは臨床家からは軽視されていますが、フロイトが精神分析理論を構築するうえで、これらの芸術家の作品を必要としたのです。このような豊かな人文学の素養はフロイトのテクストの隅々にまで浸透しています。フロイトは、医者あるいは心理学者である以上に、人文学者であったわけです。そういった素養を深めることは、精神分析家の訓練に必要だとフロイト自身が述べています。

一方で、フロイトの時代から、精神分析理論は人文学へと応用されています。しかし、研究の大部分は、精神分析理論を人文学研究に応用しているだけのことです。精神分析と人文学が関係しているといっても、両者の関係は単純ではありません。むしろその間には、決定的な断絶があります。精神分析という経験は、自己を解体し、再構成する試みです。これは「危険な」経験です。

人文学の研究者は、精神分析がもつ、自己を解体しかねない危険な側面に敏感ではないように思えます。人文学者が、このリスクに自覚的ではなく、精神分析理論の応用可能性だけに着目して自説を展開しようとしているなら、その人は精神分析理論を道具として使っているだけです。精神分析を人文学に応用するとすれば、少なくともその研究者は、精神分析がもつ危険さを自らが引き受けなくてはならない。それは自己分析でも、あるいは実際に分析を受ける経験でもいいのですが、その経験をもとに、自らの理論を展開するのが精神分析の「正しい」使用法です。

フロイト以降の時代で、人文学と精神分析が最も実りのある関係をもったのは、60年以降のフランスにおいてです。この時期のフランスでは、作家、哲学者、音楽家など、創造的な仕事をしていた人はかなりの割合で分析を受けていました。フランソワーズ・ジルーやジョルジュ・ペレック、ミシェル・シュネデールなど、挙げればきりがないでしょう。哲学者では、コルネリュウス・カストリアディス、ピエール・ルジャンドルなどが分析を受け、その後、分析家としても働いています。90年代に私は、モンパルナス近くのシェルシュミディ通りに住んでいましたが、1キロ少しの短い通りに20人以上の分析家がオフィスを構えていました。その当時は分析家の数も多く、ニーズもあったのです。

このような文化環境で生活していると、精神分析がどのようなものか、人々の間に共通の認識が植えつけられます。特に知識層の間ではそうです。それゆえ、精神分析を安易に応用した批評については厳しい。いわゆるフランス現代思想の哲学者、たとえばドゥルーズ、デリダ、フーコー、そして最近ではバディウが精神分析を論じるときに、自分には分析経験がないと明言したうえで論を進めるのも、哲学と精神分析の間にある断絶に自覚的だからです。自分には分析経験はないが、精神分析の実践や理論については異議がある、と彼らが論じるさいには、独特の緊張感があります。彼らの批判の対象はもっぱらラカンですが、ラカンの方もその批判を取り入れて、自らの理論展開に役立てている。ここには有益な交流があります。

一方、精神分析と人文学の断絶を取り払い、再び精神分析理論をあらゆる文化事象の批評に応用したのが、ジジェクです。ジジェクの論考のスタイルは、現代の精神分析批評のスタンダードになっています。ジジェク自身は、ミレールのもとで長年分析を受けた人です。そしてその経験の中で、彼はラカン理論を完璧に理解したのだと思います。しかし、彼は分析を深い水準で経験した人ではない。あくまで彼の書物から受ける印象に過ぎませんが……。少なくとも分析家で、彼の書いたものに刺激を受ける人はきわめて少ないでしょう。彼は領域間の断絶に無自覚です。どのような事柄でも図式的にラカン理論で説明することは、精神分析と何の関係もありません。精神分析と人文知とは、今後、ジジェクの方法とは別の形で展開されるべきだと思います。

8 精神分析の未来

このインタヴューのテーマは、精神分析の未来ということでした。最後にその見取り図のようなものを示しておこうと思います。

2002年に、IPAの元会長だった、ダニエル・ヴィドロシェとラカン派国際協会の元会長のジャック・アラン＝ミレールが「精神分析の未来」というテーマで公開対談を行い、当時話題を集めました（*L'avenir de la psychanalyse*）。もう、20年近くも前のことです。ヴィドロシェは、ラカンに分析を受け、その後、ラカンと決別した分析家で、IPAの訓練制度にも画期的な変革を行った人です。その中で、ヴィドロシェは、精神分析の学派は多彩になってきたが考え方は一致してきている、私たち（IPA）はビオンとウィニコットの理論を統合できるようになったと言うのです。それに対して、ミレールはラカン派も現在では何がラカン派かわからないほど多彩で、あなたもその一人だと皮肉るわけです。

対談の細かい論点には入りません。ヴィドロシェは、「私たちはビオンとウィニコットを統合できた。それが最も苦労して成し遂げた成果だ」と言うのですが、今、本当に必要なのは、ビオンとラカンの思考を統合することではないか。それは折衷した理論構築を行うということではなく、両者の思考を鈍らせることなく、その先端で思考し、理論を構築することです。それこそが、精神分析の未来にとって最も重要な課題ではないでしょうか。私はそう考えています。

そして残された問いとして、精神分析がなぜ日本に根付かないかという問題があります。これはかなり昔から論じられてきたことで、その理由を日本人の心性や日本語の構造に原因を求める議論が行われてきました。しかしこのような立論は、精神分析を経験したことのない人の空論に過ぎず、完全に的を外しています。

日本に精神分析理論が入ってきたのは１９２０年後半から30年代で、フロイトの著作集の翻訳もその時期に行われています。これは世界的に見ても、きわめて早い。そして、精神分析学会も１９５５年に設立されています。日本の精神分析の歴史について、優れた成書があるので（西見奈子『いかにして日本の精神分析は始まったか』）、参考にしていただければと思いますが、最大の問題は、１９９３年まで日本では、いわゆる精神分析というものが行われていなかったということです。

日本では50年以上にわたり、週1回の「治療」を目的とした精神分析的心理療法が行われていたわけで、それが93年に、日本で精神分析が標準的な形で行われていないことが、ＩＰＡアムステルダム大会の開催中にＩＰＡの本部に報告され、以降、日本精神分析協会の訓練制度が、週4回の分析というＩＰＡのスタンダードに変わったわけです。いわゆるアムステルダム・ショックと呼ばれている「事件」です。これは形式的な変更に過ぎません。しかし、この形式が精神分析の初期の導入においては重要であって、この形式さえ整備されていない環境で、精神分析の本質を理解するのは困難です。内実を論じるのはインフラの設備ができた後です。

もしこの「事件」がなければ、今も日本では週1回の精神分析的心理療法が「精神分析」と称して行われていたでしょう。この二つは異なった実践です。そういう意味ではこの事件は、日本の精神分析においてはプラスに働いたと考えていい。そしてそのアムステルダム・ショックを経験した世代が、分析家となるのが２０００年以降のことです。とすれば、日本の精神分析はまだ20年少しの歴史しかありません。精神分析が行われていないところに、精神分析が根付かないのは、当然のことです。

おそらく、今後さらに20年経てば、精神分析はもっと日本の文化に浸透していくのではないか。これは希望的観測ですが、その実現のために、私は日々ささやかながら闘っているのです。精神分析は本や文献をいくら読んでもわかりません。そういう方法からでは入っていくことのできない、ユニークな経験なのです。

この認識を多くの人に共有してもらいたいというのがひとまずの結論です。

参考文献

拙著『精神分析』（シリーズ「思考のフロンティア」）岩波書店、２００３年

バゴーイン＆サリヴァン編『クラインラカン　ダイアローグ』新宮一成監訳、上尾真道、徳永健介、宇梶卓訳、誠信書房、２００６年

The New Klein-Lacan Dialogues, Edited By Julia Borossa,Catalina Bronstein, Claire Pajaczkowska,Karnac Books, 2015.

ジークムント・フロイト『メタサイコロジー論』拙訳、講談社学術文庫、２０１８年

拙著『フロイディアン・ステップ——分析家の誕生』みすず書房、２０１９年

小木貞孝『フランスの妄想研究』金剛出版、１９８５年

Ornicar? Lacan Redivivus, Navarin Éditeur, 2021.

ドナルド・メルツァー『精神分析過程』松木邦裕監訳、飛谷渉訳、金剛出版、２０１０年

W. Bion, Catastrophic Change(1966) : In *Complete Works of W.R.Bion*, Routledge, 2014.

ジャック・ラカン『精神分析の四基本概念』（下、第ＸＸⅢ章）小出浩之、鈴木國文、保科正章、菅原誠一訳、岩波書店、２００２年

カズオ・イシグロ『クララとお日さま』土屋政雄訳、早川書房、２０２１年

テンプル・グランディン、マーガレット・M・スカリアーノ『我、自閉症に生まれて』カニングハム久子訳、学習研究社、１９９４年

拙論「２０２０年７月、コロナ禍のなかの精神分析」、『ＩＲＳ——ジャック・ラカン研究』第19号、２０２０年

西見奈子『いかにして日本の精神分析は始まったか——草創期の５人の男と患者たち』みすず書房、２０１９年

山崎孝明『精神分析の歩き方』金剛出版、２０２１年

Daniel Widlöcher et Jacques-Alain Miller, *L'avenir de la psychanalyse*, Le Cavalier Bleu Editions, 2004.

「禅を理解するのに、傍観者的な、あるいは第三人称的な外側からの後付け的で間接的な理解の仕方があってももちろんいいんですけれども、私としては、第一人称的というか、**動いている当事者として内側から、直接的に理解するような禅の理解の仕方がある**のではないかと思うんです。その方が、禅そのものに親しい理解の仕方ではないかと。やはり、禅は学問的にではなく禅的に理解されるべきです。「体取」とか「体認」という行的会得の仕方があると思うんです。言語がそこで消え、そこから生まれてくるというかたちで、それはそもそもの始めから言語を超えている」

藤田一照
Fujita Issho
+
河本英夫
Kawamoto Hideo

Contents

特別×対談

経験の「弾力」と「モード」を変える
―― 禅とオートポイエーシス

行き詰まりを打開し、日々、新たな経験へと
一歩を踏み出す根底的可能性を拓き、
自分らしく溌溂と生きる気魄と
トラジェクトリー(軌道)を指し示す――。
禅の匠とオートポイエーシス論の第一人者による
「身体と気づきのライフ・レッスン」

「thisnessというのは翻訳語で、中世くらいだと「ヘッケイタス(基体)」という言葉になります。ヘッケイタスというのは、個々人ではないんです。私が否応なく私であってしまっているところのもの。ここを外したら宇宙も飛んでしまう。**ヘッケイタスは、概念的な極限操作でつかまえられているものですが、それを欠いたら今の現実は何もかも違うかたちになってしまう。**それが何なのかというのがわからない。現実には哲学のやり方でも科学のやり方でも、まだそこに届かない。現在の人間の知識では、極端な言い方になりますが、人類にとっての謎になっている領域です」

■問い――経験の弾力・経験のモード

河本　今日は曹洞宗の僧侶である藤田一照さんと、人間の「経験の弾力」「経験のモード」といったことについて話していきたいと思います。通常、日常生活の中でも、日常生活の雑用や事務処理やさまざまな社会的な課題に応えようとしてがんばっている間に、気がつかないうちに自分の経験の広がりや弾力、あるいは奥行きや深さというものを失ってしまっている、ということがしばしば起こります。

ことに現在のコロナ禍のような状況下では、多くの制約があります。たとえば会社勤めをされている方や学生も、自分自身の選択肢を増やすというよりは、むしろ現在の状況の中で自分にある種、無理をかけるかたちで自分を叱咤激励しながら何とか頑張り抜こうとする傾向が見られます。

そのときに、随伴的にうつ症状に陥って、もう頑張る気力さえないところで、なおかつ、これでは駄目なんだといって、頑張らなければいけないという思いに駆られる人たちもかなりいるのではないかと感じています。まず、頑張り方というのはそういうやり方だけなのかという問題があります。それから頑張るということが、自分で自分に課すような規範ではなく、もっと経験のあり方を広げて考えていくようなものになる必要があると思っています。

そういうことを含めて、禅の方でさまざまな経験をされている位置から、多くのメッセージとサジェスチョンをいただけたら、と思っています。

ひいては、このことは、十分に能力を発揮しにくくなったときの能力の発揮の仕方につながっていくのではないかという見通しももっています。たとえば数学者の能力は大体25歳ぐらいから落ちていきます。物理学者だと35歳ぐらい。哲学者だと45歳ぐらいで能力は落ちていきます。問題なのは、能力が落ちるような局面に来てからの能力の発揮の仕方、あるいは能力が落ちるような環境内に置かれたときの能力の発揮の仕方です。そうした局面で再度、自分自身の経験をリセットすることで新たに一歩を踏み出していくようなあり方を考えてみたいのです。

２０２１年の夏場、東京オリンピックをやっていた頃ですが、日本のコロナ感染者は2万5000人ぐらいまでいきました。人と人とが接触すると拡散して、感染者の数が増えます。そのとき、当時の政府関係者や総理がいくら頑張ってもゆるやかに減っていくだろうという見通ししかなかったのが、崖を転がるように感染者数が減りました。東京都だけでも一日に数十人という時期がしばらくの間、続きました。なぜそうなったのか、誰にも理由がわからないけれど、そうしたことが起きてしまう。そしてその中で、お互いに何か少しずつ前に進むことができているという感じを抱くこともできる。

何が起きたかがわからないにもかかわらず、好ましい状態の方には向かっているだろうということは、実はあり得ることなんだということを、多くの人が感じ取ることができたのではないかと思っています。

つまり、理解して対処し、もっといい状態にもっていく、ということとは別のかたちのことが起きてしまっていて、それが何であるかはわからないのだけれども、しかしそういうことはいくらでもあるというところから考えてみないといけない問題がたくさんあるのではないか。

あるいは人間の脳のように非常に複雑な高次系になっているものは、本当は自分自身の中で起きていることが何であるかはわからないことの方が多いはずなのに、どこまでもわかるかたちにして制御をあたえようとする。そういう仕組みで対応した方がいいのではないかということが、意識をもつ人間ですからどうしても出てしまいがちです。そのときに、別のやり方があるんだということを、いわば選択肢を広げる形で設定できればいいのではないかと考えているわけです。

こういうところで話していくと、禅の体験と非常に類似したものも出てくると思っているのですが、一照さんから、こういうのが禅の経験なんだということを、少し簡潔な要約になってしまうかもしれませんが、お話しいただけませんか。

■禅は経験のモードを変えるプロジェクト

藤田――禅についてはすでにたくさんの本が書かれているし、今では西洋の人たちが禅にとても注目していて、禅について議論している英語の本もたくさん出ているのですが、私からするとそれらは、禅という一つの生命体がある特定の時代とか歴史的な状況の中で動いたときに残した軌跡を、後付けでいろいろと言っているものが多いような気がしています。

運動が残したものに基づいて、禅とはこういうものだと考えていると、肝心の禅に置いていかれてしまって、本当の禅というか、溌剌たる動きをそのつど生み出す禅そのものを見逃してしまうのではないかという感じがするんです。

禅を理解するのに、そうした傍観者的な、あるいは第三人称的な外側からの後付け的で間接的な理解の仕方があってももちろんいいんですけれども、私としては、第一人称的というか、動いている当事者として内側から、直接的に理解するような禅の理解の仕方があるのではないかと思うんです。その方が、禅そのものに親しい理解の仕方ではないかと。

やはり、禅は学問的にではなく禅的に理解されるべきです。「体取」とか「体認」という行的会得の仕方があると思うんです。言語がそこで消え、そこから生まれてくるというかたちで、それはそもそもの始めから言語を超えている。

私は禅を対象として学問的に研究している者ではなくて、禅で生きようとしているというか、禅の当事者になろうとしていて、その限りで必要な勉強をしているわけです。ですから、私にとって、禅というのはこういうものだと、言語的には定義しきれないものです。なぜかというと、その中にいてそれと一緒に動いているからです。

私は20代の終わり頃にたまたま坐禅に触れたのが機縁でお坊さんになってから、もう40年ぐらいになります。最初の頃と今とでは禅の理解がまったく違ってきています。禅についての理解や表現で、ずっと継続しているものもあれば、途中で捨てたものもあります。そういう意味で、禅の当事者としての私の話と、河本さんのオートポイエーシスの話がどういうところでかみ合うのか、どういうところで違いが出てくるのかというところをぜひ見てみたいなと思っています。

河本さんはよく、ご著書の中で「経験のモード」という言い方をされていますが、それをお借りして言うと、禅というのは経験のコンテンツではなく経験のモードを問題にするところがポイントじゃないかと思っています。

禅は、私たちの普通の常識的な通常の経験のモードとは違う、別な経験のモードがあるということを指示そうとする一つの営為なのではないか。普通の経験のモードをしている人に向かって指さしているのは、別な経験のモードで、それに気づかせようとしている。別な経験のモードを自分で体験した人が、普通の経験のモードをしている人にいろんなやり方で、何とかして自分が体験した別な経験のモードの存在を伝えよう、あるいは学ばせようとしている。

それはゴータマ・ブッダもそうだったんじゃないかと思います。彼は、最初は、そんなことは不可能なことで、徒労に終わるだけだからやめておこうと思ったらしいんですが（笑）、結局はトライしました。その別様の経験のモードにとどまったままであくまでもこの世にいて、なるべくなら生き生きとした、その人らしい生き方をして人生をまっとうできるヒントになるような働きかけをしていく、そういうことが禅という一つのプロジェクトだと思っています。

冒頭でお話しになられたように、現在は生き生きと生きられず、能力も十全に発揮できないような外的な条件があります。ただ、コロナだからそうなったというより、本質的にはもともとずっとそうであったと思います。しかし、東日本大震災やコロナ禍を経てますますその傾向が強まっているように感じています。

そういう状況ではあるけれども、一人ひとりが個性というか、十把一絡げではなく、いかにもその人らしく独自な仕方で生き生きと生き切る、あるいは少しでもいいからその方向に向かって足を踏み出せるようなサジェスチョンなり応援なり、あるいは「喝」を与えようとしているのが禅であろうと思っています。

私自身はたまたまある人の勧めで坐禅をすることで禅の世界に触れて、大学院生からお坊さんに路線を変更したんですが、それぞれの人がその人らしい生のトラジェクトリー（軌道）を辿れるような一助になればと思っています。私自身、もう70に近い歳ですが、この先もまだ、そういう路線に沿って愉快に生きていけるような禅の学び方をしたいと思っています。

■コンテンツ？——アメリカでの坐禅指導の経験から

藤田｜先ほどの経験のモードということにかんしてですが、アメリカで禅を教えたときの経験で気がついたことがあります。参加者の方々は、鈴木大拙さんの本をはじめとして禅体験について語られた本を読んだか、あるいは人から聞いたかして、禅には素晴らしいものがあると思ってこられるんです。今までもいい経験をしてきたけれど、特別な「禅体験」という素晴らしいものがあるらしくて、そいつをもう一つ、自分のポケットに入れたい、宝箱に入れたい、というような態度で禅に取り組んでいる。が、それはどちらかといえば、経験のモードではなく「コンテンツ」の方を問題にしているわけです。

しかし先ほどもお話ししました通り、経験のモードを変えるところに禅の強調点があるわけで、そこに大きな違いというかずれがある。コンテンツを溜めるのとモードを切り替えるのとは違う話です。マルセル・プルーストが「真の発見の旅とは、新しい景色を探すことではない。新しい目で見ることなのだ」というようなことを言っているのを連想します。

いわゆる常識的、日常的なモードとは違うモードにどのようにすれば切り替えられるのかということを、こうしたらこうなるというマニュアルや意識のオペレーションの仕方に乗っからないかたちで、気がついたら思いがけないように変わっていたというように導けるか、あるいは誘導できるのか。今ではこういう表現で言えますが、当時はそういう表現ができませんでした。経験のモード云々という河本さんの言い方は、私の問題意識を表現するのに凄く役に立つんです。

こういう禅問答があります。ある真面目で優等生的な禅の弟子が師匠に尋ねます。「先生、禅というのはどこから入ったらいいんでしょうか」と。要するに、禅の世界にどうやったら入れますか、どうすれば禅に私の手が届きますかと尋ねる。多分、川の傍を二人で歩いていたのだろうと思いますが、師匠が「お前は今、川の音が聞こえるか」と尋ねる。「聞こえます」と。すると師匠が「そこから入れ」と言ったというんです。

これは多分、質問者が無意識のうちに前提していた答えとは全然違う答えだったわけで、それでこの弟子にハッと気がつくものがあった、ということが書いてあります。しかし何に気づいたか、具体的には何も書かれていません。

この問答の含意がわかるには、つまり何かにハッと気づいたというこの弟子の仲間になるためには多分、ここで言われていることだけを言語的に処理しても何もわからないはずです。行間を読むというのか、話のヒネリを合点するというのか、ジョークがわかって思わず笑っちゃうような、読む方に何か響くものがないと、転機も何も起こらないのではないか。

私は、経験のモードのシフトのことをこの禅匠は指し示そうとしたのではないかと思っています。こうした「経験のモード」のシフトをどうやって触発させるかという問題が、オートポエーシスではどう言われるのかが私の関心の一つです。

■「現実性」に気づかせる

藤田――私のもう一つの関心は「現実性」ということです。禅では、今のような抽象的な質問をする優等生的な弟子が多いのですが、それに対して師匠が鼻を捻じりあげたり、頬をビンタしたり、喝ーっと怒鳴ったりと、一見すると訳のわからない応答をすることが多いんです。どう見ても、問いと応答が対応していない。

だから禅の教え方は不親切だとか、ナンセンスだとか、禅を理解するためには神秘的な経験が必要だといった解説が結構あるのですが、実は不親切どころか、あるレベルではちゃんと答えているのではないかと私は考えるんです。それは「現実性」というものに気づかせるための一つの教育方法なのではないか。現実性というのは様相のことで、これもコンテンツとは別の話です。現にそうであるという、その「現に」性のことです。

経験のモードにしても現実性の問題にしても、具体的に経験されているのは川の音だったり、言葉のやりとりだったり、身体的な接触だったりなのですが、そこにたしかに表れているけれど見えないもので、言葉で言い留められないことです。それに目を向けさせる、あるいは気づかせる。経験のコンテンツは同じなんですが、それに一つ新しいディメンションが加わるような体験であり、認識のラディカルな更新を促そうとしているのではないかと思っています。

そういうところに実は禅の本質がある。そこを見ないで、言われたこと、やった行為、言葉の意味の詮索になると、禅を無理やりに神秘主義のようなものにしてしまうことになります。実際、そのように理解されている場合が多いので、これからの禅は、そういう問題の所在、禅の答えではなく、禅が問題にしていることがちゃんと伝わるような表現をもつ必要があるのではないかと思っています。

また私自身は、何の事前準備や予備の学習も何もない状態で、とにかく指導者に言われた通り坐禅してみたときに、初体験の坐禅で感じた何か得体の知れないものを解明したいという思いがあります。あのときハッと感じたことは何だったのだろう。何がここまで自分を坐禅に引き摺り込んだのだろうということをわかりたいんです。坐禅という奥深い行為の全体が損なわれないように、それを人に伝えたい、表現したいということもあります。坐禅の幽邃《ゆうすい》さを幽邃なままに描く。

ところが、坐禅を how to 的なインストラクションにまとめてしまって、インストラクションで言われていることを実行するのが坐禅だということになってしまうと、その得体の知れなさの感触がなくなってしまいます。それではいけないというのでインストラクションをさらに細かくしても、ただインストラクションが念の入ったものになるだけで、そこには幽邃さというものが立ち上がってこない。

私の最初の坐禅体験が含んでいた、訳がわからないがたしかに感じられた奥深さや豊かさに、どうやったらもう一度というか、坐禅をするたびに新鮮に立ち戻れるか。それが現在の私の個人的な実践課題なんです。また、多くの人たちに坐禅を教える機会がありますので、そこでの伝え方についてもこういう問題意識に沿ったお話ができたらと思っています。

河本―コンテンツを求めて、是非、こういう体験をしたいので教えてくださいという人は結構多いだろうと思います。コンテンツを得ていく学習をベースにしてやってきた人に対して、それとは違うやり方があると伝えたときに、素直に聞いてくれる人と、言われたからそっちもやってみるか、でもコンテンツは何か全然得られていないなという大多数の人に分かれてくるだろうと思うんです。一歩踏み出して何かに気づいて、それを手掛かりにしながらもう一歩前に進むという踏み出し方にならず、最初から設定されているコンテンツがまだ手に入らない、もっと頑張らなきゃいけないのかと、要するに外に得られるものを自分は獲得したかどうかに引っ掛かってしまう。

類似したこととしては、たとえばうつ状態になったときに、自分の期待されている状態に何としても応えなければいけないというので一生懸命になる。それがまた本人を苦しめて、まったく本人が望むようなかたちになっていかない。そのときに、どういうメッセージがいいのか。たとえば一番簡単なのは、漁師でもやって3年たったら帰ってきてくださいみたいなこと……これが効けばいいのですが通常はそうはならない。

藤田―日本的な心理療法の一つだと言われている森田療法は、禅からある程度ヒントを得ているようです。森田療法はいわゆる几帳面で頑張り過ぎるような人たちにわりと効果があると言われています。この療法では、最初は臥褥《がじょく》期といって、とにかく何もしなくていいから寝ていなさい、と言われます。これは頑張り過ぎて疲れ切った神経を休ませることが狙いなのだろうと思います。つまり、いきなり焦って治ろうと頑張らせないというところが肝なのだろうと思います。

実は坐禅というのは、頑張ったらできないし、頑張ってやってはいけないものなんです。要するに自力、自分の頑張りで、その延長線上で、今までもっていないものを手に入れようという私たちの普通のモードでやっていったら、そもそもできないもの、あるいは本質的に坐禅とは別なものになってしまう。坐禅してモードを変えるのではなく、坐禅することがもうすでにモードが変わっていることになっていなければならないんです。坐禅は、理想を追求する「悟りへの修行」ではなく、「悟りの現れとしての修行」なんです。「悟りからの修行」。There is no zazen to satori. Satori is zazen. という訳です。

それが西洋で通用するかどうかは別として、禅の伝統的なやり方ですと、「なるほど、君の言いたいことはわかった。でもそれはそれとして、何はともあれ、

Shut your mouth and sit down」、要するに「黙って、まず言われた通り、坐りなさい」となります。これを高圧的に言うか、やさしく言うかは指導者次第ですけど、いったんペラペラ喋るのをやめさせて、ああだこうだと思案をめぐらすのを一時的に棚上げにさせて、まずはとにかく坐禅という行為の方にガラッとシフトさせるわけです。質問に対して、質問と同じ言語のレベルで答えたり、知的に納得させようとするのではなく、「それはいったんこちらに置いといて、何はともあれ」という言い方で局面をガラリと変えて、実践させようとするんです。

ただ、頭で納得しないと体で実行しないというのが西洋の人たちには多いので、アメリカで指導をしていたときの経験では、今言ったようなやり方そのままではうまくいかないことがしばしばでした。そこに何かやはり、一つか二つ、言語的にある程度は納得できるようなことを言えないと、何はともあれ坐るというふうにはならない人たちなんです。何となく面白そうだと思えるような、興味をそそるような言葉かけが要るんです。それは現代人の特徴で、日本人の中にもそういう人は多いと思います。「とにかくやってみろ」というだけでは足りないのが今という時代なのかもしれません。それだけだとなかなか深い世界が拓けない。

■「無所得」——マインドフルネスと禅は違う

藤田　アメリカに行ったばかりのときに驚いたエピソードがあります。メソッドを求めるマニュアル主義です。僕の歓迎会をやってもらっているときに、あるお医者さんが僕のところにやってきて、「僕のために必ず悟れるプログラムを作ってくれ。必ず実行するから」と言われました。To Doリストを一つずつこなしていって最後に一丁あがりというようなイメージ、あるいは、ステップ・バイ・ステップで階段を上がっていって最後にゴールインするようなイメージで禅を考えているみたいなんです。私は「禅というのはそういう学び方ではないので私には書けません。けれど、あなたが今まで成功を収めてきたような頑張り方とはまったく違う世界に関心があったら来て下さい」とそのときは返事をしました。

今、流行りのマインドフルネスにもそういうところがあります。禅の道場で師匠や仲間達と一緒に共同生活を送る中でオーガニックに自然に身についてくるような、そのときではなくてずっと後になってそれとわかるような質の学びが、禅では前提されています。発酵とか熟成のようなイメージです。

それを西洋の人たちが取り入れると、ゴール達成のためのプログラムに作り替えるわけです。誰でも容易にできるレッスンワンから始まって、だんだん高度なことへと進んでいくようにうまく構成されていて、8週間をかけてそれを学べばいろいろな効果を期待できるマインドフルネス・プログラムができあがっています。そして科学的なエビデンスによってそれが裏付けされている。そういうプログラム化されたマインドフルネスが今、日本にも入ってきて注目を集めています。けれど、仏教のマインドフルネスとは何か違うことをやっているように私には見えます。

玄米は健康にいいらしいということがわかったとして、全体食としての玄米を食べるのと、玄米の中に含まれている特定の成分が健康に効くのだから、その成分を抽出して100パーセント純粋な錠剤にして飲むのとでは、実際は大違いです。その成分は単体で効くのではなくて、玄米の中の他の成分との微妙な組み合わせではじめて効果をもつかもしれないからです。要素主義の限界という問題です。

東洋の修行は何が効くのかわからないけれど、生活の全体性が大事なんだというホーリスティックな感じでやっている。いつ効果が出るのかあらかじめわからないけれど、やっていると何となく人が変わり育っていく。

道元さんは「坐禅すれば自然に好くなるなり」と言っています。全体を要素に分析して、その原因を特定し、それを単体で訓練するというのとはまったく別のアプローチです。行じてはじめてわかることがある。逆に言うと、行じてみなければわからないことがある。禅というのはそういう立場に立っていると思うんです。プログラム的なマインドフルネスの方が今の私たちの認知的な好みに合っていて、ちゃんと言葉で説明ができることで構成されているので、わかりやすい感じがするんです。

それと、プログラム的なマインドフルネスは効果を前面に出します。これをやると血圧が下がるとか、鬱が良くなるとか。禅はそんなことはひと言も言いません。それどころか、何もならないとすら言います。「何もならないからこそやる」というのと、「こういうことが得られるからやろう」というのとでは、努力の仕方がまるっきり違ってきますし、途中の風景すら違う。多分、取り組んでいるときの身心の働き方も全然違ってくるでしょうから、一見似たようなことをやっているように見えても、内実はまったく別物だと言うしかない。まさに「形同実異」です。

坐禅というのは外部のインストラクション通りに身心を操作するのではなくて、むしろ身心の自然の働きが発揮されるようにこちらの恣意的な動きの発動を鎮める必要があります。ところが、普通のモードのままま坐禅に取り組むと、一生懸命な人はもっとうまく坐ろうとして、あれやこれやのメソッドを探して自分を補強しようとします。その気持ちはわかるのですが、努力の仕方自体が坐禅から離れるようなことをますますやっていることになる。要するに、筋違い、見当違いの努力なんです。

修行というのは、ただ努力すればいいというようなものではない。その辺は、芸術の世界と似ている。われわれは芸術作品の価値を作者の努力の絶対量では評価しないですよね。それがどのような質の作品を生み出しているのかこそが問われるのです。

河本――一照さんも何度も書かれているのですが、経験の弾力を獲得しようとして努力しても、それでは緊張が走ってしまって、一生懸命になっているだけです。経験の弾力を回復するということは、経験の弾力を回復するという努力や願いとは別の行為のさなかで同時に進行することです。同時に進行するということは、その二つは同じことだと言ってもいい。たとえば禅をやるということと経験の弾力を回復することは同じことだと。少し分析的に言えば、経験の弾力を拡張していくというのは、禅をやりながら同時におのずと実行されていくということです。この二重に進行する、という言い方の方がわかりやすいかもしれません。「行為と目的」という関係ではなく、「行為がつねに同時に別のことの実行でもある」という関係です。

禅の修行を積みながら結果として得られることをあらかじめ目標に置いてしまうと、実は求めようとしているものと、獲得できるものの間に倒錯が起きてしまうという経験が起こるのではないか。これは人間の言語、人間の思考回路、つまり理解をしたようにやってみるということの中にある、ある種のリスクです。これは人間の言語に本来、含まれているリスクで、このリスクを可能な限り緩和するために、禅の場合は禅問答というのが工夫されてきたのではないかと思っています。ここのリスクがどこかでわかってこないと、一生懸命に言われた通りにやって頑張ってみて、なのになぜ私の努力はなぜ報われないのか、ということになる。

藤田―その通りだと思います。道元は「無所得無所悟にて端坐せよ」ということを言います。何か特定の目的をもって坐禅してはいけない、坐禅のために坐禅せよということです。こういう理想を追求するという態度でやると坐禅にならないと言っています。これがアメリカの人にはなかなかわからなくて、「無目的なことをやって何が得られるのか。ただ坐るなんてことは人間には無理だ」と。

道元は何も得られないと言っているんじゃなくて、それどころか、求める態度でやらないときにはじめて、思いもよらないほど素晴らしいものが向こうからやってくるかたちであたえられるということがあると言っていると思うんですけどね。

河本―大きな枠で考えると、アナログとデジタルの対比です。デジタル化した要素さえつかんでそれを組み合わせて並べてこなしていくと、たとえば健康な体になります、と。しかしそうなっていない部分が人間の体の中にはたくさんあります。あるいは言語というのは、言葉がつながって一つの意味を作るだけではない。音声言語は、早さとか音の抑揚とか、そのときに込められている雰囲気、気配、そういうものを全部含んで言葉として伝えられているわけです。

デジタル的な情報化になってしまうと、情報と体験的行為の隔たりが相当に大きくなってしまっています。本当は相互に連動していなければいけないものが、情報は情報として、体験的行為は体験的行為として、というふうになると、情報側の表現能力もやせ細っているはずなんです。そしてもう一方では、体験の側の深みに入っていけない。この乖離がひどくなってしまって、そこの間を移り行くことが難しくなっています。

藤田― 実践家肌の人と理論家肌の人がお互いを批判し合うだけで、かみ合わないという問題がいろいろな領域で見られます。現場の実践家の人、たとえば私は保育現場にも少しかかわっていたことがあるのですが、実践者と研究者ではお互いに相互否定的なコミュニケーションになるというか、そもそもコミュニケーションになっていないという場面をよく見かけました。共通の土俵がないというか、コミュニケーションのボキャブラリーができていない感じでした。

河本― お互いの経験の場所が違うのだから、相手から何を学べるかということと、自分の位置から見たときに相手にとってまだこういう選択肢があることを伝えて、さまざまな問題に対して双方がさらに新たな選択肢をもてるか、という方向で協議できればいいのですが、なかなかそうならない。

ここ何十年そうですが、デジタル化してみんなが同じようにやれば同じ結果が出るというのはまったくの嘘です。

たとえば感覚というところで考えると、音でいえば50ヘルツ以下の低周波は音として聞こえていないだけです。非常に大きな太鼓で音を鳴らすとものすごい低周波が出ますが、音として聞き取れるのはある種の振動以上です。高音のところは、個人差も大きく、身につけてきた母語の音域にも関連するのですが、たとえば2万ヘルツを超えた振動では、当然ながら振動としてはあるのですが、音としては聞こえていない。音として聞こえている領域だけを取り出すと、デジタル的なＣＤやＤＶＤの世界になる。

ところが振動は同時に身体や脳では受け取っているわけですから、音としては聞こえていないけれど、音の余白も全部受け取っているわけです。一番有名なのは20キロヘルツ超の、聞こえていない音のところの振動、これが人間の脳にとってはすごく快感がある。その20キロヘルツ超のところの振動が非常にたくさん含まれている楽曲がモーツァルトの曲だと言われています。そのためアナログ型のＬＰが再評価されたりもします。

聞こえない振動を引き受けている経験のあり方と、

聞こえるところだけを聞いてわかったことにする音の聞き方は、感覚の働きとして、まったく別のものです。こういうところに立ち入って経験のあり方を考える必要があります。

■微妙な均衡――「坐禅は調身・調息・調心」

河本―先ほどの農耕ということで言えば、できるだけみんなにおいしくて、健康にも良くて、収量も多いものを作りたいわけです。一番困るのは、この要素はこの作物にとって必要だと決めていったときに、農業にとっての一番難しさは、肥料は余分に、つまり過剰にあたえてはいけないし、水も過剰にあたえてはいけない、ということです。光はある程度たくさんないといけませんが、つまりは「過不足なく」という状態です。要素の方から考えて必要なものを整えるのではなく、「過不足なく」というバランスのとれた状態、つまり「微妙な均衡」を探る方がはるかに重要なことです。必要なものを取り揃えて混ぜれば、ちゃんと生き生きとした状態になるかというと、そういう仕組みにはきっとなっていない。

藤田―私は、Google とか Facebook の本社のスタッフの人たちに禅を教えたことがあるのですが、やはり夜に眠れない人が多い。眠るというのは、高い給料で雇われている自分がさぼっていると無意識裡に思ってしまうようです。眠るということは、何も生産的なことをしていないことだと思うような思考の癖を身につけているらしい。アウトプットの量というか外的なパフォーマンスの多寡で、自他の価値づけをしていたらそうなってしまうんでしょうか。その基準で見たら、睡眠は価値ゼロでしょうね。坐禅なんかもまさにそうです。無為自然なんですから(笑)。

坐禅は、調身・調息・調心と言って、姿勢、呼吸、心が調うことです。何かないものを作り出すようなことじゃないから、生産活動ではない。そして、自分で自分をこんなふうに調えるぞと思って頑張ったら調わないようになっている。頑張りは調いを乱しますから。自分で自分が調ったと思うような状態は決まって何かが多過ぎるか少な過ぎるかなんです。ちょうどいい具合なんていうのは、意識できないことだと私は思っています。何かが意識できるというのは必ずどこかが過剰で目立ったところがあるんです。意識の目標志向的な緊張なり力みなりを手放さないと、意識の想像できない自然な調いということが起こらない。坐禅はそれを稽古していることなのですが、多くの場合坐禅というと、みんなやはり何か特別なことをするもののように思っているから、緊張してしまうんです。

求める心と書いて「求心《ぐしん》」と言います。禅では「求心まず止むべし」と言われているのですが、そうすると今度は「求心をやめなきゃ」と、また再び同じ目標追求の求心回路のボタンがオンになってしまう。「求心が止まりません。どうしたらいいですか」と言うのですが、そういう質問自体が求心からくるものなので、それに対して親切に「こうしたらいいよ」と言えば、また求心を強化する手助けをしてしまう。

この隘路からどうやって抜け出すか。その人に、違う回路が知らない間に立ちあがるような、そういう間接的な手続きを用意しないといけないということです。しかも一つくらいでは駄目で、いろいろ選択肢を用意しておく必要がある。しかも、そのときそのとき、当意即妙に即興でインプロヴァイズできなくてはならない。

河本─ 一人ひとりのレベルでも、本人のレベルが深まっていくとやはり違うことをやらないといけないですしね。

藤田─ はい。一個人にかんしてもその時々で当意即妙でなければならないし、集団相手だともっとバラエティに富まなければいけない。禅ではそういう融通無碍の働きができることをすごく大事にするんですが、これは大変なことです。そういう力量をどう育てていくかということはとても面白いテーマだと思います。

禅はあまりやりませんが、哲学の場合、たとえば河本さんのオートポイエーシスでは、一般定式化、普遍化みたいなことは論じたりするのですか。

河本─ 普遍化のようなことはしますが、いくつかの事例を並べていって、一番、自分の入口として入りやすいところから入っていただいて、そこから後、プロセスが次のプロセスの開始条件になるようにつないでいってくださいというふうに作ります。

藤田─ 河本さんは『哲学の練習問題』(講談社学術文庫)のような本で、われわれが経験の幅を広げたり、経験の弾力を増したりできるようなエクササイズ、練習問題をたくさん作られていますね。ああいう問題意識は禅と重なってくるように私には思えるんです。また、独自の仕方で自分自身を作り続け、繰り返し「少年（新たな能力を形成し続けるシステム）」へと成りゆく生を生きた先人として寺田寅彦とかマティスとか坂口安吾を挙げて解説しておられます。個々のケースから学んでいくみたいな感じで、一つじゃなくて実にいろんなやり方があるよ、ということが強調されていますね。

河本―一冊の本で、最初から最後まできっちり理解すればオートポイエーシスを習得しましたという話ではありませんから。つまり体系的な知識ではないんです。システム的ではありますが、体系的ではない。

藤田―なるほど、そう言われてみると、道元の『正法眼蔵』もそうです。どの巻も完結していて、どれを読んでも仏法の全体がユニークに語られている感じです。

河本―この技法だったら、これはこのマニュアルに沿ってやりましょうでは、マニュアル人間です。そんなマニュアル人間になるために、わざわざ禅をやったり勉強なんかする必要はない。

藤田―マニュアル人間のマインドセットなんか軽々と乗り越えようというところが、禅にせよ河本さんのオートポイエーシスにせよ、やろうとしていることですね。マニュアルでいい人は別に来てもらわなくてもいい（笑）。

河本―そこまで敷居を引き上げちゃうと辛くなるから、できるだけ間口は広くして、多くの人が参入可能なんだけれど、参入すればつかめるというほど浅くもないし、手前にもないというガイドの仕方が必要だろうと思います。

藤田―初心者でも、広い間口からその世界に一歩踏み入ったら、奥義というか一番深いところのテイストを少しは味わえる。少なくとも門に入ったということは感じられないと駄目ですね。「あれ？　どうも今までとは違うぞ」っていうショックというか手応え。

河本―私は踏み出してしまったとか、踏み込んでしまったという、その感じは必要です。

■道元を「聴く」――経験を語る言葉

藤田―禅というのは、河本さんから見てオートポイエーシスと重なっているところは多いという感触がありますか。

河本―ずっと重なっています。私は道元の本をよく読むのですが、原文でそんなに読めるわけではありません。私の読み方は、基本的に意味内容を取ろうなんて、一切していない。作業の合間で少し時間が空いたというときに読む。何を読んでいるかというと、道元の文章を解釈するのではなく、ただ音楽として、経験の中に流している。理論的な情報処理と体験のレベルの隔たりが大きすぎるときには、たとえば、そういう音楽としてあるようなレベルの言語、音楽的な言語をある程度、もつ必要があります。

藤田―素晴らしい！　私も師匠から「道元の書いたものはありがたいことにわれわれの母国語の日本語なんだから、わかろうがわかるまいがとにかく音読して、音の響きとリズムを味わえ。意味なんて、やっているうちにそのうちじわじわわかってくるから」と言われました。「頭を使ったら駄目だ、そんなのは学者に任せておけばいい」と。

河本―物を交換する場面、たとえば農耕社会の中で物を交換する場面を考えてみます。おいしい野菜と果物を交換する。かりに同じ言語を使っていなくても、相手の表情や相手の思い、相手の運動、仕草、そういうものの中で交換は成立していたはずなんです。

藤田―言葉が通じなくても、別な回路でフェアなトレードができるということですね。

河本―そうです。お互いに希望するようなトレードができる。言葉で言って通じるかどうかというのは、本当はお互いの相互の行為の末端のところに出てくるだけのものです。最後になって、今日やったことを確認しましょうという確認の副産物が言語的な理解で、それ以前のところに膨大な人間のかかわりがあったはずなんです。

コミュニケーションが成立していないというのは、つまり対人関係のところでやせ細っている部分がある、ということです。現在のようなオンライン型の情報処理になってしまうと、言語そのものもやせ細ってしまうし、違うことをお互いに伝え合っているところがあります。そういう言語になってしまうと、言語の改善も必要だし、五感そのものをもっと活性化させることも必要です。それから体験の方に入っていくことも必要です。そういうところで、理詰めだけで攻めてくる人が出てくることは仕方がありませんが。

藤田―その一方で、理屈じゃない、体験なんだという体験至上主義者もいますね。何でも体験さえあればそれで解決がつくと思い込んでいる。それも一つの偏りだと思います。

河本―その場面で、たとえば禅問答のようなものも一つのきっかけになるのではないかと思っています。下手をするとお笑いですが、笑えれば少しは力が抜けますから、うまく作られた禅問答のようなものの中で、力を抜いたりしながら経験の局面を少しずつ変えていくきっかけを紡いでいく。

体験を語る言葉にはいろんな語り方がありますが、素人からみて感動できるように書かれていていいんです。ただ、感動できるようなことだけがあるわけではないという部分も、やはりどこかで語りの中に入れていかないといけない。

人間にはすごい能力があって、苦しかったことは捨てていくし、辛かったことも捨てていく。最後に到達できたところの美しいものだけを自分の経験にしたいわけです。ところがプロセスとしての経験はそんなふうになっていなくて、さまざまな起伏を経ながら、ああ、こういうところまで来ちゃったんだなという感慨の中に、苦しさや辛さも含まれている。ここのところの語りの工夫や体験の表現の仕方が、やはり多くの人にきっかけを与えるところにつながっていきそうな印象はあるんです。

藤田―禅問答なんかでも多分、最後の美味いところだけが記録されているんじゃないかと思うんです。そこに至るまでの弟子と師匠の間の日常生活上のやりとりとか、文字としてはまったく記録されていないような弟子の日々の暮らしぶりみたいなものが背景に豊かにあって、そういうプロセスが徐々に煮詰まっていって、私たちが知っている問答が起きている。何もないところでいきなり問答が始まって弟子がパッと目が開いたという話ではないですね、きっと。臨済宗の公案修行でも、修行道場の生活の中でそれに近似したプロセスが起こるようにデザインされていて、それを追体験させ、同じような展開のコースを辿らせようとしているのかもしれません。

本で読む禅というのは、そういう背景のプロセスが省かれていて一切書かれていないから、パッと素晴らしい経験が簡単に起こったように錯覚しがちです。実はその出来事の背景には、発酵過程のような体験の仕込みと熟成みたいなものが豊かにあるはずです。河本さんが言ったように、いいことばかりではなく辛いこともあっただろうし、人に言えないこともあったかもしれません。

また、そこにいるのは禅修行者一般ではなく、ちゃんと名前もあり個性もある、宇宙にただ一人しかいない比類なき存在としてのその人です。師匠の方もやはり個性のある比類なき存在ですから、そういう二人の出会いだということを外さないようにしないと駄目ですね。

■thisness／ヘッケイタスという「否応のなさ」
――「世界の中の不連続点」としての「この私」

河本――ヨーロッパ的な言葉で言うと難しくなりますが、自分が自分になり続ける、個体が個体になり続ける、ということ。個体はインディビジュアルですが、普通に言うと「thisness」＝「この私」です。この私がこの私になり続ける。この thisness というところが、単純に最大公約数や最小公倍数で、十把一絡げのようにくくれるはずがない。

藤田――たとえば、心理学とかは「人間とはこういうものだ」みたいなかたちで、実はどこにもいない「私一般」みたいなものを想定して、それを描こうとしているわけです。そこから抜け落ちるのはやはり今言われたthisness ですね。

道元さんなんかも thisness を非常に意識した書き方をされていると私は思うんです。「今」にかんしても、抽象的な、具体性を欠いた今ではなく、「この今（「而今」）」というリアルで端的、現実的でアクチュアルな今です。そうした「今」であり「私」であり「ここ」です。その自覚をずっと保つ、あるいはそのことにずっと目覚め続けているというのが坐禅の一番大事なポイントで、それを抜きにして自分は坐禅でいい経験をしたとか悪い経験をしたというようなことを問題にしてしまうと、まったく見当はずれなことをやっていることになってしまう。

河本―ここはとても重要で、哲学でも、あるいは科学でもそうですが、thisnessに届くような仕組みというのが作れていない。thisnessというのは「世界の中の不連続点」でありながら、世界の中には、いるわけです。そこの二重性です。世界の中の不連続点であるのに、世界の中にはきっちりいる。だから世界は流動するし、変わっていく。このことをうまく語れる仕組みが、現在のところまだないんです。哲学でも科学でもない。

thisnessというのは翻訳語で、中世くらいだと「ヘッケイタス(基体)」という言葉になります。その人がその人であってしまっていることの基体ということです。ヘッケイタスというのは、個々人ではないんです。私が否応なく私であってしまっているところのもの。ここを外したら宇宙も飛んでしまう。一般に言われている日常生活の私というものも飛んでしまう。ヘッケイタスというのは、概念的な極限操作でつかまえられているものですが、それを欠いたら今の現実は何もかも違うかたちになってしまう、というものです。

それが何なのかというのがわからない。にもかかわらず、そこにどこまでも近づいていくようなやり方というのは、きっとあるんだろうと思うんです。ただ、現実には哲学のやり方でも科学のやり方でも、まだそこに届かない。現在の人間の知識では、極端な言い方になりますが、人類にとっての謎になっている領域です。

そこに対しては、一つのやり方で到達できるというような仕組みにはきっとならない。たとえば、科学をもっと洗練させればそこに届くだろう、哲学の概念構成をもっときっちりやれば届くだろう、という仕組みにはきっとならないだろうと思います。そのときに、もっとたくさんの経験のモードをいわば総動員するようにして、そのことをかたわらで考えながら、なおかつ自分の体験を詰めてみる、というやり方が必要ではないかと感じています。

藤田―すごく興味深い指摘で、禅の問題意識もまさにそこにあるのではないかと私などは思ってしまいます。河本さんご自身は、ヘッケイタスというふうに今、言葉を使って言われましたけれども、それが指し示している当のものというのは、直観されているんですか?

河本――まったくわからないんです。

藤田――理解ではなくて、知っているという意味ですか？

河本――知らないんです。ヘッケイタスというのは、オートポイエーシスで言うと、動きの中で作動を継続しながら、動きの結果として自分の中に出てくるものなんです。しかし、さまざまな経験の動きも体験の動きも、なぜそんなものを作ってしまうのかというところが、答えようがない。つまり、人間が人間であってしまう、あるいは生命が生命であってしまったことの否応のない宿命みたいなもの。否応のない宿命で、それが作られてしまっている。こんな領域に踏み込んだら、どんな科学で説明しても影の説明にしかならないのですが、影でも手掛かりにはなる。オートポイエーシスの理論というのは、活動状態が物を巻き込みながら持続的に運動する仕組みです。ガリレオが慣性の法則を考えたのは500年前。ガリレオが「おのずと運動は続く」という大原則をつかまえたことで、たくさんの問題が解決しないまま、もはや論じることとは別の領域にいってしまったわけです。アリストテレス以来、さまざまな細かい工夫をして解決をあたえようとしたその問題が全部、またたくまに視野の違うところにいってしまった。それが慣性の法則だったんです。慣性の法則は証明もできないし、大前提でもない。ある意味で言えば公理の位置にあるものです。

物を巻き込んでプロセスが続くというオートポイエーシスの仕組みは、物の動きがずっと続くという慣性の法則に、500年たって違う定式化をあたえたことになります。運動を続けるものはそうなってしまうのだから引き受けるしかないというところで、ヘッケイタス、thisnessは出現してきている。だから、それは運動の外に捉えたり、運動の究極のところに、ないものねだりのようにつかんだ気になったりする性格のものではない。

そう考えたときに、運動のさなかにあって経験を作る、あるいは体験を作るということの方が十分にまだ活用できていなくて、コンテンツを先につかまえてやってみる、ということになってしまう。コンテンツの一つとしてthisnessをつかんでしまったら、二度とわからなくなってしまいます。そしてここまでオートポイエーシスをかみ砕くと、禅と非常に近いところに来る。

藤田｜thisnessがthisnessというコンセプト、コンテンツになってしまって、リアルでアクチュアルなthisnessにならない。下手をすると、修行もそういうふうに現実から宙に浮いたゲームみたいなものになりがちなんです。そこの区別、見極めを丁寧にやっていかないと、あるいはそういう落とし穴にいつでもセンシティヴでいないと、河本さんの言葉で言えば、経験が展開せず、死んだ、機械的な反復パターンの中に取り込まれてしまいます。

多分、私たちの普通の生も日常的な習慣的なパターンの中に回収されてしまって、先ほど「生き生きとした」というようなクオリティを言いましたが、livelinessみたいな瑞々しさ、あるいは本当の意味での個性という、どこまでもその人らしくなっていくというプロセスがまったく始まらない非生命的な回路に陥ってしまう。

そういう閉じた回路から目覚める、脱するというのが「覚者」、ブッダであり、禅で言う悟り、道元が言う「証《あかし》」だと思います。そこから出ようとする運動、あるいは違う経験を立ち上げようとする努力が止まったら、多分、その途端に滑り落ちて、またまどろみの中に落ち込んでしまう。これは刻々に覚め、さらに覚めるという無限の努力をフレッシュに続けていかなければいけないという、非常にチャレンジングな課題を突き付けられていることになります。

■近代という時代の診断——意識をめぐる誤謬

藤田｜ところで、私は昔、少し合気道をやっていたことがあって、武術的な足腰を鍛えるには西洋的な筋トレとかではなく、やはり日本古来のトレーニング法の相撲の四股がいいというので四股を一生懸命やっていた時期があるんです。坐禅の前にもやるようにしていたのですが、やはり頭の隅に「筋トレ」とか「ストレッチ」という西洋的な理解がこびりついていて、人にもそういう観点に立って教えていました。筋トレになるように負荷をかける、無理して腰を落としたり腰を割ってストレッチのトレーニングらしくなるようにしていました。

河本｜四股は、身体をリセットするための運動だったはずなんです。農耕という場面を考えてみると、同じ姿勢での身体動作の繰り返しです。たとえば田植えにしても同じ動作の反復の中で、どれだけエネルギーを消費せずにできるかが課題になる。ところがやはり同じ動作だから、身体をリセットしなければいけない。そこで田植えなら田植えが終わったら、田んぼの傍らで少し体をほぐす。このほぐし方の洗練されたものが田楽だったはずです。そして田楽の一部に相撲が入っているので、相撲は神事だと言われる。

藤田——なるほど、それはすごく面白いつながりですね。最近、「シコトレ」について本を書かれたりＤＶＤを作ったりしている、琉球大学にはじめて相撲部を作られた国立大学出の関取さんに会って、お話を伺ったんです。それで、私がやっていた四股の話をしましたら、「一照さん、それ、ぜんぜん誤解しています」とズバリ言われました。江戸時代の葛飾北斎の描いた「四股を踏む」という絵を見せてもらったら、私たちがテレビで見ている今の四股とはぜんぜん違う格好なんです。江戸時代の四股は筋トレとかストレッチというコンセプトとはまったく違う理解に基づいていたんです。もともと相撲にはそういう西洋的なコンセプトはありませんとその方は話されていました。

では何のためにやるかというと、おっしゃるようにリセットするためです。上半身と下半身のつながりを回復して体を調えるためにやっている。だから、わざわざ負荷をかけて筋肉痛になるようにしたり、強制的に伸ばしすぎて筋肉が痛くなったりするように頑張るのは、四股とはぜんぜん違うものですとその方から言われて、目が覚めました。今の力士たちはそういう四股の意味がわからないからほとんどやらないで、やってる感があって効果が目で見える筋トレに走るんです、とおっしゃっていました。昔からやっていることだからと言われたからやっているけれど、四股の深い意味がわかってやっている人はほとんどいないとも言われていました。

この方の話を伺っていて、明治以降、西洋的な考え方のもとで、何か大きな地滑りみたいことが起きていて、本来のものとは違う解釈でさまざまなことが行われてしまっているのではないかと思いました。ヨーガとか坐禅でもそういうことが起きているように思います。

河本――たくさんあります。多分、最大の誤解が意識の働きについての誤解です。現象学では志向性と言いますが、つまり、何かに向かって意識を届かせようとする。けれども意識の働きの基本は、調整能力がほとんどなんです。たとえば雪山で迷って、もう下まで降りられない、という場面を考えてみます。洞穴を探して、温かくしてひと晩過ごす。そのときに、体の冷え具合からして、もうこれは眠らないようにしようと。眠ってしまうと低体温症になってしまって体が動かなくなってしまうからではありますが、本人が意識を調整しているはずがないんです。にもかかわらず、意識が覚醒していることで、さまざまな調整能力がおのずと働いている。こうした場面が多分あるはずなんです。

交通事故に遭った人たちの救急の場面で、その人にまだ意識があるかどうかが問題になるのは、意識がなくなると調整能力がガクンと落ちるからです。意識は自分で、能動的な働きとしてそれをやっているわけではないのに、おのずと調整を強化している。こういう部分が意識の最初の働きのはずです。

意識にはマトリックスでいろいろな働きが入っているのですが、ある働きを前景化すると、他の働きが潜在化してしまうという仕組みがある。たとえば何かを知ろうと頑張るときに、頑張っている自分自身に気づいていなければいけないはずなのに、知ることばかりになってしまう。つまりもっと他の経験があるはずなのに、それが潜在化してしまってそこに気づかないまま、知るというところなら知るというところにだけ向かってしまう。

■気づき――活動のさなかにあって活動を感じ取る

河本――意識の中で、調整能力の次に出てくるのは、活動のさなかにあって活動を感じ取るという働き、「気づき」です。活動のさなかにあって活動に気づく。ドイツ語では「ゲヴァーレン (gewahren)」という言葉で訳されています。西田幾多郎は後期に「自覚」と言っていますが、西田の草稿のドイツ語ではやはりゲヴァーレンと訳されています。西田は基本的には臨済禅ですね。活動のさなかで感じ取る気づきのあり方を西田は自覚と呼んでいます。

藤田―「行為的直観」という表現も使っていますね。動いている活動のさなかで、というところが大事なところですね。

河本―もう少し突っ込んで意識について考えてみます。意識というのは非常に不思議な仕組みになっていて、生命の中で随伴的に出現してきた最初の低次のレベルの意識から、非常に人間的な、たとえば数学的直観のような高次のものまで、さまざまなかたちで意識は随伴的にも関与しています。純粋に芸術的な直観もあります。

随伴するという形で意識というのはずっと形成されているわけですが、そのときに、最後のところで至り着いたものが人間のもっている認識能力、とりわけ分析的な認識能力です。わかるということと、わかったものに配置をあたえて、自分自身から見てすっきりしている状態を作り出すような、いわば世界をパック化する働きの方に意識は活用されてしまいがちなんです。

しかし意識には非常に幅がある。多分、運動のさなかにある意識というのは、何かを知るということとはかなりモードが違う働きとして活用されています。たとえば運動をやっているときに、今日はあまり集中できていないとか、どこに力がうまく入っていないとか、今日はいろんなイメージが頭の中をうろついてしまうとか。こうした運動のさなかで出てくる随伴的な意識の働きというのが「気づき」です。

気づくというのは、活動のさなかにあって活動を感じ取ることで、こういう内的な区分が運動のさなかにある。体験自体は運動をずっとし続けている、そのさなかにあって、さまざまな度合いを区分していくような気づきというのは、認知能力、つまり知ってわかるということとは、全然、仕組みが違う。

藤田―それは、意識の覚醒度というものとも違いますね。もっとオペレーショナルというか、ちゃんと仕事をしているわけですから。

河本―そうです。リハビリテーションで障害者の治療をするときに、当人にとって、少し良くなったという感じができればあったほうがいい。たとえば、動かない手が、今日は少し動いた感じがした、というようなことです。動いた感じがしたといっても、本当は全然、手の動きは良くなっていないかもしれない。でも、動きの感じを獲得できるかどうかというのは大きな分かれ目になります。

実は単にセラピストに支えられて動かしてもらっているだけなんです。にもかかわらず、今日はこれまで動かなかったところが動くようになったという感じを本人が獲得できる。ビデオで見ると、全然、動いていない。しかし本人が内的に、少し動くという感じを度合いとして獲得していくと、その後の本人の経験の仕方や体験の仕方に少しずつ違いが出てくる。

■想起――時間的な thisness

藤田―興味深い話ですね。それは、本人の方がふと気がつくんですか。それともセラピストの方が、気がつくように何らかの援助をするんですか。

河本―うまいセラピストは、これは何か少し感じが変わっている、ということで誘導するんです。今の感じを思い起こしてください、といった具合に。ここが想起なんです。つまり、なかったものを出現させて安定させるために想起する。ドイツ語で言うと「エアイーネルン（Erinnerung）」です。さっき動いた経験を想起させることによって、自分の中に内面化していく。それが「思い起こす」ということです。そのことをやらせると、「ああ、そうなんだ」というふうに腑に落ちて、次のときから少し感じ取りが変わってくる。そこのところを通過させることが、ある意味で大切な局面である場合もある。

まったく何も感じられない人、何も内的に感じることができない人は、しばらくは無理です。動いてもらって、「どうでした？」「いや、動いた感じ、全然しないよ」とか、「どう？　手が動いた感じ、ありました？」「何も動いてないよ」と。そこは正直な感想でいいんです。それで、どこかで「あれ？　これ、なんか感じ取りができ始めたかな」というところで内面化してもらう。そのことで、次から少し感じが変わってくる。多くの人たちはそこを見過ごしてしまいます。

また、これは精神医療になりますが、統合失調症の患者に向き合うと、言っても言ってもまったく接点がないという状態をずっと過ごすことがある。でも、「ああ、今日も駄目だったから、すべて駄目だな」と自分の方で捨てたときに、捨てたことによって、はじめて何か接点ができるというような瞬間を通り過ぎることがあるんです。これはプロセスの中の「時間的なthisness」です。ここの瞬間の否応のなさみたいなものを、「ああ、ここなんだ」という感じで通り過ぎるという経験です。言葉というのはほとんど役に立たないのですが、不思議なところがあって、にもかかわらず、役に立たないことを通じてどこかで接点がようやくできる、ということがある。

藤田―それはとても禅的な描写に思えますね。道元さんも弓矢のたとえでよく言っています。今この一射が当たったのは、それまでの当たらない百の射が培ってきた力によって起きているんだ、と。今の話はまさにそれですね。これまでの百の射が駄目だったのは駄目では終わらなくて、そのおかげで次の百一回目の射が当たるということが可能になるのだと言うのです。せっかくだから原文を紹介しておきます。

「菩提心をおこし、仏道修行におもむく後よりは、難行を慇ろに行うとき、行うといえども百行に一当なし。しかあれども、或従知識、或従経巻して、ようやく当たることを得るなり。いまの一当は、むかしの百不当の力なり、百不当の一老なり（仏道を求める心をおこして修行に取り組むのだが、一生懸命修行を続けても一向に真実の教えが腹に落ちない。だけども、有徳の僧の指示や教えを素直に行じていくうちに、やがて真実の道を得ることができるようになる。つまり、それまでの百の不当があったからこそ、一つの老熟した当がここに現れて来るのである）」（『正法眼蔵　説心説性の巻』）

今おっしゃられた「想起」ということですが、実はマインドフルネスという英語のパーリ語の原語は「サティ」というんですが、これは「想起」という心の働きを含んでいます。想起は、単に過去に起こったことを思い出すだけではない。河本さんもご著書の中で「経験の再組織化」と書かれていますが、新しい現実を立ち上げる力があるわけです。そういう考え方をすると、想起はすごく大事なことですね。

■正身端坐――「何も待たないで待っている」

河本―いくつか教えてほしいのですが、坐禅の場合、目というのはどうなっているのですか。

藤田―大抵のインストラクション本だと「坐禅のときの眼は半眼に」と書いてあります。もっと具体的に視線を45度落とすとか、1・5メートル先を見るとか書いてあります。多分、それは親切心から出たことなんでしょうが、私自身はまったくナンセンスだと思っています。そうした質問をされた人が、自分は45度でやっているから45度と言ったりしているだけで、60度だと言っている人もいます。その人が自分のやっていることを適当に数値化しただけの話で、根拠はどこにもありません。古の経典にもそんな数値的な記述はありません。

私は、そのときそのときの体の状態に最もフィットした目のあり方をすればいいと思っています。目をなるべくリラックスさせてフリーな状態にして、目が一番落ち着くところに落ち着かせておけばいいと言っています。坐禅の全体との関係からおのずと決まってくることなので、目だけのコントロールの話ではないと思うんです。

河本―もう一つ、教えてほしいのですが、たとえば坐禅に行くとします。そのときに、それまで狭くしていたものを広げるわけですが、広げたことのリバウンドみたいなことはありますか。

藤田―それはもちろんあると思います。私の場合、はじめて坐禅したとき、今までとはまったく違うことをしているなというショックのようなものがありました。リバウンドというか、リアクションだったと思います。

河本―そこがうまく気づきで感じ取れるかどうか。つまり運動性の働きをうまく感じ取れる必要があると思うんです。「ああ、何か少し自分の経験の仕方が変わったな」という感じ取り方です。

藤田―それは多かれ少なかれ誰でもあるでしょうね。それを狙っているわけではないけど、坐禅の結果として起こります。毎回、同じことが起こるわけではありません。ただ、そういう経験に自分を開いておくというのは大事なことだと思います。自分が期待していると意識のコンテンツにばかり関心を取られていると、そういうことはまったく経験の中に入ってこなくなります。そこに自分を開いておくという指示を前もっておいた方が、いいかもしれないと今、思いました。

道元さんの書いたものを見ても、こういうことを経験しろとは一切書いていません。坐禅する、その後はオープンエンドなんです。ただ、正身端坐せよ、と。「重力とのうまい関係を探りながら」と私は翻訳しています。道元さんにとっては、身体といっても単なるボディではなく生きられている身体で、そこに必ず心も入ってこなければ正身端坐なんて微妙なことは、多分、実現できっこない。

また、正身端坐を実現して、完成形ができてそれで終わりではないんです。それを刻々に狙い続けるという継続の方に、私は力点がかかっていると思っています。だから静止するという運動がずっと続いているんだ、と私は説明しています。止まっているようだけれど、死物になるんじゃなくて、止まるという運動を絶えずしている。

そのさいに、心をどこに向けるかということですが、坐禅の結果、つまり最終状態をあらかじめ予想していたら駄目なんです。変な言い方ですが、何も待たないで待っている、というあり方です。だから、何を経験しなければいけないかとか、どうならなければいけないかというような、みなさんの関心に答えるようなことをなるべく言わないようにしています。何が起こるかはその都度わかりませんし、何が起きてもOKという言い方で、あまりこだわらないように、と言っています。とにかく坐ってみて何が起きているかを好奇心と思いやりをもって見てみましょうと。

自分が空間の中でどういうふうに坐っているかは、河本さんの言い方ですと「身体内観」に近いと思うんです。そこでポイントになるのが、私がさっき言った「現実性」の感覚なんです。河本さんは現実性というときに、何を経験しているかではなく「これしかなさ」みたいなことを強調されています。今ここの、このかけがえのなさ、これしかなさ。

河本──否応のなさ、ですね。

藤田──そう、それです。否応のなさとか、「生き生き」さ、経験そのものの瑞々しさといったもの。「何を生き生きと経験しているか」ではなく、「生き生きさそのものに気がついてもらう」こと。何かに誤魔化されてそれを忘れ去っている、見失っているのが普段のわれわれです。それを回復してもらいたいというか、改めて驚いてもらいたい。

普段はそれを誤魔化して平気でいるのに、坐禅だとそれにいきなり面と向かわせられる可能性がグンと上がるんじゃないでしょうか。私の場合、何も知らずに坐禅したときに、それに面と向かわせられたんじゃないかと思っています。私にはそういう心地よいショックがあったので、禅に首根っこをつかまれてしまったんじゃないでしょうか。

河本―もう一つ、お尋ねしたいのですが、一照さんは野口体操も学んでいますね。

藤田―はい、坐禅に出会う前に5年間ほど野口三千三先生から直接習いました。あくまでも僕の主観的印象ですが、坐禅は野口体操と同じ感じがしました。からだを通して未知の世界を自由に探究していくという点で両者はすごく似ています。私は坐禅と野口体操の共通したところを大事にしたいと思っています。最初は無意識的でしたけれど、今は自覚的にその方向に行こうとしています。

野口先生もどう動かなければならないということは、一切言わないで、ただ「こんな感じで」みたいなヒントだけ……たとえば野口先生は絹の大きな布をふわっと空中に放って、「この布は落ちてくるとき、まっすぐストンと落ちないでしょう。こういうふうにふわりふわりと漂いながら落ちてきます。さあ、この動きをしますよ」と言うだけでした。やっているうちに、それに近い感じのクオリティで動ける人が出てくるんです。

坐禅もそういう広々した探究の世界の話じゃないかと思うんです。坐禅と出会ったとき、私がそれまでかじってきた野口体操、合気道、鍼灸といった、人間を要素的に見ないで全体の流れや調和を問題にするような実践と、かちっとつながるものがあると直感しました。

それまでこれといった連関もなく、ただ面白そうだと思うことにあれこれ首をつっこんでいました。一本一本の指みたいにバラバラな感じがしていたのですが、禅はそういう指を全部つなげて一つの手にしてくれる手のひらみたいな感じがしたんです。どうしてそう感じたのかはいまだによくわからないのですが、多分、河本さんが言われているような、生きていることそのものの面白さみたいなものを、外から水臭い感じで見るのではなくて、生きているさなかで直に気づいていくようなことをやっていることに惹かれたのかなという感じがしています。

オートポイエーシスに興味をもったのもまさにそれと似たような問題意識で探究されているように感じたからかなと思います。

■オートポイエーシスという経験

河本──オートポイエーシスの理論には、入力も出力もないと書いてあります。私は最初、それがどういう意味かわからなかった。マトゥラーナとヴァレラの『オートポイエーシス──生命システムとはなにか』(国文社)を翻訳していたとき、当初この著者たちは間違っていると思っていました。入力も出力もないという言葉が、正規にうまく意味が取れるように勝手に私の方で訳し直して、全部のゲラを作って編集者に渡したんです。それで、3週間とか4週間とか間があって、ゲラが返ってくる。その間に読者用の「解題」を用意するために、いろいろと準備していました。

あるとき、土曜日の午後だったと思うのですが、ちょっと休んで、卵焼きと干しあじの焼いたのをお茶漬けにして食べながら、「ひょっとしたらこれは何かまったく別のことを言っているんじゃないか」と思ったんです。

藤田──それまでの理解が違っていたということにふと気がついたということですか。

河本──何から何まで、すべてです。理解というのは、自分の今までもっていた経験に対しての理解だったから、この経験のところが、ひょっとしたらまったく別のことかもしれないということに気づいて、本当にすべてが何もかもわかるという感じでわかって、食べていたものを全部吐いて、ベッドまで這っていって夕方まで眠っていたらしいんです。こちらが正しい解釈だと思って加えたことが、全部、間違っていた。それで全部、翻訳をやり直したんです。

入力も出力もないという感じがなぜ難しいかというと、たとえば大気中に丸い風船を想定したとします。それには入力も出力もない。ところがそのとき、風船って、入力－出力関係でイメージされているんです。入力－出力関係でイメージされているものを、同時に入力も出力もないと言ったら、孤立した系になってしまう。そんなもの、あるはずがない。ということは全然別のことを言っているはずだということに気づいたんです。

こんなことが言われているはずがない。脳でいうと、脳は確かにかなりきれいに閉じた系だけれど、グリア細胞という周辺にある細胞から栄養をもらっていて、入力も出力もある系です。そうした脳を見ている著者であるマトゥラーナとヴァレラが入力も出力もないと言っているのだから、何か違うことを言ってるはずだ、と。これは体験、経験として違うところに行かなければまったくうまく伝わらないんだということ、そして既存の経験からつかまえたのでは届かないんだという経験をしたために、そこから違う方向に進むことができるようになった。

最も簡単に言うと、システムを対象としてイメージして入力も出力もないと言っているのではない。運動の継続の中でおのずと内と外が区分されてくる運動のことを言っていることになります。視覚的なイメージをかりに続けると、渦巻を見てそれで継続する運動を経験した気になることはできます。この段階では、まだゲームの中の映像です。その渦巻運動の中に自分自身が巻き込まれているあり方をイメージしてみる。そしてその巻き込まれた位置から運動のさなかで見えてくる世界を捉えようとしてみる。そうするとこの局面ではもはや入力も出力もありません。しかもそれを視覚イメージでわかろうとしないで、触覚的に感じ取るイメージを作り上げていきます。こうした作業を経ていくと、まったく別の世界へと進んでいくことになります。

これは私にとって非常にきつかったけれども、いい出会いでした。そういう転換点になるような出会いというのは禅の中でも必ず起こり得るはずだし、たとえば身体表現的な芸術表現の中でも起こり得るはずです。そういう転換点になるような経験の場所をもっと大切にする。ただしそういう場所を表現すると、いわばリスクがかたわらにあるんです。つまり、わかって自分も身につけたいというリスクです。しかし、わかってそれを自分のものにしたいと思っている人は絶対に到達できないのですが。

■「五つの態《たい》」と「仏のモード」

河本―オートポイエーシスで一番やってはいけないのは、言語の中に出てくる能動形です。あるいは能動形と、言語の中に出てくる否定形の受動形。これが経験にとっては、かなり大きな制約であり、ある意味で経験にとって妨害にもなっている。むしろ能動と受動の間に非常に広い幅の運動のモード、あるいは度合があります。

藤田―能動と受動の間ですか。それはまた、耳慣れないコンセプトが出てきましたね。

河本―能動と受動の間に「被動」というのがあります。おのずと動かされていながら、動かされている自分を感じ取る、ということです。

藤田―被動！　それは受動ではない、別なあり方なわけですね。

河本―受動というのは、こういう感じです。たとえば足が悪くなって動けず、じっとしていないといけないと思い込んでいる人が動かすときは、全面的に持ち上げてでも動かしてもらうしかない。どうしてそういうことになってしまうのか。自分で動こうとしないし、動かないことが自分なんだと、自分で自分を決めているところがあるから、受動が成立するんです。被動というのは、動かされたときに「今、自分は動かされているな、これにそのまま動かされる」という自分です。

藤田―動かされているけど、動かされていることを受け入れている自分がそこにちゃんといるんですね。被動というのは面白い態《たい》ですね。この言葉のことをうかがったら、経験を見る視界が急に広がった感じがしました。

河本―能動、受動の間に被動というのがあるし、自動というのもあります。動いているつもりもないし、動かされているつもりもないのに、おのずと動いている。これが自動。オートポイエーシスはそれです。私は以前から、能動と受動というのは相当に両極の、荒っぽい言い方だと考えていました。一番の基本は、やはり被動だと思っています。

藤田―坐禅の姿勢を直すときなど、たしかに被動でないと困りますね。単なる受動では、そこに学びの余地がない。

河本―支えられているというあり方におのずと身を任す、ということですから。一照さんの指導を受けながら、「あっ、こういう感じか」「こういうふうにやれ、ということなんだな」と自分でやってみる。この被動という感じはなかなか伝わりにくいのですが、坐禅においても被動はとても重要だと思っています。

藤田―道元に「仏のかたより行われて、それに従いてゆく」という言葉があるのですが、これは受動ではなくてまさに被動ですね。受動と被動では同じように動いても、内的経験としてはまったく違ってきます。私もやはり能動、受動という二つの態では足りないから「中動態」のことを言っていたのですが、被動の方が、もっときめが細かいです。

河本―中動態と言われているものの中にもたくさんあります。たとえば「前能動」です。前能動というのは、たとえば駅から自分の家まで歩いて帰るときに、今日あったことなどいろんなことを思い起こしながらでも、ほぼ間違いなく自分の家まで着きます。この角を右に曲がったから次をこう行ってとか、そんなことは意識では全然思っていない。全然違うことを考えているのに、おのずと、ちゃんと自分の家まで帰れている。これが能動の手前のところにある前能動です。

これは由来からすると、フロイトが意識、無意識の間に全然違うものがあると言って、それを「前意識（Vorbewßtsein）」という言葉で呼んだんです。この「前」というのが重要で、要するに何かが起こる手前のところですでに実行されている、ということです。行為のレベルで言うと、たしかに最短で家まで着いている。でも誰も誘導していないし、意識の能動で家に辿り着いたわけでもないのに、すっとそういうふうになっている。

一照さんがご自身の経験を上手く多くの人に伝えようと思ったら、受動、被動、自動、前能動、能動、この五つぐらいのところがある、ということです。そして経験の大半は、被動、自動、前能動で作動しており、受動と能動は、ありえない例外であり、言ってみれば粗い要約だったということになります。

藤田―それは凄いことを教えてもらいました。もしそうだとすると、禅を語る言葉をアップグレードしなくてはなりませんね。禅の指導ではしばしば、教える方はインストラクションの通りに相手を動かさせようとするし、学ぶ方はインストラクションの通りに動こうとする。それでうまくいかなかったらインストラクションを細かくする。でも、それだといくらやっても能動・受動の二元論の枠組みからは出られない。どちらの側も、今の私の言い方だと「オーダー&コントロール」というトップダウン式のやり方を細かくしているだけで、モードが何も変わっていない。既定のプログラム制御の域を出ていない。道元が言っている、身も心もすべて仏の働きに任せて、仏の方からやってくるものに従って生成していくというあり方で坐禅が遂行されていかないといけないにもかかわらず、そういう回路が全然生まれてこないです。

能動・受動の回路を洗練するのでもなく、それを発動させないで、道元の言葉を借りれば「仏の方よりおこなわれることに従って力をも入れず心も費やさない」時間をもつことが、人間にとっては、日常の自分とは違う自分に親しむ素晴らしい時間になるはずなのに、日常の努力の仕方がそのまま坐禅の努力の中にずっと残存していて、普段と変わりのない自分のあり方がずっと続いているということに成り下がっていないか。私の場合、そういうことが起きていました。私の野心としては、坐禅をするときには、普段の「凡夫モード」とは違うモードが立ち上がっていてもらいたいんです。それを「仏のモード」と呼んだりしているのですが。

■「坐禅すれば自然《じねん》に好くなるなり」——個性としての専門性

藤田　道元さんは「坐禅すれば自然《じねん》に好くなるなり」とも言っています。「好く」という漢字です。善悪の善でもないし、良し悪しの良でもなくて、好ましいと書いてあります。これは多分、人間の成熟なり、成長なりを指す「好」だと思うんです。しかも自然《じねん》にですから、努力感なしに、ということです。

河本　いい言葉です。知るということがあって、その次に好き嫌いの好きというところがあって、最後のところで、理由がまったくわからないのですが、快感の快がある。知る、好き、快。この段階を感じ分けられること。知るの段階だと、ある意味では、どんなに充実していても自己満足という部分が含まれてしまう。

藤田―坐禅というのは掛け値なくただ坐っているだけなのですが、人間を「好く」していく力というか、功徳があるんです。今言われた意味で、単に知るではなく、快の方に近いと思うんです。「坐禅は安楽の法門なり」という言い方もあって、これなんかはもっと快に近い。でも、何でもいいから坐っていればいいのではなくて、そうなるような坐り方というものがあるはずです。

では、どうしたらそんな坐り方が可能になるのか。多分、日常生活の普通の努力の仕方だとあがきとかもがきにしかならないから、それだと知ることにすらならないし、ましてや好くもならない。快なんかはとんでもない、その逆で、ほとんどの人にとって坐禅は苦痛にしかならないでしょう。でも本来はそんなはずはないんです。体が硬いとかそういう話ではなくて、多分、私たちの取り組み方そのものに大きな齟齬がある。坐禅が難しいとか苦痛だとかいうのはそれこそ筋違いの不平不満で、それは坐禅のせいではなくて、私たちの側の態度や取り組み方が大きな原因になっているのではないか。では、どこがどう問題なのか……。

河本―ある意味で近代的な学習の成果が、禅を誤解させる仕組みを、制度としても文化としても作り上げてきています。この学習で、近代は一応はうまくやってこられた。近代というのは、たくさんのものを見落としてきたということを気づかないようにしていく仕組みでもあります。やはり学習のモードをあまり多くのかたちでは獲得してこなかったのだろうと思います。近代というのは学習の仕方を狭めてきた伝統をもっている。

そういう中では、たとえば経験を広げるためには芸術、それから身体を絡めたさまざまな訓練が必要です。身体を絡めないといけない。要するに知育とは違うかたちの訓練です。

それと、ここが伝えにくいのですが、専門性ということ。専門的にゴリゴリ勉強すると、細かいことをたくさん知っている人になってしまうのですが、そうではなく、その人にしか固有にできないようなところまで進んでいくということの専門性。禅でも、「この人はこの人なりに、こんな生き方でこんなところまで行ったんだ」という、このことを専門性と呼ぶとすると、専門的な知識をいっぱいもっている専門性とは違うタイプの専門性、つまり個性としての専門性。そんな個性としての専門性にかかわるような訓練がどこかで用意されないといけないということです。

藤田―それに関連して言うなら「自分だけの現場をもつ」ということかなと思います。誰でも、何らかの現場をもっている。台所だとか職場だとか教室、自分が何かに携わっているその現場がそのまま修行道場になる。私はみんなに、いわゆるお坊さんが専門に禅の修行をしている道場に行くだけが禅ではないよ、と言っているんです。だから、今この坐禅会で培おうとしているクオリティをそれぞれの現場、家庭なら家庭、職場なら職場へ持ち帰って磨いていかないといけないですよ、と言っています。

■暗黒舞踏――大野一雄と土方巽の対話

河本―先ほどの「知育とは違う形の訓練」というところでの経験の積み上げ方を、やはりいろんなモードでやっていく必要があります。たとえば禅なら禅のところでやる。身体表現なら身体表現のところでやる。あるいは、私みたいにシステムならシステムというところでやる。ただし、おっしゃったように、言われている言葉を言葉で解釈して「ああ、今、先生が言ったことはこうすることなんだ」というふうに自分の枠の中に配置を与えてしまう、つまり動く前に配置をあたえてわかったことにして、それを実行するというあり方を慎重に避けながら、です。課題は「この自分を動かすこと」なのですから。

藤田―それはセラピーでも芸術表現でも禅の修行でも同じような「悪魔の誘惑」があって、多くの場合、知らない間に落とし穴に落っこちてしまう。坐禅にかんしてわかりやすいマニュアルを作って、その通りきちんとやったらそれで坐禅していることになるというのも落とし穴なんです。

利休が、茶の湯というのは、ただお茶を点ててそれを飲むこと、ただそれだけだと言う一方で、お茶には非常に細かい作法がたくさんある。私たちはそのどちらかを取ってしまって他方を切り捨ててしまいがちです。ただ飲むだけか、あるいは作法にこだわるか。みな、このはざまで苦労しているように思うのです。この二つが矛盾は矛盾のままで一つに成り立っていてどちらも本当だというところがあるはずなのですが、そこに至る第三の道についてはどうお考えでしょうか。

河本―暗黒舞踏のことを少し考えてみたいと思います。暗黒舞踏は世界中に20万人も愛好者がいて、間口が広くてやりやすそうなのですが、際限のない奥行きと深みがある身体表現です。

藤田―間口が広くてやりやすそうなのに、際限のない奥行きと深みがある――。私も坐禅にかんしてそういう感じがしています。あのとき人に言われて坐禅をやらなかったらこんな生き方にはなっていなかったはずで、なぜいまだに飽きないで坐禅みたいなことをやっているんだろうと、時々思います。坐禅って、坐っているだけで他には何もしないんです。簡単そうだけれども奥が深くて不思議なものです。暗黒舞踏もそうなんですね。

河本―最初に暗黒舞踏を創ったのは大野一雄と、もう一人は土方巽です。この二人は若い頃、お互いに相手の舞踏の表現を見て、お互いに盗み合っているんです。共同でも何回か舞台を創っています。一緒になって仕込み稽古をするのですが、そこで彼らの特徴がよく出ています。お互いに相手が何をしようとするかわかっているにもかかわらず、3日ぐらい訓練し、あと4～5日後に舞台初演という頃になると、通じるか通じないかお互いにとってもわからないようなことを、朝まで夜通しで話す。「今のヤギの鳴き方がどうだ」というようなことから、語れるだけ語ってみる。何かを伝えようとしているわけではないし、何かをわかり合おうとしているわけではない。にもかかわらず、あらゆることについて、お互いにしゃべってみる。そうすると最後のところで、これで5日後の舞台はもうやれるね、という感じが出てくるらしいんです。

同じ日本語を使っているからわかり合えるなんていうこととはおよそ関係のないところ、あるいは、そのずっと向こう側で、お互いに言葉を語り合ってみるというようなプロセスも一つのやり方かなと思います。言葉だけではなく、さまざまな試行錯誤の、ある意味で言えば通過するための手立てというのは、もっとたくさん開発していい。

■師と弟子――マトゥラーナと若手科学者の対話

河本―多くの人に満遍なく語り伝えることができればいいのですが、理解を急いでやろうとすると、どうしてもあの人と同じような経験までいきたい、あんな凄いところまで自分もいってみたい、どうしたらいいんですか、と。そのときに、最短で到達する道を教えてくれるのがいい導師、いい先生であるなんていうのは嘘に決まっています。

いろんなかたちでいろんな光の当て方をする必要があります。何通りもの行き方、アクセスの仕方があって、それぞれの人が違う思いを抱くかもしれない。そして言葉にしたときに違うものであったとしても、今の大野と土方のように、言葉の向こう側で触れているものが何かわかり合えるということがある。

去年、亡くなったのですが、マトゥラーナはオートポイエーシスの基本的な考え方を40代半ばで作るんです。彼はそれっきり自分の構想を越えられなくて、ほとんど書けなくなる。ところが、ある若い科学者が対談をしたいと申し入れる。その対談はドイツの岩波文庫のような、ズーアカンプという出版社のタッシェンボッフに入っていて、読んでみるとマトゥラーナに気鋭の学者が質問をしたり、ここはこうではないかと言ったりしている。ところが何一つ質疑応答がかみ合っていない。何一つかみ合っていないのに、一冊の厚さにまでいける。それで最後は双方とも満足しているわけです。まったく接点がないような状態でも延々と進めることができる。

師匠と弟子との間には、基本的にこの関係が必要です。教わってそれを身につけるのではなく、隙間も選択肢もあって、それぞれが試行錯誤をする。今は、師匠の側もこの人にはこう言ったら通じるかもしれないと多くのサゼッションをあたえ過ぎる、つまり相手をそれこそ受動として引っ張り過ぎ、教え過ぎです。教え過ぎてはいけないし、途方もない筋違いなことを言ってもいけない。そこの曖昧なところは、教える側もその都度、自分自身をリセットするような教え方の工夫をしければいけないし、教わる方は、また師匠が何か変なことを言っているけれど、まあいいかぐらいのおおらかさで聞かなければいけない。引っ張るわけでもないし、拒絶するわけでもない。ここが重要なんですが、本人自身の選択肢が開くように手掛かりを与えていくというメッセージの送り方です。

藤田—師匠が最終解答をすでに知っていてそれを教えてやるというのではなく、師匠の方も同じようにトライ・アンド・エラーを現在進行形でやって、未知の探究をその場で遂行しているんですね。

河本—それをやらないと、教わったことを教わった通り、先生の言われた通りにやりました、ということになる。これだと本人の能力が拡張されていかない。違うところにも働きかけるということです。たとえば何かの仕事の関係で3年、坐禅に通うことができません、と。その間にも禅を組むのとは別の仕方で自分の経験を作っていくことはできるわけです。

そこのところの経験の広がりと能力の形成、つまり誘導しながらなおかつ、本人が自分で自前の経験を広げていくための手掛かりを獲得するという方向で進めてみる。先生に言われた通りにやったら、本で読んだことがちゃんと実現しましたと言ってくる人がいたら、それは自分自身を騙しているだけですから詐欺師です。先生に対しても詐欺師になっている。自分自身も騙しているんです。この騙すというところの向こう側に、何度も何度も行かなければいけないのに。

何かわからないのだけれど、自分はこんな進み方でずっと進んできたら、どこかで先生の言ったことがわかってきた。つまり、言われたようには全然進んでいる感じはないのに、でもこんなところまで進んできた、というときに何かがわかる。それが途上にいるからそうなるのか、あるいはモードについての感じ取りがそれぞれ違うだけなのか、ここはわからないのですが。

まずは、進み方は多様であるということ、つまり修行や訓練の仕方が一通りに最短に決まるというところを一度、外すこと。あるところまでいけば壁にぶつかります。これは何でもそうですが、壁にぶつかったときに、そこでもう一回トライアルするときにどういうふうな試行錯誤になるか。そこでまた分岐点がありますが、とりあえずのところ、最短でそこに到達するようなものはあらかじめ想定する必要はない。そういうカッコ入れはしておいていいと思います。

■「視点の限定」を解除する――勅使川原三郎

藤田――今、身体表現ということで話していますが、河本さんは勅使川原三郎さんと交流があるのですね。勅使川原さんみたいな踊り手はどうやって生まれてきたのでしょうか。というか、踊り手としての勅使川原さんはどういう訓練をされてああいうことができているのですか。

河本――彼は自分の身体に違和感を抱えていて、ヨーロッパ的なダンス、バレエみたいなものをやってみたんだけれど、何か違う。そこで、体が勝手に違う動きの方に入っていく、ここを大切にしよう、と。つまり、ここが踏み出しです。気がついたらどこかに踏み出してしまっていたということを大切にする。一回、踏み出したぐらいでは、身体は身についてくれないから、何度も練習をする。たとえば転ぶこと一つとっても、力を抜いて転ぶのは難しい。手足でかばって、おのずと受け身をとってしまいますから。それで、力を抜いて転ぶというのは一体、どうやって成立するのかということから考え始めた。

彼の最初の訓練は、やはり呼吸法です。こんな感じです。手を上げながら、体をずっと伸ばしながら、息を吸う、できるだけ吸う。少しずつ吸う、もっと吸う。少し吐いて、少しずつ吐いて、吐いて、吐けるだけ吐く、もっと吐く、もっと吐く……。また、息を吸う、ゆっくりゆっくり吸う。体全体を伸ばす、伸ばす、もっと伸ばす、もっと伸ばして、息を吸う、吸えるだけ吸う。はい、じゃあ、吐いて、ゆっくり吐いて……。今のを、当初だいたい10秒間隔で行う。次第に、これを30秒間隔にしていく。人間の普段の呼吸は、浅く吸って、浅く吐いているだけです。それを体全体の動きを込めて、深く吸って、深く吐くというところまでやると全身の組織間のレベルが変わってくるというのが彼の考え方です。初めてやると貧血を起こして倒れる人もいます。彼の場合は、ダンスの訓練も積んできた、バレエの訓練も積んできたという中で、ヨーロッパ的な技法を自分なりに組み込みながら、身体をリセットするための仕組みから作っていったわけです。

すごくうまい踊りをする人でも、彼はパッと見て、「手が硬い、手指が硬い。あの硬さがとれたらいいんだけどな」みたいなことを言う。「どうして硬いんですか?」と尋ねたら、「あれは隠れて練習をするからだ」と。みなさんに見られる中で練習をすると、すっと力が抜けていくから、と言う。隠れるということは、見えない視点から自分を隠しているんです。どんなに訓練しても、自分を真上から見ている視点を隠すことはできない。たとえば、女友だちなりの家に行ってブザーを押しても応答がない。いると言ったのに、応答がない。もしかしたら倒れているんじゃないかと、周囲を見回して誰もいないことを確認して、鍵穴からのぞいてみる。そのとき、鍵穴からのぞくという姿勢は、誰もいないことがわかっていても誰かから見られているという、この感じをともなってしまう。

要するに視野を限定したときに、必ず誰かから見られているという視点がともなってしまうために、どうしても緊張が出るし、格好をつけたくなる。つまり、この「視野の限定」というのをどこかで解除してしまわないと、自分の経験の動きの方に入っていけないんです。のぞくということは視点から見ることです。視点から見るというかたちで自分の経験を運動から断ち切ってしまうと、誰かから見られているという意識の中で体はこわばっていく。この辺がやはり、まだまだ一照さんにも頑張ってほしいし、私も頑張らなければいけないと思っているところです。ある種の経験を形成していくときのモードを広げていく。このモードの広げ方のところで、相当、まだまだアイディアを出す必要があります。

藤田―本当にその通りですね。いまだにそのことが課題として意識にのぼってすらいない。

■禅は、定義を破ること――「Nothing to cling」

河本―そのことを言い続けないといけないんですね。今の学校教育は、早いところ、秀才を作るための仕組みです。秀才になるのは結構だけれど、秀才というのはたくさんのことを捨ててきて秀才になったんだから、立派な秀才になりました、はい、一丁上がりです。

藤田―私もあやうくそっちで一丁あがりになるところ

でした。幸い、お坊さんになったので、そのベルトコンベアからリタイアできましたけど(笑)。学校で教わっていることは、生きた現実に何も届いていないという感じがあります。一定の観念的な話想領界の中で閉じてしまっていて、リアルな現場との関係が切れている。それに対しては科学的であるべきだからとか、という言い訳みたいなものがついているわけです。私もある時期までは、学者を志していましたが、こういうままごとみたいなことを一生、身すぎ世すぎとしてずっとやるのかなと思って行き詰まり感を覚えていたときに、たまたま禅に出会ったんです。

禅というのは業績をあげるための「仕事」じゃなくて、純粋に探究を愉しむ「遊び」に近いと私には見えました、直感的に。こちらの方が絶対、私のやりたいことだなと思って、研究室から禅道場へと私の「現場」を変えることにしたんです。それは自分に関しては間違っていなかったと思います。ですが、禅もやはり禅の中で自足して「禅らしく」なってしまっている。それは禅ではないんじゃないか。みんなラベルが付いていてパッケージ化されたものの中で頭角を現そうとしているる……。それだと面白くないですね。

河本―面白くもないし、本当はあまり経験も進んでいない。禅も身体表現も、経験の境界を自分で解除していく仕組みです。解除して踏み出してみるところまで行かないで、禅とはこういうふうにすることだ、暗黒舞踏とはこうすることだ、というところに落とし込んでしまうのは違う。

藤田―「禅って何ですか」みたいな定義をよく聞かれるんです。でも、河本さんがおっしゃるように、禅は、定義それ自体を破ることとです。自己自身を乗り越え続ける運動の中にしか禅はないと思います。固定した、いかにもそれらしい教義ができてしまうと、その教義に従って生きる「仏教徒」になってしまいます。全然仏教徒なんかじゃなかった開祖のゴータマ・ブッダのあり方とまったく違うじゃないかということになる。そういう落とし穴みたいなものは、本当にそこここにある。落ちたのに気がついて這い上がってこないといけない。落ちて、また這い上がる、それの連続だろうという気はしています。

河本―教科書的な優等生は、いくらか経つと周囲からももう感動されなくなるし、本人も飽きてしまって、こんなことしかできなかったのか、ということになる。自分で自分の可能性を閉ざすようなやり方なんです。本人の展開可能性が無いようなところで、それでもどういうやり方かわからないから、それだけをやる。つまり間違えないように禅を習得したいというのと同じです。

一生懸命、間違えないように頑張ってみる。姿勢も気持ちもわかるんだけれど、そういうふうにやっても失敗するに決まっている。それで、その失敗に素直に気づくことができない。ここが、やはり小ささなんです。変な言い訳をしたり理由をつけたりする。一番酷いのは、自分は一生懸命、言われた通りに頑張ったのだから、むしろ教え方が悪い、と。

かつて、私が学んだ哲学の師に、大森荘蔵、廣松渉という人たちがいました。大森さんは最高の頭脳をもっていました。切れ味が良すぎて他の人が真似をできない。真似をすると怪我をするような場所で、大森さんの哲学は成り立っていました。自分は哲学をやって、否応の無いかたちで人生を誤っている——これが大森さんの懐の深さです。大森さんにとって哲学は何のためにあるのかというと、多くの人を安らかな眠りに導くためです。いろんな名言を残していますが、哲学というのは基本的にはそういう働きしかできないんだと、そういう感じでした。

もう一人、秀才ではないのですが、ひたすらゴリゴリ勉強した廣松渉という人がいます。この人はまた、ぜんぜん違うタイプでした。詳細についてはあやふやな点もあるのですが、廣松さんは九州の伝習館高校という黒田藩の藩校の出身です。高校生のときに九州大学に乗り込んで「マルクス曰く」と演説をするのですが、学生が誰も聞かないから寮に乗り込んで「マルクス曰く、レーニン曰く」と大演説をする。それが評判になってしまって、伝習館高校の2年か3年の時に退学処分になる。その後に大学検定を受けて東京学芸大学に入るのですが、「こんな所に自分の居場所は無い」と言って、いろんなところでアジ演説をやる。京都大学ではとっつかまってリンチを受けて、もう学芸大学にも帰れないというので、受験しなおして東大に入る。

廣松という人はアジ演説ばかりやっていたから勉強

も大してしていなかった。それが哲学科に行って、3年生のときに新入生の歓迎会で哲学科を代表して挨拶をするんです。彼は新入生に向かって「君たちは哲学科を希望するようだったら、すでにドイツ語でカントの三批判ぐらい読んでいなきゃいけない」と言う。その頃、廣松さんはほとんどドイツ語を読めなかった。ハッタリも大きかったけれど、人並み外れた勉強もしていた。活動力も人の10倍ぐらいあった。そういう人でした。

　大森さんにせよ廣松さんにせよ、いろんなエネルギーの出方、凄まじいエネルギーの出方をしていた時期がある。一番大切なのは、多分、一照さんも同じことを感じてらっしゃるんだけれど、経験の弾力が、当時はそれくらいの広さがあったということです。少々、失敗はします。失敗しても、彼らはそれは通過点だと言っているわけです。ここの経験の弾力と幅がどんどん狭まってきている。今はみな、一生懸命やっているのだけれど、しかし同じ地点で見方を変えているだけではないのか、ということです。

藤田―そうですね。試みる前から失敗することをとても怖がっているような雰囲気があります。最初から「これ、うまくいきますか？」と聞いてくる人がいます。「ダメだったら、どうしたらいいんですか？」と。そんなこと、なんでやる前に考え込むのかなと思うのですが。失敗するか成功するかはともかく、とにかくやりたいからまずやってみる、見る前に跳んでみるということをしない。実際、やってみなきゃどうなるかわからないんですから。

河本―試行錯誤の中に、必ず間違いは入っている。間違いを自分の中に組み込んでいくから経験なんです。正しいところだけを辿っていくのであれば、それは遊園地の中の飛び石の上をつたわっているのと同じです。

藤田―禅というのは仏教の中に生まれた、反優等生のプロテストみたいな運動です。中国であれだけ多士済々の個性的で面白い禅者たちが現れた禅の黄金時代というのは、河本さんが直接お会いした廣松先生、大森先生のような活力あふれる人たちがあちらこちらに登場してきたのだろうと思います。

　たとえば唐代に、趙州従諗《じょうしゅうじゅうしん》という大きなスケールの禅僧がいました。でも、彼の優等生的な弟子が師の亜流になってリトル趙州になり、その弟子がさらにリトルリトル趙州になるという具合で、スケールがどんどん先細っていった……。その結果、禅は形骸化したものになってしまっています。現在進行形の瑞々しさを失って、かつての禅はこうだったという昔話をしているように見えます。昔の祖師たちから、「この乾屎橛《かんしけつ》（乾いた棒状の糞）め！」とどやされそうです。

河本―大森さんは、「勉強するのはいい。けれども勉強をしてどれだけのものを獲得したかは勝負ではない。勉強したことをいったいどういう形で捨てることができたかということにある」と言っていました。

藤田―う〜ん、なるほど。勉強したことを忘れる、捨てる、手放すところが勝負ですか……。

河本―忘れるというのも、ものすごくたくさんの能力が要るんです。忘れるというのは、本人の中に相当の自負と自信と、これを通過したから大丈夫という、そういう感じ取りがないと忘れることなんかできない。しがみつくものが無い状態にするわけですから。そして忘れることで経験をリセットしていくことになります。

藤田―仏教の教えというのは、ひとことで言うと「Nothing to cling」（無執着）です。「しがみつけるようなものはこの世に何一つない」。すると今度は、「Nothing to cling」という観念にしがみつくということが起こる。つまり「Nothing to cling」という体験そのものをしていないと、「Nothing to cling」という考えに取り込まれてしまう。

禅が経験の弾力性とか幅を保っていた頃の人たちは、相手が言ったことをすぐに否定する、というようなところが結構あります。ところが、今は正しいことを言ったらそれを守れという言い方になってしまっていて、往時の禅の息吹はほとんど無い感じがします。

■現代的な禅問答を！

藤田―禅の息吹きというものはどうやったら取り戻せるんでしょうかね。どうやったらと問う時点ですでに息吹きじゃないですね（笑）。

河本―わからないんですが、誰か適性のある人、それも何人か必要だと思うのですが、一つはやはり、現代の言語感覚と言葉の速度に応じた禅問答をうまく組み立てることかもしれません。

禅問答に近いことを、奇跡的に偶然、やってしまっているようなお笑い系の人がいますね。相方が何か真面目そうなことを言ったら、ポンとお笑いにする。否定して捨てることはできないけれども、笑って通り過ぎることはできる、というような場面を通過させてくれるお笑い。なかなか才能があるなと感じさせられる芸人さんがいます。

藤田―はい、私も時々お笑い芸人さんに感心させられるというか、ドキッと考えさせられることがありますね。明らかに自分の方が間違えているのに、いつの間にか、正しいはずの相手が窮地に追い込まれているという、どこか非常にパラドキシカルなネタをやっているコンビの芸を見たことがあります。「かまいたち」だったかな。そのときに、禅問答とどこかかすっているのではないかなと感じたことがあります。落語にもそういう要素ってたしかにありますね。

河本―タイミングの問題や、どういう間合いと速度感で言葉を入れるか。これは経験が進行しているさなかでのことです。立場から見てわかろうとするのではなく、この進行の間合いの取り方や速度のところで、「ここにしかこの言葉は入らなかったな」というようなタイミングをもっている人がいます。

藤田―うーん、その通りですね。そういうことは、トレーニングというか訓練ができるのでしょうかね。

河本―一照さんのご著書は、読めばそこの近くのぎりぎりまで行けるという書き方だと思っています。一生懸命、全身から力を抜くようにして読んでいって、やがて理解を重ねていけば近くまで行く、という書き方なんです。それを、「別の回路でもそこの近くまでは必ず行けますよ。だから、こちらを選ぶか、別の方を選ぶかは、それぞれ自分で決めて進んでみてください」というような伝え方。一照さんはきっと、そういう提示の仕方ができるのではないかと思います。そこを、現代的に洗練された問答集みたいな組み立てができるのではないかという印象があるのですが。

そもそも説明なんか本当は余分なことなのですが、説明をあたえてインセンティブをあたえないと前に進めない人もいる。そのときに、やはり通常のわかりやすい説明だと、わかったことの延長上で捉えられてしまう。相手の言葉に対して、問答形式のパーンとうまく切り返せる言葉、「あれ、あの先生、何か言ったけれど、何かわかったような気がするけれど、変なこと、言ったな」という感じの、ある種の示唆に富んでいるけれども、直接は何かをしなさいという指示ではない言葉。うまい禅問答の開発が必要です。

藤田―「1＋1は？」と尋ねられたときに「2」ではなくて、たとえば「鳥の声が聞こえるか？」というような、切り返し方をするとか。もちろん、それが紋切り型ではなくて、そのときその場において、起爆剤になるようなものでなくてはなりませんが。

河本―足し合わせてこうなりますという説明とは別の仕方の誘導で、学習のあり方、経験のモードを引っ張る仕掛けをある程度、もっておけたら、ということですね。

藤田―うまい禅問答の開発ということにかんしては、今の私にはまだ具体的なかたちでは何も言えませんが、河本さんのオートポイエーシス論がずいぶん参考になると思いました。そのネタがいっぱい転がっているように見えます。

今回、河本さんと話をさせていただいて、「これからの禅」の課題の輪郭がだいぶはっきりしてきた気がしています。八方塞がりな行き詰まりを打開して、人が根底的なところで動ける可能性を拓くという禅とオートポイエーシスの共通の問題意識が鮮明になりました。そのためのチャンネルを一つではなくて多数用意しておくことの大切さや、禅者としてそういうチャンネルを創造する力量を高めていくことの必要性を痛感させられました。それと同時に、逆に「これまでの禅」から改めて何を学び直していくべきかということについても大きなヒントをいただきました。禅の語録を読み直す意欲が湧いてきました。

禅の言葉は、「記述(description)」というよりもむしろ「処方箋(prescription)」として理解するべきだと思っています。知的な理解ではなく、自分の身心全部を使って現実に具体的に働きかける行為を促している。「まず、動いて、何が起きるかを自分の眼でよく見よ」。そういう他に頼らず溌剌と生きる気魄のようなものを自他に喚起する手立てを開発していかなければと強く励まされた思いです。どうもありがとうございました。

あとがき

知の創発は、一般に日本人にとって高い壁である。ヨーロッパでは、哲学史を見る限り、50年に一人ぐらいの割合で、途方もない構想を立て、どこまでも進んでしまう者たちが出現する。個々の場面で、これで哲学も終わりなのかと思うほどの展開がなされることもある。ところがその場合でも、さらに局面を変え、また別の構想をもち出す者たちが出現する。ヨーロッパは歴史上、こうした作業を繰り返している。頭の体力も、相当ありそうである。実際のところ、簡単には真似はできそうにない。

それでも「知の創発」を、小さな工夫を積み上げるようにして進めていくことはできる。構想を組み直したり、現実の断片の切り取りを変えたり、経験の場所そのものを全面的に改めたり、時として、概念により詳細に分析をかけたりして、ともかくも踏み出していくことのできる局面を探り当てていくのである。

この場面での創発（エマージェンス）は、一種の緊急事態（エマージェンシー）でもある。そこからさらに持続可能性を指標としながら、手探りで進んでいくことができると思われる。こうしたやり方も、哲学に典型的なトライアルの一つである。

そのとき個々の場面で、展開見込みのありそうないくつかのアイディアを提起してみることと、現状に対して「新たな選択肢」を設定して、作業のための手掛かりを増やしていくことが必要となる。

本書を企画するさいに、課題として、15年後の知の在り方をイメージしながら、現在可能なアイディアや選択肢を提起するように描いていく作業を設定した。いくつもの試みを経ることが必要な作業である。事実、

15年後の姿を想定しながら、現在の在り方を吟味していくのか、あるいは現在の在り方の中にいくつかのオールタナティヴの設定を行うのか、あるいは歴史的事例の中から新たな課題を見出すように解釈を行うのか、いくつものやり方が考えられる。読者それぞれが、自分の関心が重なりそうな箇所から読み進めていくと、いくつもの手掛かりが得られるように配置したつもりである。

現状の中に「知の危機」が取り出された場合、おそらくしばしば繰り返されるように、危機はそれとして緩和され、別のテクニカルな作業に代替されていくように思われる。危機は、多くの場合、別様なモードでやり過ごされ、別様の緩和策の設定で解消されていく。それも一つのやり方である。だが危機に直面したとき、危機のデッサンを通じてその内実の輪郭を描き、その場その場で可能な限りの選択肢を設定してみて、より良い選択をしていくやり方も、常に心掛けてよい手続きである。かりにそこで選択されなかったアイディアも、蓄積されていけば、貴重な財産になると思われる。

今回の企画も、多くの人の協力を得て成立している。ことに個々人の経験の仕方そのものにかかわる工夫のモードに焦点を当てた。対談も、そうした工夫の一つである。

本書の公刊は、東洋大学重点研究推進プログラムからの助成を得ている。

今回も、学芸みらい社の小島直人氏には、いつものように多大な労を取っていただいた。末尾ながら、衷心より、感謝したい。

２０２２年２月20日

河本英夫

畑 一成
はた・かずなり

1982年生まれ。カイザースラウテルン工科大学哲学科博士課程修了。大阪経済大学講師。著書に『ゲーテ　ポイエーシス的自然学の想像力——色彩論と生成する自然の力の源泉』（学芸みらい社、2020年）、“Phantasie als Methode der poietischen Wissenschaft Goethes: Naturwissenschaft und Philosophie im Spiegel seiner Zeit”（Springer VS）がある。

岩崎 大
いわさき・だい

1983年生まれ。東洋大学大学院文学研究科哲学専攻博士後期課程修了。博士（文学）。東洋大学文学部哲学科非常勤講師。著書に『死生学——死の隠蔽から自己確信へ』（春風社、2015年）、『スマホと哲学』（同、2021年）、共編著に『自然といのちの尊さについて考える——エコ・フィロソフィとサステイナビリティ学の展開』（ノンブル社、2015年）がある。

田中伸明
たなか・のぶあき

1960年生まれ。鹿児島大学医学部卒。BESLIクリニック総院長。日本神経学会認定医、日本東洋医学学会専門医、医師会産業医。元・会津大学理工学部客員教授、元・京都産業大学経営学部教授。著書に『田中教授の最終講義』（産学社、2011年）、共著に『病院経営を科学する！』（日本医療企画、2003年）、『薬にたよらない精神医学』（日本評論社、2013年）、『デキる看護師の思考法』（日本医療企画、2014年）、監修書に『おうちメンタルケア入門——不安をそっと手放す方法』（主婦の友社、2021年）がある。

十川幸司
とがわ・こうじ

1959年生まれ。山口大学医学部卒。自治医科大学精神科、プレモントレ精神科病院勤務、パリ第8大学、EHESS（高等社会学院）で精神分析、哲学を専攻。1999年より十川精神分析オフィスを開業。著書に『来るべき精神分析のプログラム』（講談社、2008年）、『フロイディアン・ステップ——分析家の誕生』（みすず書房、2019年）など多数、訳書にS・フロイト『メタサイコロジー論』（講談社学術文庫、2018年）、J・ラプランシュ『精神分析における生と死』（共訳、金剛出版、2018年）などがある。

藤田一照
ふじた・いっしょう

1954年生まれ。東京大学教育学部教育心理学科を経て、大学院で発達心理学を専攻。博士課程を中退し、曹洞宗僧侶となる。1987年に渡米、17年半にわたって坐禅を指導。2005年、帰国。曹洞宗国際センター前所長。Facebook上で松籟学舎一照塾を主宰。著書に『現代坐禅講義——只管打坐への道』（KADOKAWA、2019年）、『ブッダが教える愉快な生き方』（NHK出版、2019年）、『現代「只管打坐」講義——そこに到る坐禅ではなく、そこから始める坐禅』（佼成出版社、2020年）など多数。

著者紹介（＊は編者）

河本英夫
かわもと・ひでお
＊

1953年生まれ。東京大学大学院理学系研究科博士課程単位取得退学（1982年）。博士（学術）。東洋大学文学部哲学科教授。著書に『哲学の練習問題』（講談社学術文庫、2018年）、『経験をリセットする――理論哲学から行為哲学へ』（青土社、2017年）、『ダ・ヴィンチ・システム――来たるべき自然知能のメチエ』（学芸みらい社、2022年）など多数。

信原幸弘
のぶはら・ゆきひろ

1954年生まれ。東京大学大学院理学系研究科博士課程単位取得退学（1983年）。博士（学術）。東京大学名誉教授。著書に『心の現代哲学』（勁草書房、1999年）、『情動の哲学入門――価値・道徳・生きる意味』（同、2017年）など多数。

稲垣 諭
いながき・さとし

1974年生まれ。東洋大学大学院文学研究科哲学専攻博士後期課程修了（2006年）、博士（文学）。東洋大学文学部哲学科教授。著書に『大丈夫、死ぬには及ばない――今、大学生に何が起きているのか』（学芸みらい社、2015年）、『壊れながら立ち上がり続ける――個の変容の哲学』（青土社、2018年）など多数。

三重野清顕
みえの・きよあき

1977年生まれ。東京大学大学院人文社会系研究科博士後期課程単位取得退学（2009年）。博士（文学）。東洋大学文学部哲学科教授。主要論文に「カテゴリーとは何であるか、いかにして導出されるのか――カテゴリー論としてのヘーゲル論理学」（日本ヘーゲル学会編集委員会編『ヘーゲル哲学研究』第26号、こぶし書房、2020年）、「イェナ期フィヒテの「衝動」概念のその後の展開――ヘーゲル哲学の形成史との関連において」（フィヒテ研究編集委員会編『フィヒテ研究』第27号、2019年）などがある。

松浦和也
まつうら・かずや

1978年生まれ。東京大学大学院人文社会系研究科修了。博士（文学）。東洋大学文学部哲学科准教授。著書に『アリストテレスの時空論』（知泉書館、2018年）、共著に『世界哲学史Ｉ――古代１　知恵から愛知へ』（筑摩書房、2020年）、編著に『ロボットをソーシャル化する――「人新世の人文学」10の論点』（学芸みらい社、2021年）がある。

大崎晴地
おおさき・はるち

1981年生まれ。東京藝術大学大学院美術研究科博士課程修了（2014年）。博士（美術）。美術家。国際哲学研究センター客員研究員。主要論文に「美学的スキゾフレニアと生成するシステム」（博士論文、東京藝術大学、2014年）、共著に『哲学のメタモルフォーゼ』（晃洋書房、2018年）がある。

創発と危機のデッサン
新たな知と経験のフィールドワーク

2022年4月25日　初版発行

編著者　河本英夫《かわもとひでお》

発行者　小島直人

発行所　株式会社 学芸みらい社

〒162-0833 東京都新宿区箪笥町31 箪笥町SKビル3F
電話番号：03-5227-1266
FAX番号：03-5227-1267
HP：https://www.gakugeimirai.jp/
E-mail：info@gakugeimirai.jp

印刷所・製本所　シナノ印刷株式会社
装　幀　芦澤泰偉
ブックデザイン　吉久隆志・古川美佐（エディプレッション）

ISBN978-4-909783-98-1 C0010

〔学芸を未来に伝える〕 学芸みらい社 好評既刊

iHuman

AI時代の有機体−人間−機械

河本英夫・稲垣諭 編著

〈シンギュラリティ〉がもたらす「未来の人間像」を、第一線の哲学・ALife研究者、アーティストが鮮やかに描きだす。

「底なしの自然知能」＋「無際限の人工知能」＋「人間知能」――。３つの知能を自在に行き来する研究と表現には、ヒトの未知なる選択肢が豊かに息づいている。生命と知能の可能性を広げる10章のレッスン。

A5判並製／256ページ　定価：本体2,200円＋税　ISBN 978-4-909783-07-3

【目次】

〔学芸を未来に伝える〕 学芸みらい社 好評既刊

見えない世界を可視化する「哲学地図」

「ポスト真実」時代を読み解く10章

河本英夫・稲垣諭 編著

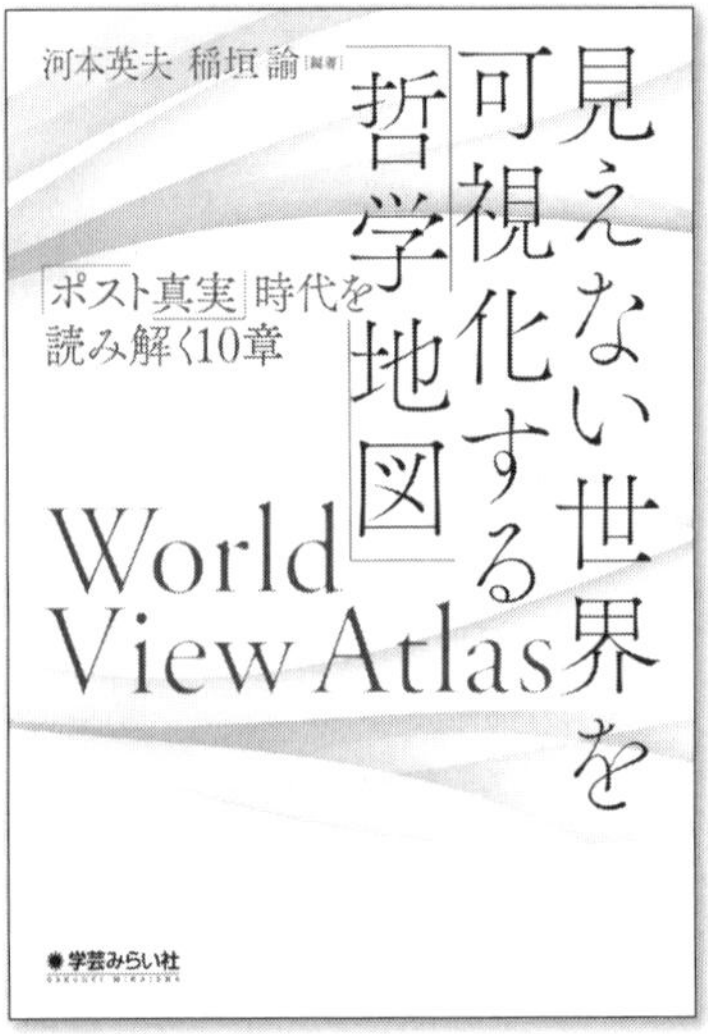

ウイルス、情報、フェイク、テクノロジー、性、生と死、民族、暴力、権力、陰謀、環境問題……。表出する諸課題の奥深くで明滅する「未知のコード」を発見法的に考察する――。

不透明な世界にうごめく
「新たな現実性」の兆し。
その感触と輪郭を掴みとる
哲学的トライアル。

A5判並製／256ページ　定価：本体2,200円＋税

ISBN 978-4-909783-73-8

【目次】